Ein Zauberring für Anna

Doris Brett

Ein Zauberring für Anna

Therapeutische Geschichten für Kinder von 3 bis 8 Jahren

iskopress

Die Deutsche Bibliothek – CIP-Einheitsaufnahme

Brett, Doris: Ein Zauberring für Anna :
therapeutische Geschichten für Kinder
von 3 bis 8 Jahren / Doris Brett.
[Aus dem Engl. von Alrun Kerksiek]. –
3. Aufl. – Salzhausen : iskopress, 2000
Einheitssacht.: Annie stories <dt.>

ISBN 3-89403-198-0

3. Auflage 2000

Titel der australischen Originalausgabe:
Annie Stories. A special kind of storytelling,
erschienen 1986 bei McPhee Gribble Publ., Victoria,
in association with Penguin Books, Australia.

Übersetzung aus dem Englischen:
Alrun Kerksiek
Umschlag und Grafik im Text:
Mathias Hütter, Schwäbisch Gmünd
Druck: Runge, Cloppenburg

Inhalt

Vorwort 7

1. **Wie die Geschichten funktionieren** 9
   - Versetze dich selbst in ihre Lage 10
   - Der Trost eines Alter ego 12
   - Es ist einfacher, als Sie glauben 14
   - Die Geschichte personalisieren 17
   - Einen Namen auswählen 17
   - Wann man Hilfe von außen suchen sollte 19
   - Den Eltern wird auch geholfen 19
2. **Das Kind verstehen** 20
   - Wie Kinder lernen – Spiel und Phantasie 20
   - Leben und Lernen 22
   - Das Kind sieht es, das Kind tut es 24
   - Die Magie von „Es war einmal..." 25
   - Ihr Kind ist einzigartig 28
   - Von der anderen Seite aus betrachtet 30
   - Der Hintergrund der Anna-Geschichten: Metaphorik und Imaginationstherapie 35
   - Desensibilisierung 38
   - Modelle schaffen 39
3. **Wie man die Geschichten in diesem Buch benutzen sollte** 41
   - Machen Sie es einfach 42
   - Die Techniken anwenden 43
4. **Alpträume** 47
   - Anna-Geschichte 50
   - Weitere Bemerkungen zu Träumen 60
5. **Ängste** 67
   - Anna-Geschichte, Teil 1 71
   - Anna-Geschichte, Teil 2 84
   - Der Erfolg einer Mutter 91
6. **Ein neues Baby in der Familie** 93
   - Anna-Geschichte 99

7. Die ersten Tage im Kindergarten ... 115
Anna-Geschichte ... 119

8. Scheidung ... 127
Die Reaktion der Kinder auf die Scheidung ... 128
Die Ängste und Phantasien der Kinder ... 130
Wie man es den Kindern sagt ... 132
Probleme und Fallen ... 135
Was Sie tun können, um es leichter zu machen ... 137
Anna-Geschichte ... 142

9. Wenn jemand stirbt ... 157
Anna-Geschichte ... 162

10. Entspannung ... 181
Anna-Geschichte ... 183

11. Der Umgang mit Schmerzen ... 193
Geschichte 1: Erwarteter Schmerz ... 196
Anna-Geschichte ... 197
Geschichte 2: Chronischer Schmerz oder ein bereits vorhandener Schmerz ... 210
Anna-Geschichte ... 212

12. Ins Krankenhaus gehen ... 217
Anna-Geschichte ... 220

Glossar ... 241

Empfohlene Literatur ... 244

Vorwort

Alles, was Kindern begegnet, alles, was sie tun, ist zunächst neu für sie. Kaum aber ist ihnen irgend etwas vertraut geworden, erleben sie schon wieder neue „Premieren“; denn Entwicklung vollzieht sich, solange wir leben.

Wenn wir uns neugeborene Kinder anschauen – wir, die Eltern, die Lehrer, die Tanten, Onkel, Großeltern und Freunde –, möchten wir gern ihren Weg ebnen. Wir wissen, daß sie nicht immer Babys bleiben können, und wünschen uns dies auch nicht wirklich. Wir hoffen, daß sie als Erwachsene im Idealfall unabhängig, kooperativ, hübsch, folgsam, flexibel, entschlossen, höflich, großzügig, sensibel, stark sein mögen und fähig, sich selbst zu verteidigen. Alle diese Eigenschaften und viele mehr sollen sich zeigen – selbstverständlich in einer gesunden Mischung, zur richtigen Zeit und am richtigen Ort.

Wenn Kinder zur Welt kommen, sind sie absolut hilflos und bedürfen unserer Zuwendung. Können wir ihnen ein Rezept oder eine Anleitung geben, die ihnen den Weg ebnet für all die Erfahrungen, die sie zu kompetenten Erwachsenen werden lassen? Die Erwachsenen, die wir kennen und bewundern und die in uns den Wunsch wecken, so wie sie zu sein, haben sehr unterschiedliche Charaktere. Aber auch neugeborene Babys sind von Beginn an sehr unterschiedliche Individuen. Es wäre unmöglich, ein einziges Rezept zu geben, um Babys, Kinder und Jugendliche durch das Labyrinth der für ihre Entwicklung nötigen Erfahrungen zu führen. Das Rezept, das für ein Kind passend ist, kann für andere völlig falsch sein.

Doris Brett hat in ihrem Buch „Ein Zauberring für Anna“ vermieden, Eltern eine Sammlung mit Rezepten in die Hand zu drücken, die mechanisch auf genau die gleiche Weise bei allen Kindern angewandt werden könnten. Es ist ihr aber gelungen, die einzelnen Schritte in der Entwicklung der Kinder darzustellen, die Ängste, die viele Kinder haben, wenn neue Ereignisse bevorstehen oder wenn neue Fähigkeiten von ihnen erwartet werden. Wenn etwas Neues auf die Kinder zukommt, kann man nicht erwarten, daß sie sich spontan daran erinnern, wie viele Dinge sie inzwischen mit Genuß tun können, die früher auch zu diesen schwierigen Dingen gehörten, an denen die Welt einen unerschöpflichen Vorrat zu haben scheint.

Doris Brett hat die Ängste in den Mittelpunkt gestellt, denen die Kinder mit zunehmendem Alter auf verschiedenen Entwicklungsstufen begegnen. Sie bietet Eltern eine wirkungsvolle Methode an, um ihren Kindern zu helfen, neuen Dingen in ihrem Leben zu begegnen und sie zu meistern. Das kann der Kindergarten sein, Alpträume, Angst vor Tieren oder eine Vielzahl anderer potentieller Sorgen. Das Medium, das sie anbietet, ist die natürlichste Aktivität zwischen Eltern und Kindern – das Erzählen von Geschichten.

In ihrem Buch macht Doris Brett sehr deutlich, daß sie sich der Einmaligkeit jedes Kind wohl bewußt ist. Jedes Kind hat seinen eigenen Charakter, und die Bedeutung eines neuen Ereignisses wird nur zum Teil durch die Qualität des Ereignisses selbst bestimmt. Ebenso wichtig dabei ist das Temperament des Kindes, das wie ein Filter wirkt und dadurch dem Ereignis verschiedene Eigenschaften geben kann. Es kann als reizvolles neues Abenteuer empfunden werden oder als beunruhigendes Risiko, oder als Situation, in der man besser abwartet.

Das Buch trägt den Titel „Ein Zauberring für Anna", weil Anna die Hauptfigur jeder Geschichte ist. Sie drückt ihren Eltern gegenüber die Ängste aus, die sie wegen verschiedener bevorstehender Ereignisse erlebt, erwägt mögliche Schwierigkeiten im Detail und probiert Lösungen aus, die die Eltern ihr anbieten. Jede Geschichte ist das Beispiel für ein häufiges Ereignis, aber da die Befürchtungen sowohl von der aktuellen Situation abhängen als auch vom Charakter des jeweiligen Kindes, können Eltern die Einzelheiten abwandeln, damit sie mit den realen Bedingungen übereinstimmen, die ihr eigenes Kind ängstigen.

Vielleicht möchte ein verängstigtes (oder auch ein interessiertes) Kind eine Geschichte öfter hören. Das mag Ihnen als Eltern langweilig erscheinen. Dann kann ein wenig Phantasie sehr nützlich sein. Vielleicht können Sie selbst eine Geschichte erfinden über einen Kindergarten, der von einem schüchternen Kipplaster besucht wird, oder eine Geschichte über einen Baby-Wal, den die Freunde nicht mögen, weil er immer die Regeln der Spiele vergißt.

In jedem Kapitel gibt es zahlreiche Fußnoten. In ihnen wird erklärt, welchen Zweck bestimmte Details in der Geschichte haben und wie Sie die Geschichte abwandeln können, um die Situation Ihres eigenen Kindes zu treffen. Das hilft Ihnen, die Geschichten zu modifizieren oder gänzlich neue zu erfinden. Sie können die einzelnen Punkte durchgehen und entscheiden, welche auf Ihr Kind zutreffen, um zu lernen, wie man wichtige Details in die Geschichte für sein Kind einbaut.

Dr. Stella Chess
Professorin für Kinderpsychiatrie
New York University Medical Center

Wie die Geschichten funktionieren

Die Anna-Geschichten nahmen vor etwa sieben Jahren ihren Anfang. Sie entstanden wie so viele wertvolle Dinge in einer Zeit der Krise. Aus der Perspektive der Außenwelt war diese Krise ziemlich bedeutungslos. Doch in den Augen unserer dreijährigen Tochter Amantha war sie welterschütternd – sie sollte in den Kindergarten gehen.

Es war ein ganz normaler Sonntagnachmittag, und wir waren gerade damit fertig, all die Sachen nicht geschafft zu haben, die wir an diesem Wochenende eigentlich hatten tun wollen, als meine Tochter ins Zimmer geschlichen kam.

„Mami...", sagte sie mit einer Stimme, die an die Garbo als Kameliendame erinnerte.

Ich blickte auf. Eine Minute vorher hatte sie noch mit ihrem Papi gelacht und gekichert.

„Mein Bauch hat Kopfweh", fuhr sie fort.

Ich sah sie an. Sie war richtig aufgelöst. Es war leicht herauszufinden, daß das „Kopfweh-im-Bauch" genau in dem Augenblick aufgetreten war, als Papi mit seiner „Ist-das-nicht-aufregend-Stimme" verkündet hatte, daß nächste Woche der Kindergarten anfängt.

Amantha war zu dieser Zeit ein ziemlich schüchternes Mädchen (heute ist sie eine höchst gesellige Zehnjährige, die für ihr Publikum alles mögliche anstellen würde und die ohne Verlegenheit Fremde im Restaurant in ein Gespräch verwickelt). Zu jener Zeit jedoch veranlaßten sie Begegnungen mit Fremden, sich bei mir anzuklammern. Und wie vielen schüchternen Kindern schien ihr der Beginn des Kindergartens wie eine Verurteilung zum Archipel Gulag.

Mein Mann Martin ist Computerspezialist und der rationale Teil in unserem Haus. Er war sehr geduldig auf ihre Ängste eingegangen, hatte sich regelmäßig mit ihr hingesetzt und ihr einfach erklärt, daß sie vor dem Kindergarten keine Angst zu haben brauche. Er hatte ihr gesagt, daß die Erzieher sich dort um sie kümmern würden, die anderen Kinder mit ihr spielen und es ihr dort bestimmt gut gefallen würde usw. usw. Amantha hatte ihn bei Laune gehalten, indem sie ihm still zuhörte und ihn nicht unterbrach. Aber ihr Blick zeigte einen Unglauben, der so groß war wie der Grand Canyon tief. Papa kannte sich wohl mit Computern aus und wußte, wie man Spielzeug repariert, aber von den Schrecken und Gefahren, die nur darauf lauerten, ein kleines, schüchternes Mädchen während seiner ersten Tage im Kindergarten anzufallen – davon hatte er trauriger-weise nicht die blasseste Ahnung.

Damals erzählte ich Amantha ihre erste Anna-Geschichte.

Anna war ein kleines Mädchen, das in einem roten Backsteinhaus lebte, zusammen mit ihrer Mutter, ihrem Vater und einem großen schwarzen Hund, genau wie Amantha. Und genau wie Amantha hatte Anna ein Problem. Sie hatte Angst vor dem Kindergarten. Die Geschichte (die Sie in diesem Buch finden) begleitete Anna in ihrem Kampf gegen ihre Ängste bis zur erfolgreichen Lösung des Problems.

Amantha war gefesselt. Sie fragte immer und immer wieder nach der Geschichte, und als endlich der erste Tag des Kindergartens kam, wurde sie sehr gut damit fertig. Ganz ähnlich wie Anna.

Das war nicht erstaunlich, denn während sie oberflächlich betrachtet einfach nur einer gewöhnlichen Geschichte für Kinder zuhörte, hatte sie innerlich tatsächlich diese Geschichte als eine – sehr wirksame – Methode benutzt, um ihre Ängste zu verarbeiten und schließlich zu überwinden.

Die Art, dies zu erreichen, bestand darin, sich mit der Heldin Anna zu identifizieren.

Versetze dich selbst in ihre Lage

Kinder finden es oft schwierig, über ihre Probleme zu sprechen. Möglicherweise fällt es ihnen schwer, ihre Ängste und Befürchtungen in Worte zu fassen oder sie überhaupt wahrzunehmen. Oder sie sind so ängstlich, daß es ihnen noch mehr Angst machen würde, ihre Probleme in Worte zu fassen.

Einer erwachsenen Frau könnte es ähnlich gehen. Da ihr Ehepartner im Begriff steht, sie zu verlassen, hat sie solche Angst, daß sie es nicht ertragen kann, über dieses Thema zu sprechen. Statt dessen unternimmt sie alles, um den Anschein der Normalität zu wahren. Wir alle haben ähnliche Erfahrungen: Mit einem Teil unseres Verstandes wissen wir etwas, aber der andere Teil wehrt sich gegen dieses Wissen, weil es zu schmerzhaft wäre, darüber nachzudenken.

Stellen Sie sich also diese Frau vor, die mit dieser unausgesprochenen Furcht lebt und deren Nerven wegen der nicht ausgesprochenen Fragen zum Zerreißen gespannt sind. Wird es tatsächlich passieren? Warum wird es passieren? Wann? Was kann ich dagegen tun? Wie werde ich damit fertig? usw. Stellen Sie sich vor, daß ihr eines Tages eine Zeitschrift mit einer Geschichte in die Hände fällt. Die Geschichte handelt von einer Frau ihres

Alters in ähnlichen Lebensumständen mit denselben Ängsten und Gefühlen. Die Geschichte erzählt, wie diese Frau die Situation bewältigte, was sie fühlte und wie sie mit diesen Gefühlen umging. Und, was am wichtigsten ist, wie es ihr gelang, diese schwierige Situation zu überstehen und eine Lösung zu finden auf eine Art, die positiv und stärkend wirkte.

Wahrscheinlich wird die Frau diese Geschichte verschlingen. Die Leserin könnte eine geradezu magnetische Kraft und eminente Wirkung der Geschichte erleben. Diese Frau verdrängt ihre intensiven und bedrängenden Gefühle. Es ist für sie zu schmerzlich, sich die Realität ihrer zerbrechenden Ehe einzugestehen. Daher ist sie nicht in der Lage, die Fülle an beängstigenden Gefühlen zu ordnen und zu verarbeiten. Während sie es nicht ertragen kann, sich die eigene Person in dieser schmerzhaften Situation vorzustellen, ist es einfacher, über einen anderen Menschen in dieser Situation nachzudenken, indem sie z. B. von den Erlebnissen einer Bekannten hört, einen Artikel oder eine Geschichte zu diesem Thema liest.

Dieses Gefühl von Sicherheit – das passiert nicht uns, sondern jemand anderem – befähigt uns, über die gefürchtete Situation nachzudenken, sie genau anzusehen und zu verstehen wie auch die damit verbundenen Gefühle. Das kann nun auf eine Weise geschehen, die vorher so nicht möglich war, weil wir uns selbst vor einer realistischen Auseinandersetzung geschützt haben.

Dies allein kann schon eine große Befreiung und Erleichterung bedeuten. Die Gefühle, die sich wie Dampf in einem Druck-Kochtopf aufgebaut haben, können nun wie durch ein Sicherheitsventil herausgelassen werden. Wenn wir erst einmal in der Lage sind, sie wahrzunehmen, statt unsere Energie auf ihr Leugnen zu verschwenden, können wir damit umgehen lernen, nicht nur mit unseren Gefühlen, sondern auch mit der Situation, der sie entspringen.

Eine Geschichte über jemanden zu lesen, der so ist wie wir – eine Frau, die leidet, hofft, Angst hat und genauso reagiert wie wir –, diese Erfahrung kann sehr beruhigend sein. Es gibt uns das Gefühl, wirklich verstanden zu werden. Irgend jemand da draußen weiß, wie man sich an unserer Stelle fühlt. Dieses Gefühl, verstanden zu werden, kann uns guttun.

Außerdem bemerken wir, daß wir nicht allein sind. Wir sind nicht die einzigen, die sich so ängstlich und der Situation nicht gewachsen fühlen. Das Bewußtsein, daß auch andere Personen genau das gleiche durchgemacht haben wie wir, kann ungemein hilfreich sein für jemanden, der sich wegen seiner Probleme isoliert und anderen, „normalen" Personen unterlegen fühlt, weil er annimmt, daß diese mit ihren Problemen sehr viel besser fertigwerden. Junge Mütter, die mit ihrem Gefühl der Angst und Unzulänglichkeit kämpfen, können bestätigen, welche Erleichterung es ist herauszufinden, daß es vielen anderen jungen Müttern ähnlich ging und daß sie sich genauso erlebten.

Schließlich liefert uns die Geschichte über eine Frau, die sich positiv und erfolgreich mit einem bedrohlichen Problem in ihrem Leben auseinandergesetzt hat, ein nützliches Rollenmodell: Wir können von ihr lernen, wie auch wir besser mit diesem Problem zurechtkommen können, und die Geschichte gibt uns ein wenig Hoffnung und das Gefühl, es schaffen zu können.

Der Trost eines Alter ego

In den oben genannten Beispielen habe ich über Probleme von Erwachsenen gesprochen – Probleme, mit denen sich jeder von uns identifizieren kann. Die Anna-Geschichten funktionieren nach demselben Prinzip, sind jedoch auf Kinder zugeschnitten. Während die Frau von ihrer Leidensgenossin in einer Zeitschrift gelesen hat, kann das Kind von seinem Alter ego in einer tröstlichen Geschichte hören, die ihm von Mama oder Papa erzählt wird.

Dies ist an sich schon eine gute therapeutische Erfahrung. Ganz abgesehen vom Inhalt der Geschichte bedeutet es, daß das Kind eine angenehme Dosis an ruhiger, liebevoller Intimität mit einem Elternteil bekommt. Die Geschichte hilft dem Kind, mit verschiedenen schwierigen Situationen fertigzuwerden, und gleichzeitig wird das Band zwischen Eltern und Kind gestärkt, das allein schon eine immense Quelle für Sicherheit und Trost ist. Übrigens nicht nur für das Kind, muß ich hinzufügen, sondern auch für die Eltern.

Die heilsame Weise, in der Anna-Geschichten wirken, stimmt mit den grundlegenden Forderungen der bedeutenden Richtungen in der Psychotherapie überein. Psychoanalytisch orientierte Therapeuten würden sagen, daß das zuhörende Kind sich mit Anna identifiziert, sich durch diese Identifikation gestärkt fühlt und in der Lage ist, von ihr zu lernen. Verhaltenstherapeuten würden sagen, daß die Anna-Geschichten die therapeutische Technik des sozialen Modells anwenden. Therapeuten, die mit der Imagination arbeiten, würden die heilsame Wirkung der positiven Visualisierungen betonen, die die Anna-Geschichten enthalten, usw. Darüber hinaus beinhalten viele der Geschichten als Teil der Handlung spezielle psychologische Techniken, wie z. B. die Desensibilisierung (s. Seite 37, 67, und im Glossar). Die Therapien und Techniken, die für das Grundprinzip der Anna-Geschichten wichtig sind, werden im Kapitel „Das Kind verstehen" erläutert. Hier möchte ich jedoch betonen, daß diese Geschichten von Eltern angewandt werden sollen. Sie sind für ganz normale Mütter und Väter geschrieben, nicht für Psychotherapeuten.

Sie müssen nicht Kinderpsychologie studiert haben oder eine ganze Bibliothek an Büchern zu diesem Thema gelesen haben, um eine gute Mutter oder ein guter Vater zu sein oder um mit den vielen alltäglichen Problemen der Kindheit fertigzuwerden. Heutzutage gibt es eine enorme Abhängigkeit von Experten und ihren Ratschlägen, die oftmals als messianische Botschaften daherkommen. Man wird leicht durch solche fernen „Gurus" verunsichert und verliert das Vertrauen in die eigenen Instinkte und seinen gesunden Menschenverstand. Ich hoffe, daß diese Geschichten einen Weg zurück aufzeigen können, damit wir unserer eigenen Phantasie vertrauen und den Kontakt zu unserem eigenen intuitiven Wissen über unsere Kinder wiederfinden.

Es ist auch wichtig zu erkennen, daß wir keine perfekten Eltern sein können oder sein müssen. In der Realität gibt es solche Wesen nicht. Es kann sehr erleichternd und hilfreich sein, dies einfach nur zu bemerken.

Wir alle machen Fehler und werden auch weiterhin Fehler machen. Bisweilen sind wir so ängstlich, etwas Falsches zu tun, daß wir wie gelähmt sind – und gar nichts mehr tun können. Manchmal haben wir keine Vorstellung, was unsere Kinder so beunruhigt, oder wir wissen nicht, was wir dagegen tun können.

Es gibt auch Zeiten, in denen wir wohl wissen, was ihnen zu schaffen macht, uns aber unfähig fühlen, daran etwas zu ändern. Wir möchten gern ihre Probleme für sie lösen, haben aber keine Idee, wie wir das bewerkstelligen können.

Wir können jedoch die Probleme unserer Kinder nicht tatsächlich für sie lösen. Sie müssen letztlich lernen, selbst eine Lösung zu finden. Wir können ihnen jedoch dabei helfen, ihnen Stärke und den Glauben an sich selbst vermitteln sowie Vertrauen und die Hoffnung, selbst eine erfolgreiche Lösung zu finden.

Wir können dies erreichen, indem wir ihnen zuhören und versuchen, ihre Ängste und Befürchtungen zu verstehen. Wir können ihnen unsere Liebe zeigen, damit sie lernen können, sich selbst zu lieben. Wir können ihnen klarmachen, daß wir an sie glauben, so daß sie schließlich auch selbst an sich glauben. Wir können ihnen auch mit Geschichten oder auf andere Weise vom Gang der Welt erzählen. Wir können davon sprechen, daß es Zeiten der Hoffnung wie der Verzweiflung gibt, daß sich manchmal auch der Stärkste schwach fühlt und sogar der Schwächste lernen kann, sich stark zu fühlen.

Früher wurde uns diese allgemeine Weisheit durch Fabeln, Geschichten und Märchen vermittelt. Es gab weise Männer und Frauen, Bänkelsänger und zahllose Verwandte, Freunde und die Ältesten des Stammes oder der Familie, die diese mündliche Tradition des Geschichtenerzählens und Lehrens weitergaben. Heutzutage sind wir vieler dieser Dinge beraubt. Fernsehen und Computer haben sie abgelöst. Viele junge Eltern wissen nicht, wie sie Geschichten erzählen sollen, oder es ist ihnen nicht bewußt, welchen Wert sie haben und welche Wirkung auf die Kinder, die sie anhören.

Es ist einfacher, als Sie glauben

Auf all jene, die vergessen haben, wie man Kindern Geschichten erzählt, oder die nie daran gedacht haben, das zu tun, wartet eine wundervolle Überraschung, wenn sie anfangen, die Anna-Geschichten zu benutzen. In der Tat gibt es sogar mehr als eine Überraschung.

Erstens: Sie funktionieren. Sie helfen den Kindern wirklich, mit einer Situation oder mit Gefühlen umzugehen, die sie beunruhigen. Sie sind kein Zauberstab, der all die Schwierigkeiten und den Schmerz der realen Welt verschwinden läßt. Doch die Kinder lernen durch sie etwas über sich selbst und ihre Probleme und fühlen sich gleichzeitig getröstet, unterstützt, gestärkt und verstanden.

Zweitens: Diese Geschichten sind gewöhnlich leichter zu erzählen und zu erfinden, als man glauben mag. Das liegt daran, daß man als Anfänger im Geschichtenerzählen nicht mit einer leeren Seite beginnen muß: Die Handlung steht nämlich bereits fest, ebenso die Charaktere. Sie sind einfach aus dem Leben ihres Kindes gegriffen. Sie müssen sich nur noch ein Ende ausdenken und die Mittel, mit denen dieser Abschluß erreicht wird. Es ist wichtig, daß das Ende der Geschichten immer positiv ist. Sie müssen ihrem Kind die Hoffnung geben, daß es den Weg aus seinem Kummer finden wird. Ein Kind, das keine Hoffnung hat, hat keine Motivation, den Kampf fortzusetzen. Es wird einfach aufgeben. Ich werde im nächsten Kapitel mehr über den positiven Ausgang einer Geschichte und die Notwendigkeit von Hoffnung sagen.

Die Art und Weise, in der Sie ein positives Ende der Geschichte erreichen, wird von Geschichte zu Geschichte variieren. Es sollte etwas sein, was Ihr Kind übernehmen und anwenden kann. Dies kann durch eine praktische Technik erreicht werden, wie die Desensibilisierung in der Geschichte über Angst vor Hunden. Es kann auch durch das Wissen bewirkt werden, daß im Laufe der Zeit ein akuter Kummer schwächer und erträglicher wird.

Die Geschichten in diesem Buch geben Ihnen einen Eindruck von der Vielzahl an Möglichkeiten, wie Hoffnung über Trauer und Angst triumphieren kann. Ihr eigenes Leben kann Ihnen noch mehr Möglichkeiten aufzeigen. Denken Sie an die Situationen zurück, als Sie Schwierigkeiten überwanden. Wir alle erinnern uns an Zeiten, in denen uns diese Schwierigkeiten umwarfen. Aber es kam auch vor, daß wir uns nach einer Verletzung geheilt oder nach einer schweren Erfahrung kräftiger fühlten. Manchmal ist schon allein das Wissen, daß wir diese Erlebnisse überstanden haben, eine Hilfe.

Drittens: Die nächste Überraschung wird sich für Sie auftun, wenn Sie sehen, wie sehr Ihre Kinder diese Geschichten lieben. Sie werden immer wieder nach ihnen fragen. Sie werden Sie korrigieren, wenn Sie Einzelheiten falsch wiedergeben, und Ihnen auch oft einen Wink geben, wenn Sie sich unsicher über das Thema sind. Wenn meine Tochter mich bittet, ihr eine Anna-Geschichte zu erzählen, frage ich sie häufig: „Wovon soll die Anna-Geschichte denn handeln?“

„Erzähl mir, wie Anna zum Zahnarzt geht“, antwortet sie dann beispielsweise, und welches Thema sie auch immer wählt, es ist etwas, was sie zur Zeit beschäftigt.

Nachdem ich ihr die erste Anna-Geschichte über die ersten Tage im Kindergarten erzählt hatte und dieses Thema damit abgeschlossen war, begann mich meine Tochter immer dann spontan nach einer Anna-Geschichte zu fragen, wenn sie durch irgend etwas beunruhigt war. Sie ist jetzt zehn Jahre alt. Sie begreift die Theorie und die Struktur der Anna-Geschichten, soweit dies eine Zehnjärige kann, trotzdem hat der Zauber für sie nicht nachgelassen. Wenn sie aufgewühlt ist oder darum kämpft, eine schwierige Situation in den Griff zu bekommen, fühlt sie sich durch eine Anna-Geschichte immer noch ungemein getröstet und unterstützt.

Ich habe vielen Eltern die Methode der Anna-Geschichten vermittelt, und das Feedback ist stets dasselbe gewesen. Sie funktionieren tatsächlich. Das Kind fühlt sich durch sie unterstützt, getröstet und gestärkt. Und was ebenso wichtig ist: den Eltern geht es genauso. Nachdem sie zunächst nicht wußten, was sie für ihr bekümmertes Kind tun oder wie sie mit ihm reden könnten, sind sie in der Lage, etwas zu tun, was einfach, natürlich, tröstend und therapeutisch ist.

Wie bereits erwähnt, sollten die Anna-Geschichten auf der realen Lebenssituation Ihres Kindes basieren. Ihre Version einer Anna-Geschichte ist die Geschichte Ihres Kindes, nur wenig als Fiktion getarnt. Diese „Fiktionalisierung" bewirkt, daß die Geschichte auf Ihr Kind nicht bedrohlich wirkt.

Ihre kleine Tochter zum Beispiel bemüht sich gerade, mit der Geburt eines kleinen Bruders fertigzuwerden. Sie ist vielleicht furchtbar wütend auf ihn, und dennoch könnte es zu schwierig für sie sein, diese Wut zuzugeben. Sie könnte beispielsweise meinen, sie sei deshalb „schlecht", oder fürchten, daß Sie sie ablehnen würden, wenn Sie davon wüßten. Direkt über ihre Probleme zu sprechen, verursacht ihr möglicherweise Angst. Indem Sie ihr eine Geschichte über Anna erzählen, ein kleines Mädchen, das genau die gleichen Gefühle hat, erlauben Sie ihr, darüber nachzudenken, ohne zu stark beunruhigt zu sein. So hat sie die Möglichkeit zu lernen, daß diese Gefühle normal sind, und kann herausfinden, wie sie am besten damit umgehen kann.

Als ich die Entspannungs-Geschichte schrieb, schrieb ich zuerst ein Skript, um Entspannung zu lehren, das nicht in den Kontext einer Geschichte eingebettet war. Ich las es meiner Tochter vor, deren Reaktion darauf von Gleichgültigkeit bis Ärger reichte. „Das ist langweilig!" rief sie aus, als ich fertig war.

Dann schrieb ich mein Skript um und baute es diesmal in den Rahmen einer Anna-Geschichte ein. Meine kleine Tochter war von Beginn an fasziniert und erprobte die Techniken zusammen mit Anna, und als ich die Geschichte beendet hatte, lobte sie die Geschichte in den höchsten Tönen.

Für mich ist dies ein sehr lebendiges Beispiel für die Wirksamkeit dieser Technik des Geschichtenerzählens.

Beim Vorlesen der ersten Version hatte meine Tochter den Eindruck, die Entspannungstechnik werde ihr aufgezwungen. Sie hatte nicht darum gebeten. Sie war nur gerade im Begriff, ins Bett zu gehen, war ziemlich müde und schlecht gelaunt. Sie reagierte darauf mit Rückzug und Langeweile.

In der zweiten Version wurde sie von der Handlung fasziniert. Und da sich alles um Anna drehte und nicht um sie, stand es ihr frei zuzuhören, darüber nachzudenken, zu erkennen, wie gut die Entspannung einem tun kann, und schließlich aus freien Stücken daran teilzunehmen.

Nach einiger Zeit wird es den Kindern bewußt, daß die Anna-Geschichten ihr eigenes reales Leben widerspiegeln. Das scheint jedoch nicht die Wirkung der Geschichte zu stören oder ihr zu schaden. Die Kinder haben, wenn sie mögen, immer noch die Freiheit, sich zu sagen, daß das ja nur eine Geschichte ist. Oder sie können sie auf ihre eigene Situation übertragen, wenn es ihnen angemessen erscheint.

Die Geschichte personalisieren

Ich habe den Namen Anna gewählt, weil der Name meiner Tochter Amantha ist. „Anna" klingt ähnlich, ist aber nicht identisch damit. Anna lebt in einem Haus wie dem unseren, hat einen Hund wie wir, der aber einen anderen Namen hat, und führt ein ähnliches Leben wie wir. Eigentlich sind nur die Namen geändert. Dieser Wechsel der Namen scheint das überaus wichtige Gefühl der Sicherheit zu erzeugen. Solange sich die Namen unterscheiden, können die anderen Einzelheiten oft identisch sein. Ihr Kind könnte Ihnen dies sogar nahelegen. Wenn Sie beispielsweise Anna ein weißes T-Shirt tragen lassen, als sie ins Krankenhaus muß, könnte ihr Kind sagen: „Nein, Anna hat ein grünes T-Shirt getragen."

Einen Namen auswählen

Wenn Sie Ihre eigene Anna-Geschichte erfinden, dann wählen Sie einen Namen, der dem Ihres Kindes ähnelt, und verändern Sie den Hintergrund und die Lebensweise von Anna so, daß sie mit seinem Leben übereinstimmt. Wenn Ihr Kind ein Junge ist, dann kann aus der Anna ein Andreas werden. Als Variation ist es auch möglich, aus der Heldin Anna ein junges Tier zu machen, das sich in einem ähnlichen Dilemma wie Ihr Kind befindet.

Wenn Sie Ihre eigene Geschichte aufbauen, wird Ihr Kind Ihnen Hinweise geben, ob Sie damit richtig liegen. Wenn es Interesse zeigt und reagiert, dann haben Sie den Nagel auf den Kopf getroffen. Wenn es sich langweilt, kann es sich entweder noch nicht damit auseinandersetzen oder aber es braucht die Geschichte nicht mehr. Wenn Kinder ein Problem verarbeitet haben, dann werden sie für gewöhnlich das Interesse an dieser speziellen Geschichte verlieren. Sollten Sie unsicher sein, welches Thema Sie für die Geschichte wählen sollen, dann fragen Sie das Kind. Wenn Sie nicht wissen, wie sich Anna zu einem bestimmten Zeitpunkt der Geschichte gefühlt hat, dann können sie fragen: „Und wie, denkst du, hat sich Anna dabei gefühlt?" Oder: „Was, denkst du, wollte Anna jetzt tun?"

Kinder können Geschichten malen oder spielen, aber auch selbst erzählen und sogar erfinden. Meine kleine Tochter schlug vor, eine Anna-Geschichte über die Angst vor der Dunkelheit mit ins Buch aufzunehmen. Das war etwas, wovor sie selbst immer ein bißchen Angst hatte. Ich erklärte ihr, daß das zwar eine gute Idee sei, aber in diesem Buch dafür leider kein Platz wäre. Ein oder zwei Wochen später zeigte sie mir eine

Anna-Geschichte, die sie selbst geschrieben hatte und die davon handelte, wie Anna ihre Furcht vor der Dunkelheit besiegte.

Was Kinder durch eine Geschichte gelernt haben, können sie auch als Methode nutzen, um eine andere Schwierigkeit in ihrem Leben zu bewältigen. Vor einigen Monaten hatte meine Tochter eine Freundin zum Übernachten bei uns, die gern die Anna-Geschichte über die Angst vor Hunden hören wollte. In dieser Geschichte, die Sie in diesem Buch finden, habe ich die therapeutische Technik des Gedankenwechsels beschrieben.

Am Ende der Geschichte sagte die Freundin meiner Tochter: „Das war toll. Das kann ich ja machen, wenn ich Alpträume habe."

„Wie willst du das denn tun?" fragte ich.

„Wenn ich aufwache und Angst habe, weil ich schlecht geträumt habe, dann wechsle ich einfach meine Gedanken", sagte sie.

Ich hatte nicht die Gelegenheit herauszufinden, wie der Gedankenwechsel funktionierte. Denn ein paar Tage später entdeckte sie, daß es auch eine Anna-Geschichte über Alpträume gab, die ebenfalls in diesem Buch zu finden ist. Auf ihre Bitte hin erzählte ich sie ihr.

Nach der Geschichte meinte sie: „Könnte ich auch so einen Ring bekommen wie Anna?"

„Na klar", antwortete ich und produzierte mit großem Brimborium einen unsichtbaren Zauberring, den ich ihr gab.

Sechs Wochen später traf ich sie wieder.

„Weißt du was?" fragte sie ganz aufgeregt. „Ich hatte keinen einzigen Alptraum mehr, seit du mir den Zauberring gegeben hast, und dabei hatte ich früher immer welche."

Die Anna-Geschichten können auch in Kindergruppen eingesetzt werden, im Klassenzimmer oder ähnlichen Situationen. Sie können Anstoß zu Gesprächen sein und bieten die Möglichkeit, sich Klarheit über Gefühle zu verschaffen. In jeder Gruppe wird es Kinder geben, die die verschiedenen Situationen in den Geschichten dieses Buches aus eigener Erfahrung kennen. Nicht nur sie selbst, sondern auch die übrigen Kinder können davon profitieren. Alle erhalten sie die Möglichkeit, Gefühle, die von diesen Themen hervorgerufen werden, zu verstehen und sich damit auseinanderzusetzen.

Wann man Hilfe von außen suchen sollte

Falls die Probleme Ihres Kindes besonders schwerwiegend scheinen oder sich auch trotz Ihrer größten Anstrengungen nicht mit der Zeit von allein lösen, ist es wohl ratsam, einen Psychotherapeuten hinzuzuziehen. Lange Phasen von Depression, Rückzug oder aggressivem Verhalten bei Ihrem Kind können ebenfalls ein Hinweis darauf sein, daß Sie mit einem Therapeuten sprechen sollten. Therapeuten, die für die Arbeit mit Kindern oder Familien ausgebildet sind, sind am besten dafür geeignet. Es ist auch ratsam, Ihr Kind von einem Kinderarzt oder Allgemeinmediziner untersuchen zu lassen. Viele Symptome, die bei Angst auftreten, wie Schwindelgefühl, Kopfschmerzen oder Bauchschmerzen, könnten auch die Anzeichen einer körperlichen Erkrankung sein.

Den Eltern wird auch geholfen

Ein Kommentar, den ich über die Anna-Geschichten immer wieder höre, ist: „Man fühlt sich einfach gut, wenn man sie erzählt." Das ist besonders interessant, wenn man bedenkt, daß sich die meisten von ihnen mit ziemlich schwierigen Themen beschäftigen.

Zum einen ist dieses gute Gefühl auf die positive Auflösung der traurigen und schwierigen Gefühle zurückzuführen. Zum anderen beruht dies meiner Meinung nach darauf, wie Anna ihre Eltern erlebt.

Als ich diese Geschichten schrieb, fiel mir auf, daß die Eltern von Anna ideale Eltern waren – sie sind warmherzig und weise, stark und unterstützend. Sie sind tatsächlich so, wie wir uns Eltern wünschen – wie die Eltern, die jeder von uns gern gehabt hätte.

Ich meine, daß es uns allen in gewisser Weise guttut, diese Eltern erleben zu können, auch wenn es nur für kurze Zeit in unserer Phantasie ist. Durch das Erzählen und Vorlesen dieser Geschichten werden Annas Eltern hoffentlich nicht nur das Kind nähren, dem wir dies vorlesen, sondern auch das Kind in jedem von uns. Vielleicht kann uns einiges von dieser Nahrung auch das Gefühl von Stärke und Trost geben, so daß wir lernen können, genau wie Anna, liebevoll zu uns selbst zu sein, unsere Unzulänglichkeiten zu akzeptieren, unsere Stärken zu erkennen und mit unseren Kindern den besten und menschlichsten Teil von uns selbst zu teilen.

Das Kind verstehen

Kinder sehen wie kleine Erwachsene aus. Sie alle haben die erforderliche äußere Ausstattung: Arme, Beine, Nase, Mund. Sie sprechen die gleiche Sprache wie wir. Daher liegt es nahe anzunehmen, daß sie auch so denken wie wir. Das tun sie jedoch nicht.

Die meisten Eltern finden dies mühevoll heraus, wenn sie geduldig versuchen, ihrem Drei- oder Vierjährigen „Dinge logisch zu erklären". Es spielt keine Rolle, wie fehlerlos ihre vernünftigen Erklärungen sind, sie können trotzdem ihren Vierjährigen nicht davon überzeugen, daß sich unter seinem Bett nicht ein Rudel wilder Hunde versteckt hält, die nur darauf lauern, daß das Licht ausgeht, um sich sofort hervorzustürzen...

Wir setzen uns zurück und wundern uns, warum nur unsere Kinder solche offensichtlich einleuchtenden Fakten nicht begreifen wollen. Vielleicht finden wir die Antwort, wenn wir darüber nachdenken, wie ein Kind die Welt erfährt.

Wie Kinder lernen – Spiel und Phantasie

Die wenigsten von uns erinnern sich noch an die Ängste und Phantasien der Kindheit. Es ist schon lange her, seit wir die Gesetze der Logik und die Welt der Physik durch Agieren in unserer alltäglichen Umgebung gelernt haben, so daß wir vergessen haben, wie die Welt ohne sie aussieht. Wir stehen völlig verwirrt vor unserer Zweijährigen, die plötzlich entsetzliche Angst vor dem Baden hat. Was macht sie nur so ängstlich, überlegen wir: Ist es die Angst, sich am heißen Wasserhahn zu verbrühen? Oder die Angst zu ertrinken? Oder sich den Kopf an der harten Emaillewand der Wanne zu stoßen? Dies alles sind sehr schöne erwachsene Ängste. Nein, es ist ganz anders: Sie hat Angst davor, durch den Abfluß gezogen zu werden, wenn das Badewasser abgelassen wird. Wenn es abfließt, gibt es ein so schreckliches, gurgelndes Geräusch, daß jeder weiß, dort unten müssen Monster sitzen, die nur darauf warten, sie als Abendbrot herunterzuschlürfen. Eine Zweijährige hat einfach noch keine genaue Vorstellung von der relativen Größe von Dingen. Ganz abgesehen von den Monstern am Ende des Abflusses ist es schwierig, sie davon zu überzeugen, daß ihr kleiner Körper gar nicht durch den Abfluß passen würde. Eine Zweijährige braucht viele, viele Stunden, in denen sie mit Objekten unterschiedlicher Größe spielt, bevor sie dieses Stückchen Verständnis erlangt hat. Sie können soviel erklären, wie Sie wollen, aber erst ihr eigenes Erforschen der verschiedenen Eigenschaften von Objekten überzeugt die Kinder schließlich.

Wir können beobachten, wie intensiv und mit welcher Entschlossenheit sie von früher Kindheit an diese Art von Lernen verfolgen. Das Baby, das seine Rassel mit der Monotonie einer hängengebliebenen Schallplatte immer wieder über den Rand seines Bettchens wirft, hat sich nicht vorgenommen, Sie verrückt zu machen. Es findet nur etwas über die Naturgesetze des Universums heraus. (Sie selbst finden übrigens auch etwas über die Naturgesetze heraus, nämlich, daß Ihre Wut umgekehrt proportional zu der Anzahl der Minuten steigt, die seit der letzten rausgeworfenen Rassel vergangen sind.) Ihr Baby konzentriert sich tatsächlich auf ein sehr viel ernsthafteres Problem – es tritt in die Fußstapfen von Newton und Einstein und entdeckt die Überraschungen, die Physik und Schwerkraft bergen. Es findet zum Beispiel heraus, daß Objekte, die man losläßt, eher fallen als stehenbleiben, und oftmals gibt es am Ende des Falls ein Geräusch. Wir wissen das natürlich schon so lange, daß wir dafür schon abgestumpft sind. Aber für Ihr Baby ist das ungeheuer aufregend.

Erwachsene haben sich daran gewöhnt, Spiel und Phantasie als rein entspannende Aktivitäten zu betrachten, als Dinge, die keinem „ernsthaften" Zweck dienen. Für Kinder aber sind Spiel und Phantasie die wichtigsten Methoden, etwas über die Welt zu lernen. Für das Kind erfüllt das Spiel einen genauso ernsthaften Zweck wie ein Tag in der Bibliothek für einen Studenten.

Spiel gibt es nicht nur bei der menschlichen Spezies. Junge Tiere spielen ebenfalls, und es ist gewöhnlich ganz reizend, ihnen zuzusehen. Die meisten von uns haben schon bezaubert einem Kätzchen zugeschaut, das mit einem Wollknäuel spielt, oder einem Welpen, der knurrt und sich den alten Hausschuh, den wir ihm gegeben haben, um die Ohren schlägt und ihn so „totschüttelt". Der Grund, warum wir so gern Welpen und Kätzchen beobachten, liegt darin, daß sie tolpatschig wie ein Baby sind, wenn sie herumspringen oder umherstolzieren; und daß ihre Beute so unangemessen ist – Wolle oder der alte Hausschuh statt Mäuse oder Vögel. Dadurch wird klar: Das Wichtige am Spiel für diese Jungtiere ist die Übung. Die Übung in Dingen, in denen sie als erwachsene Tiere perfekt sein müssen, um in der Wildnis überleben zu können. Im Reich der Tiere scheint es die Regel zu geben: Je komplexer und anpassungsfähiger eine Art ist, desto mehr brauchen die Jungen eine „Kindheit", in der Lernen durch Spiel das wichtigste Element ist. Für Tiere auf einer einfacheren Entwicklungsstufe, wie beispielsweise Eidechsen, die mit einem detaillierten, instinktiven Verhaltensmuster geboren werden und somit schon beim ersten Versuch perfekt sind, gibt es keine Notwendigkeit für eine spielerische Kindheit. Kleine Eidechsen werden größer und können schon genau das, was sie als erwachsene Eidechsen können müssen – die Existenzangst in der Welt der Eidechsen ist nicht sehr groß. Ein „Saurier-Sartre" wäre nie veröffentlicht worden.

Bei höher entwickelten Tieren ist das völlig anders. Arten wie Hunde, Katzen, Affen und insbesondere Menschen führen ein sehr komplexes und vielfältiges Leben. Dies mag neu für manche von uns sein, die in ihrem täglichen, grauen Einerlei gefangen sind. Aber stellen Sie sich nur einmal vor, wie Ihr Leben als Eidechse aussähe.

Leben und Lernen

Wir haben immens viele unterschiedliche Entwicklungsaufgaben zu lernen, bevor wir uns sicher in die Welt hinauswagen können. Um nur einige zu nennen: Wir müssen lernen zu sitzen, zu stehen, zu gehen, nachzudenken, zu kommunizieren, zu kooperieren usw. Diese Aufgaben sind so vielfältig und vielzählig, daß es unmöglich wäre, ihre fehlerlose Ausführung als Instinkt zu verankern. Man muß sie lernen und üben. Und genau hier kommt das Spiel zum Tragen.

Einige Theoretiker betrachten das Spiel auch als Möglichkeit, einen Energieüberschuß abzubauen. Jedem, der schon einmal mit Kindern zu tun hatte, ist aufgefallen, daß sie eine enorme, scheinbar unerschöpfliche Energie besitzen. Das Spiel kann ähnlich wie ein Ventil bei einem Druckkessel funktionieren, indem es der überschüssigen Energie erlaubt zu entweichen. Könnten wir diese doch nur nutzen, um sie unter den müden Erwachsenen dieser Welt gerecht zu verteilen.

Manchmal ist die aufgebaute Energie, die durch Spiel freigesetzt wird, aggressiv. Die meisten Menschen haben dies schon erlebt. Es kann eine große Befriedigung sein, sich gleich nach einem unangenehmen Zusammenstoß mit dem Chef bei einer Runde Squash so richtig auszutoben. Wenn wir schon den Chef nicht durchprügeln können, so bereitet es uns ganz sicher Vergnügen, den Squashball als seinen Stellvertreter zu betrachten, und danach fühlen wir uns meist viel besser. Vergleichbares kann man häufig bei Kindern sehen, die gescholten wurden und nun eine stattliche Anzahl Puppen für genau dasselbe Vergehen ausschimpfen.

Diese Art von Spiel erlaubt es dem Kind, seine eigenen Schuldgefühle auf die versammelten Puppen zu „projizieren". Schuldgefühle bewirken, daß wir uns schlecht und ängstlich fühlen. Indem wir diese Schlechtigkeit auf jemand anderen schieben („Es war **seine** Schuld"), können wir uns wirksam von unserer Furcht befreien. Viele von uns neigen dazu, dieses verbreitete Mittel einzusetzen, um mit Gefühlen von Schuld, Versagen oder Unzulänglichkeit fertigzuwerden. Die Redensart „Ein schlechter Handwerker macht immer sein Werkzeug verantwortlich" trifft hierauf genau zu.

Darüber hinaus übt ein Kind, das sein Spielzeug zurechtweist, die Rolle des moralisch korrekten Erwachsenen. Dieser „erwachsene" Teil von ihm wird später durch das verkörpert, was wir für unser Gewissen halten, jener erhobene Zeigefinger in uns, der uns sagt: „Nein, das war aber wirklich keine gute Tat!"

Das Kind wiederholt außerdem beunruhigende Vorfälle. Das tun Kinder mit großer Konsequenz. Wenn ein Haus gebrannt hat, wird man sie oft immer wieder Feuerwehr spielen sehen. Auf diese Weise können sie ein beunruhigendes Ereignis bewältigen und verarbeiten. Erwachsene tun dies ebenfalls. Wenn wir z. B. überfallen wurden, dann neigen wir dazu, diese schreckliche Geschichte jedem einzelnen unserer Freunde zu erzählen. Nach einiger Zeit bemerken wir, daß wir die Geschichte ohne die Angst, die das Nachdenken darüber vorher stets mit sich brachte, erzählen können. Es ist so, als hätte die ständige Wiederholung die emotionale Wirkung abgeschwächt.

Das wiederholte Nachspielen eines Ereignisses, das ein Kind verwirrt hat, kann ihm auch helfen, dieses Ereignis zu verstehen. Ein Beispiel aus der Welt der Erwachsenen: Jemand liest den Brief an den „lieben Kurt" immer und immer wieder, um herauszufinden, was zu der Ablehnung durch den Freund geführt hat. Bei jedem Lesen können wieder andere Gedanken und Wahrnehmungen auftauchen, da die Aufmerksamkeit erst von dem einen und dann von einem anderen Satz gefangen wird, der beim ersten Lesen noch gar nicht ins Auge gefallen ist.

Sie werden feststellen, daß Ihr Kind die Anna-Geschichten immer wieder hören will, wenn Sie eine Geschichte erzählen, die sein derzeitiges Problem trifft. Werden Sie wegen dieser Wiederholungen nicht ungeduldig. Kinder müssen Fakten aufnehmen, ihre Gefühle bewältigen und ihre Ängste beherrschen.

Das Kind sieht es, das Kind tut es

Spiel kann auch eine Methode sein, verschiedene Gefühle einem Ereignis gegenüber zu erforschen. Im Spiel kann ein Kind erfahren, wie man sich als Lehrer fühlt oder als Schüler, als Held oder als verängstigtes Opfer. Das kann seinem Verständnis für das Problem neue Dimensionen eröffnen. Es gibt ihm die Möglichkeit, sich nun selbst als erfolgreich und kompetent zu erleben, wo es sich früher überwältigt fühlte. Das kann dazu führen, daß es sein Problem aus einer anderen Perspektive betrachtet: Es erkennt, daß es bewältigt werden kann.

Wenn wir Kinder beim Spiel beobachten, fällt uns auf, daß viele ihrer Handlungen auf Imitation beruhen. Kinder sind die geborenen Imitatoren, wie die Jungtiere vieler höherentwickelter Arten. Dieser Drang, die Erwachsenen zu imitieren, ist Teil des Plans der Natur, um das Überleben einer Art zu sichern. Wenn eine bestimmte Handlung zu komplex ist, als daß sie als Teil eines Instinktes oder Reflexes programmiert werden könnte, ist die nächstbeste Möglichkeit die, in den Jungtieren der jeweiligen Art ein starkes Bedürfnis zu verankern, die Erwachsenen zu imitieren, die die Handlung bereits kompetent ausführen können.

Psychologen so unterschiedlicher theoretischer Schulen wie der Psychoanalyse, bei der die inneren Prozesse von großer Wichtigkeit sind, und der Verhaltenstherapie, die sich auf äußere Prozesse richtet, akzeptieren die Bedeutung des Lernens durch Nachahmung. Psychoanalytiker erklären dies mit dem Begriff der Identifikation (der Prozeß, der eine Person unbewußt dazu führt zu denken, zu fühlen und zu handeln, wie dies ihrer Vorstellung nach die Person tut, die sie beobachtet). Verhaltenstherapeuten dagegen würden von Belohnung und Verstärkung sprechen, die eine erfolgreiche Imitation nach sich zieht. Beide Richtungen stimmen darin überein, daß sie eine wirkungsvolle Form des Lernens ist.

Viele Untersuchungen haben sich mit dem Prozeß des Lernens durch Imitation befaßt. So wurden Kindern beispielsweise zwei Filme gezeigt – in dem einen wird der „Held" bestraft, in dem anderen kommt es für den Helden zu einem positiven Ende. Man fand heraus, daß am ehesten der Held imitiert wird, der Erfolg hat. Interessanterweise lag der Unterschied nicht darin, wieviel die Kinder von den beiden Filmen behalten hatten, sondern nur in ihrem tatsächlichen Verhalten. Anders ausgedrückt, schienen sie beiden Filmen die gleiche Aufmerksamkeit zu schenken, doch nur derjenige mit dem positiven Ende beeinflußte ihr Verhalten. Das positive Ende in den Anna-Geschichten unterstützt einen solchen Modell-Effekt. Doch nicht nur Filme, auch Bücher und Geschichten können ähnlich wirkungsvolle Modelle darstellen. Die Anna-Geschichten sind dabei eine besonders wirksame und unterhaltsame Methode, dieses Prinzip anzuwenden.

Die Magie von „Es war einmal..."

Geschichtenerzählen ist eine Kunst, die uns begleitet hat, seit der erste Mensch das Sprechen lernte. Die Kindergeschichten, mit denen wir besonders gut vertraut sind, sind diejenigen, die von einer Generation von Geschichtenerzählern an die nächste weitergegeben wurden: die Volkssagen oder Märchen. Seit undenklichen Zeiten wurden Kinder von ihnen gefesselt – und wollten sie wieder und wieder hören. Worin liegt der Zauber der Märchen, und warum wirken sie auf Kinder in der ganzen Welt so tröstlich und unwiderstehlich?

Einige bekannte Psychotherapeuten haben sich mit dieser Frage beschäftigt. Bruno Bettelheim schrieb das Buch „Kinder brauchen Märchen", in dem er Argumente dafür anführt, daß Märchen eine wichtige Rolle dabei spielen, daß Kinder ihre zahlreichen Ängste und Konflikte bewältigen können, die sie im Laufe einer normalen Kindheit erleben.

Vom Standpunkt des Psychoanalytikers aus betrachtet, werden Gefühle und Gedanken, die Schuldgefühle und Angst auslösen, häufig unterdrückt und gehen im Unbewußten „in den Untergrund". Wenn diese verbotenen Gedanken und Gefühle sich weiterhin ausbreiten, dann werden sie schließlich „überkochen" und sich in irgendeiner Form bemerkbar machen. Dieses Übermaß an Spannung muß sich nicht unbedingt in einem Ausbruch von Wut oder Tränen äußern. Es kann auch in der Form von physischen Symptomen auftreten wie Hautausschlag oder Bauchschmerzen.

Wenn die verbotenen Gefühle kein Ventil finden, dann werden sie noch mehr Druck aufbauen, bis sie auf eine Weise zum Vorschein kommen, die meistens als negativ erlebt wird. Wenn diese Gefühle aber so schmerzlich sind, daß wir uns nicht dazu überwinden können, sie offen auszusprechen oder zu durchdenken, wie können wir sie dann freilassen oder verarbeiten? Es scheint ein unauflösbares Dilemma zu sein.

Dies ist nach Meinung vieler Psychotherapeuten der Augenblick, an dem Märchen zum Zuge kommen. Dr. Bettelheim weist darauf hin, daß die Themen vieler Märchen genau dieselben sind, die für viele Kinder ein Problem darstellen. „Aschenputtel" handelt von der Rivalität unter Geschwistern und der Beobachtung, daß die „anderen" in der Gunst höher stehen als man selbst. In „Hänsel und Gretel" geht es um die beständige Angst in der Kindheit, verstoßen zu werden oder sich zu verirren. Der „Däumling" beschreibt die Erfahrung, sich verloren, klein und allein in einer überwältigend riesigen Welt vorzukommen.

Wir als Eltern würden unsere Kinder gern ein Leben in völliger Sicherheit führen sehen ohne die überwältigenden Ängste und Befürchtungen, die uns manchmal befallen. Und manche von uns betrachten ihre Kindheit im Rückblick durch eine rosarote Brille und erinnern sich vielleicht an das Gefühl von Liebe, Lachen, Spaß und Kameradschaft. Wir neigen dazu, die Zeiten der Angst, der Wut und Furcht vor einer Welt zu vergessen, die wir nicht kontrollieren können, und vor einer Umgebung, die viel größer ist als wir selbst. Da gibt es die angsterfüllten Nächte, das Gespenst unter dem Bett, die Zeiten der Trennung von unseren Eltern, die Kämpfe, die wir um unsere Unabhängigkeit geführt haben, die Wut und die Liebe, die Geschwister vermitteln können, die Grausamkeit anderer Kinder, die Komplexität der Aufgaben, die wir im Laufe unserer Entwicklung meistern müssen. Beobachten Sie ein Kind, das laufen lernt, und Sie werden eine Vorstellung davon bekommen, welcher Kampf und welcher Mut dazu benötigt werden. Selbst das glücklichste, sich höchst sicher fühlende Kind muß durch Phasen von Angst, Furcht, Zorn und dem Gefühl von Isolation hindurchgehen. Denn letztlich kann niemand anders die Aufgaben für das Kind übernehmen. Die Mutter kann zwar dabeisein, um ihm beim Laufen zu helfen, aber sie kann nicht selbst für das Kind laufen und ganz sicher nicht an seiner Stelle hinfallen. Um laufen zu lernen, muß ein Kind lernen hinzufallen, sich wieder aufzurichten und es noch einmal von vorn zu versuchen.

Dieses Thema spiegelt sich in vielen Märchen wider. Der junge Held begibt sich auf seine Wanderschaft und gerät in verschiedene Widrigkeiten, die er bis zu seinem Erfolg am Ende bewältigen muß. Es ist wichtig festzuhalten, daß der Held meistens der jüngste Sohn ist – d. h. er spiegelt die Erfahrung des Kindes wider, in der Welt klein, jung und unerfahren zu sein. Die ältesten Söhne werden im Märchen selten zu Helden.

Was passiert also, wenn einem Kind, das zum Beispiel mit seinen Gefühlen von Eifersucht und Unzulänglichkeit in der Familie kämpft, die Möglichkeit gegeben wird, „Aschenputtel" zu hören? Unweigerlich wird es die Geschichte aufsaugen, als wäre es Limonade an einem heißen Sommertag.

Psychonanalytiker glauben, daß das Kind auf einer unbewußten Ebene die Elemente in „Aschenputtel" erkennt, die es auf seine eigene Wahrnehmung der Situation, in der es sich befindet, anwenden kann. Die eigenen

Gefühle können zu schmerzlich für das Kind sein, als daß es sie zulassen kann. Aber indem es den Erfahrungen von Aschenputtel lauscht, hat es die Möglichkeit, einige dieser „tabuisierten" Gefühle aus einer Distanz heraus zu durchdenken und zu erleben, die diese Gefühle nicht bedrohlich werden läßt. Und sie wirken nicht bedrohlich, weil sie als etwas betrachtet werden, was zu Aschenputtel gehört und nicht zum Kind selbst.

Die Geschichte kann also dem Kind erlauben, einigen Gefühlen Luft zu machen, indem es auf die Charaktere und ihre Situation reagiert. Das kann etwas von dem Druck der aufgestauten Gefühle wegnehmen.

Das Märchen vermittelt auch die Botschaft, daß das Leben ein Kampf sein kann und daß Dinge passieren, die ungerecht sind und die sich unserer Kontrolle entziehen; aber es signalisiert auch, daß wir letztlich alles erfolgreich überstehen werden, wenn wir standhaft bleiben. Das ist eine ungemein wichtige Erkenntnis. Ein Kind, das nicht an die Möglichkeit des Erfolges und eines glücklichen Ausgangs glaubt, hat den Kampf aufgegeben und wird niemals Erfolg haben. Kinder, ja Menschen überhaupt, müssen in dieser Welt Hoffnung haben.

Die Botschaft von Hoffnung trotz Kampf und Rückschlägen wird von dem Kind aufgenommen und auf seine eigenen Probleme übertragen. Dies geschieht auf einem Niveau, das unterhalb der bewußten Wahrnehmung liegt. Man muß nicht im Detail die Ähnlichkeiten zwischen Aschenputtel und dem Kind herausstellen, um dies deutlich zu machen. Tatsächlich raubt man den Märchen durch Erklärungen und Interpretationen auf einer bewußten Stufe oft ihren Zauber. Dies kann auch dem Kind die Möglichkeit nehmen, seine bewußten Verbindungen zur Geschichte in dem ihm angemessenen Tempo herzustellen, für gewöhnlich nachdem es die Geschichte oft gehört und darüber noch öfter nachgedacht hat.

Die Anna-Geschichten sind gleichsam personalisierte Märchen, nur daß sie in der realen Welt spielen. Sie finden darin alle Elemente von Bedrohung, Verzweiflung, Erholung und Hoffnung, die ein wesentlicher Bestandteil klassischer Märchen sind, und sie werden so präsentiert, daß sich Ihr Kind sofort mit ihnen identifizieren kann. Sie bieten Lernerfahrung, die Ihr Kind in seinem eigenen Tempo annehmen kann, ein Modell, mit dem sich Ihr Kind identifizieren und dem es nacheifern kann, einen Weg, um schmerzhafte Gefühle zu erleben und sie zu bewältigen. Und sie sind eine Reise zu Hoffnung und Verständnis.

Ihr Kind ist einzigartig

Wir alle können uns rückblickend an bestimmte Wendepunkte erinnern, die wir im Laufe unseres Lebens als Erwachsene passiert haben. Das waren Zeiten großer Aufregung oder Sorgen – meistens eine Mischung aus beiden. Wir können uns daran erinnern, wie gereizt wir waren, wie uns diese Vorfälle so völlig beansprucht und wie sie eine entscheidende Veränderung in unserem Leben markiert haben. Die Vorfälle, die wir im Rückblick typischerweise als Wendepunkte betrachten, sind Geschehnisse, die fast alle Menschen erleben: der erste Arbeitsplatz, der Auszug aus dem Elternhaus, Heirat, Kinder, Scheidung, der Tod eines geliebten Menschen. Die meisten von uns müssen durch solche „normalen Krisen" des Erwachsenenlebens hindurch, und dennoch wird jeder einzelne von uns mit diesen universellen Geschehnissen auf seine spezielle Weise umgehen.

Kinder folgen dem gleichen Muster. Sie müssen auch eine Reihe von normalen Entwicklungsstufen meistern. Vielen Eltern ist dies bewußt: Man hört Eltern vom Stadium der „schrecklichen Zweijährigen" reden und den vielen anderen Stadien, die Kinder auf ihrem Weg zum Erwachsenen durchlaufen. Worüber nicht so häufig gesprochen wird, ist die Tatsache, daß jedes Kind an diese allgemeinen Entwicklungsaufgaben auf unterschiedliche Weise herangeht, seinem unverwechselbaren Stil entsprechend. Ihre Zweijährige ist nicht irgendeine Zweijährige, sie ist **Ihre** Zweijährige mit einer individuellen Persönlichkeit und einer bestimmten Weise, ans Leben heranzugehen. Den persönlichen Stil Ihres Kindes zu verstehen, kann von großem Wert dabei sein, um zu entscheiden, wie Sie ihm und sich selbst am besten durch die verschiedenen Stadien der Kindheit helfen können.

Viele Jahrhunderte lang gab es Auseinandersetzungen darüber, ob die Persönlichkeit des Kindes angeboren, also bei der Geburt bereits vorhanden ist oder ob sie durch die Interaktion mit den Eltern und der Umgebung geformt wird. Heutzutage scheint Übereinstimmung darüber zu herrschen, daß es sich um eine Mischung aus beiden Faktoren handelt.

Es ist viel darüber geschrieben worden, wie wir als Eltern Einfluß auf die Persönlichkeit unserer Kinder nehmen können, aber es ist auch hilfreich, die Faktoren der Persönlichkeit zu betrachten, die mit der Geburt schon gegeben sind.

Ein Großteil unserer Information beruht auf einer sehr einflußreichen Untersuchung, die von Dr. Chess, Dr. Thomas und Dr. Birch durchgeführt wurde und die in den 50er Jahren in New York begann. Aus dieser Studie geht hervor, daß Babys tatsächlich mit einigen Persönlichkeitszügen geboren werden. Was beim heranwachsenden Kind die Persönlichkeit und seine Anpassung an die Welt ausmachen, sind nicht nur angeborene Charakterzüge oder bloß und ausschließlich seine Beziehung zu den Eltern, sondern die Kombination aus beiden. Verschiedene Kinder entwickelten verschiedene Verhaltensstile.

Die Untersuchung identifizierte neun verschiedene Persönlichkeitszüge, die von Geburt an vorhanden sind und durch Kleinkindalter, Kindheit, Jugendalter und vermutlich auch im Erwachsenenalter gleich bleiben.

Ein Persönlichkeitszug war das Aktivitätsniveau der Babys. Sie kamen scheinbar mit ihrem charakteristischen Temperament auf die Welt, von sehr aktiv bis sehr still.

Ein anderes Persönlichkeitsmerkmal war Regelmäßigkeit. Nach einigen Babys konnte man die Uhr stellen. Sie hatten immer zur selben Tageszeit ihren Stuhlgang, schliefen zur selben Zeit, ihr Appetit war vorherzusagen usw. Andere waren völlig unregelmäßig und in ihren täglichen Bedürfnissen und Mustern nicht vorhersagbar.

Ein drittes Merkmal betraf die Reaktion der Babys auf neue Situationen oder Ereignisse. Einige Babys reagierten auf einen neuen Geschmack, einen neuen Anblick, neue Erfahrungen mit großem Enthusiasmus und Neugier. Andere schreckten zurück und zeigten Vorsicht oder Angst.

Anpassung an eine Veränderung war ein weiteres Merkmal, das bei den Babys differierte. Einige Babys konnten sich leicht auf Änderungen in der Routine einstellen, während andere rigider waren und nicht so flexibel.

Es gab auch Unterschiede in der Sensibilität für ihre Umgebung. Einige hatten einen sehr leichten Schlaf und wachten beispielsweise beim kleinsten Geräusch auf. Oder sie waren extrem sensibel dafür, was sie auf ihrer Haut trugen. Wolle etwa konnten sie als kratzig empfinden. Am anderen Ende der Skala rangierten die Babys, die auch bei einem Gewitter durchschliefen und denen es egal war, aus welchem Stoff ihre Kleidung gemacht war.

Die Intensität der Reaktion schien ebenfalls ein Merkmal zu sein, das schon bei der Geburt vorhanden war. Einige Babys zeigten eine sehr intensive Reaktion. Wenn sie verstimmt waren, schrien sie zum Beispiel das ganze Haus zusammen, während andere nur die Stirn kraus zogen oder quengelten. Die Forscher bemerkten auch, daß einige Babys dazu neigten, in jeder Situation fröhlich zu sein, während andere eine trübere Sicht der Dinge hatten.

Konzentration war ebenfalls ein Faktor, der von Baby zu Baby unterschiedlich war. Einige Babys hatten längere Konzentrationsspannen als andere. Sie richteten ihre Aufmerksamkeit länger auf eine Aktivität, die sie beschäftigte, als andere Babys.

Die Intensität der Konzentration variierte auch. Die Forscher nannten diesen Faktor die Ablenkung. Einige Babys konzentrierten sich charakteristischerweise so stark auf das, was sie taten, daß nichts sie ablenken konnte. Andere begannen etwas zu tun, ließen sich aber schon von der kleinsten Ablenkung einfangen.

Diese Ergebnisse werfen ein Licht auf die Tatsache, daß kein Kind wie das andere ist, und ich möchte betonen, wie wichtig es ist, Ihr Kind als Individuum zu verstehen und zu akzeptieren. Versuchen Sie nicht, Regeln und Rezepte unterschiedslos anzuwenden, nur weil Sie sie in Büchern gelesen haben. Denken Sie zuerst darüber nach und schauen Sie, inwieweit sie auf Ihr spezielles Kind anzuwenden sind. Trauen Sie Ihrer Intuition, Sie sind die Person, die Ihr Kind am besten versteht.

Genauso verhält es sich, wenn Sie Anna-Geschichten erfinden. Lassen Sie die Persönlichkeit des Helden mit der Ihres Kindes übereinstimmen. Wenn Ihr Kind zum Beispiel von Natur aus vorsichtig ist, könnte es sich mit einem Helden, der sich mit Vergnügen und Hingabe in neue Situationen stürzt, nur schwer identifizieren.

Das vorsichtige Kind reagiert am besten auf Ermutigung ohne Druck, die es ihm erlaubt, mit der Situation schrittweise vertraut zu werden. Es kann immer noch den gleichen erfolgreichen Endpunkt erreichen wie die Schwester, die mehr Begeisterung zeigt, und kann so ein solides Gefühl von Selbstbewußtsein entwickeln – es läßt sich nur nicht gern drängen. Eine passende Anna-Geschichte würde diesen Stil, Fortschritte zu machen, einbeziehen.

Statt zu versuchen, Ihr Kind nach Ihrem Bild zu schaffen – meist eine fruchtlose Aufgabe, wenn sein Charakter sich von dem Ihrigen unterscheidet –, sollten Sie besser innehalten und versuchen zu verstehen, wo das Kind steht. Welche sind seine natürlichen Methoden, mit der Welt fertigzuwerden? Können Sie dem Kind helfen, seine Ressourcen zu stärken und zu entwickeln in einer Art und Weise, die zu ihm paßt? Dies kostet viel weniger Energie als die Methode des Zwanges. Es ist wie Judo – Sie arbeiten mit der Kraft und nicht gegen sie.

Von der anderen Seite aus betrachtet

Den Versuch, die Welt aus der Perspektive eines anderen zu betrachten, sollten wir öfter wagen. Insbesondere im Hinblick auf unsere Kinder kann es einen enormen Unterschied machen, wie wir eine Situation einschätzen.

Lassen Sie uns zum Beispiel ganz an den Anfang zurückgehen.

Sie haben als junge Eltern Ihr Baby gerade vom Krankenhaus mit nach Hause gebracht und sind nun dabei, mit einer unangenehmen Tatsache fertigzuwerden: Babys schreien. Ziemlich laut und meist ziemlich regelmäßig. Das ist der Punkt, an dem Sie sich in Ihrer ersten Zwickmühle befinden können. Einerseits gibt es die Leute, die einem sagen: „Sie können ein Baby gar nicht durch zu viel Liebe und Aufmerksamkeit verderben. Nehmen Sie es hoch, wenn es schreit." Und, wie gewöhnlich, gibt es andererseits Leute, die sagen: „Wenn Sie das Baby jedesmal hochnehmen, wenn es schreit, dann bringen Sie ihm nur bei, noch mehr zu schreien, und verziehen es." Wie sollen Sie entscheiden, welche Seite recht hat?

Als Hilfe für Ihre Entscheidung kann es nützlich sein, ein imaginatives Experiment durchzuführen und sich vorzustellen, Sie wären an der Stelle des Babys. Tun Sie so, als wären Sie gerade ein paar Tage alt. Das ist schwierig, ich weiß. Sie können vielleicht damit anfangen sich vorzustellen, Sie fühlten sich wie nach einer Fahrt mit der Achterbahn – nur daß Sie nicht das Glück hatten, in einem der Wagen zu sitzen. Sie sind ziemlich stark durcheinandergeschüttelt worden, alles ist ein bißchen verschwommen und als nächstes sehen Sie sich in einem Raum aufwachen, der wie ein komisches Hotelzimmer wirkt. (Das ist natürlich eine Stufe an Intellektualisierung, die ein Baby nicht hat.) Sie haben verzweifelten und bohrenden Hunger – Sie fühlen sich, als hätten Sie seit Tagen nichts gegessen. Sie beschließen also aufzustehen und nach etwas Eßbarem zu suchen. Jetzt bemerken Sie, daß Sie sich nicht bewegen können. Ganz und gar nicht. Sie können nicht den Kopf heben, um sich umzuschauen, Sie können sich nicht auf die Seite drehen, um einen besseren Überblick zu bekommen, Sie können sich schon gar nicht aufsetzen, und allein der Gedanke an Gehen ist ein Witz. Hin und wieder tanzt vor Ihren Augen ein faszinierendes Objekt mit fünf verlängerten Spitzen daran, aber Sie haben keinen Begriff davon, daß es Ihre Hand ist oder daß man sie dazu benutzen kann, um Dinge zu greifen oder aufzuheben.

Klar, werden Sie denken, ich schreie erstmal um Hilfe. Nun entdecken Sie, daß Sie nicht die richtige Sprache sprechen können. Oder besser, Sie können gar nicht sprechen. Alles, was Sie tun können, ist schreien. Und das tun Sie, so laut Sie können, um Hilfe herbeizuholen, wenn es sie denn gibt.

Hier könnte ich einhalten und eine Frage stellen. Wie fühlen Sie sich? Unweigerlich werden Sie antworten – verängstigt, hilflos, frustriert, verwirrt, unsicher.

Gut, lassen Sie uns mit dem Experiment fortfahren.

Nehmen wir an, Sie schreien mit all der ungestümen Kraft, die Ihnen zur Verfügung steht, und da – Gott sei Dank – taucht Hilfe in Form einer großen, tröstenden Riesin auf, die sich offensichtlich für Ihre Notlage höchst verantwortlich fühlt. Sie kann Ihre Sprache nicht verstehen, aber sie beruhigt Sie, sucht nach dem Grund, gibt Ihnen eine herzhafte Mahlzeit und überzeugt Sie ganz allgemein davon, daß Ihr Wohlergehen ihr sehr am Herzen liegt. Und sie bleibt bei Ihnen, bis Sie sich beruhigt haben. Einige Zeit später wachen Sie wieder auf und sind ganz entsetzt, weil Sie durch und durch naß sind. Wieder schreien Sie. Und wieder taucht die Riesin auf wie von Zauberhand und bringt die Dinge in Ordnung. Das ist äußerst bequem, aber in Ihrer einigermaßen hilflosen Situation ist das alles immer noch eine beunruhigende Konstellation.

Wie sind die Dinge an diesem fremdem Ort geregelt? Hat die Riesin auch mal Urlaub und was passiert mit Ihnen, wenn dem so ist? Hat sie eine 35-Stunden-Woche ohne Überstunden? Hört sie schlecht? Ist Ihr Wohlergehen wirklich ihr vorrangiges Interesse? Wird sie immer dann da sein, wenn Sie sie brauchen?

In den nächsten paar Wochen beginnen Sie festzustellen, daß die Riesin tatsächlich immer kommt, wenn Sie sie brauchen. Manchmal versteht sie nicht ganz, was Sie ihr sagen wollen. Aber es ist tröstlich zu wissen, daß sie zumindest da ist und sich mit Ihnen beschäftigt. Sie arbeitet Stunden, mit denen sich ein Gewerkschafter nie im Leben einverstanden erklären würde, und sie ist offensichtlich voller Hingabe an ihren Beruf und an Sie.

Wie fühlen Sie sich jetzt? Immer noch hilflos und verletzlich, aber sehr viel ruhiger und sicherer. Sie wissen zwar nicht, worum es geht, aber Sie können sich zumindest sicher fühlen und wissen, daß man für Sie sorgt.

Nun kommen wir zu einem anderen Szenario.

Hier wachen Sie in dem fremdem Hotelzimmer mit all Ihren Zweifeln und Ängsten auf. Dieses Mal merken Sie, daß die Riesin manchmal auftaucht, wenn Sie schreien, aber – und dieses „Aber" hat ein Echo mit all den Schrecken eines drohenden Schicksals – manchmal kommt sie auch nicht.

Da Sie nichts über die Regelungen zur Versorgung an diesem mystischen Ort wissen, wie sollen Sie da wissen, ob sie jemals zurückkommt? Was ist, wenn Sie eine lange Dienstpause macht, in ihren Weihnachtsurlaub gestartet oder weggegangen ist, weil ihr die geringe Anerkennung ihres Jobs und die ewigen Überstunden zuviel wurden? Oder, was noch schlimmer wäre, vielleicht sind Sie ihr ganz egal und sie betrachtet Sie eher als eine Plage, der man eine Lektion erteilen muß, und sieht Sie nicht als hilflose, verängstigte Person an, die auch nicht im geringsten für sich selbst sorgen kann?

Wie fühlen Sie sich jetzt? Verängstigt, frustriert, wütend könnten einige Worte sein, die Ihnen dazu einfallen.

Und nun eine Frage, die sich eigentlich von selbst beantwortet. Welches Baby schreit mehr – ein glückliches, sich sicher fühlendes, oder ein frustriertes, verängstigtes oder wütendes? Genauso wie bei Erwachsenen wird offensichtlich das verängstigte, frustrierte, wütende Baby mehr schreien als das glückliche, das sich sicher fühlt.

Und in der Tat zeigen Untersuchungen, daß Babys, die viel schreien und viel Wirbel machen, diejenigen sind, auf die man **nicht** ständig reagiert hat. Babys mit Müttern, die auf ihr Schreien und ihre Signale reagieren, sind meist die glücklicheren, unkomplizierteren Babys. Darüber hinaus zeigen Babys, denen man in den ersten Monaten sehr viel Aufmerksamkeit geschenkt hat, am Ende des ersten Lebensjahres sehr viel mehr Unabhängigkeit. Die Babys, die anfangs nicht so viel Aufmerksamkeit bekamen, sind besonders anhänglich und abhängig mit zwölf Monaten. Sie suchen immer noch die Aufmerksamkeit, die man ihnen in den ersten Monaten hätte zukommen lassen sollen, während Babys, die bekommen haben, was sie brauchten, sich nun frei auf eine wachsende Unabhängigkeit hin entwickeln können.

Wenn die Babys älter werden, kann man sie natürlich „verziehen“, wenn man ihre Bedürfnisse immer sofort befriedigt. Das Kind, dem alle Bedürfnisse sofort erfüllt wurden und das immer das absolute Zentrum der Aufmerksamkeit von jedermann war, wird sich vermutlich schwer anpassen können. Der erste große Bruch wird wahrscheinlich dann passieren, wenn es zum ersten Mal in den Kindergarten kommt und zu seinem Schreck und seiner Verwirrung entdeckt, daß es nicht im Mittelpunkt steht und daß man manchmal seine Bedürfnisse den Anforderungen der Umwelt unterordnen muß. Wenn wir niemals auf unsere eigenen Möglichkeiten beschränkt werden, können wir diese auch nie entwickeln. Wenn wir niemals in unserem Leben Frustration erlebt haben, werden wir nie die Chance haben zu lernen, damit umzugehen. Ein verhätscheltes, übermäßig behütetes Kind, dem niemals Grenzen gesetzt wurden, wird höchstwahrscheinlich kein glückliches, selbständiges Kind werden. Daher ist Frustration in einem gewissen Maße gut für das Kind – sie kann so etwas sein wie ein Sandkorn für eine Auster, das schließlich zu einer Perle wird. Es ist allerdings wichtig, die Frustration auf einer Stufe zu halten, die bewältigt werden kann. Jedes Kind hat eine andere Fähigkeit, Frustration zu ertragen, und diese Fähigkeit wird normalerweise mit zunehmendem Alter größer werden. Ganz allgemein gesagt wird das Baby, das in den ersten Monaten ein Gefühl von Sicherheit vermittelt bekam, eher in der Lage sein, mit Frustrationen fertigzuwerden, wenn es größer wird. Der Grund ist, daß es diese Frustrationen auf dem Hintergrund einer sicheren, vertrauensvollen Umgebung kennengelernt hat und vom Standpunkt eines sich sicher fühlenden Individuums. All das macht es einfacher, mit Frustrationen umzugehen.

Wenn Sie sich zurückerinnern, können Sie erkennen, daß wir bei dem Versuch, die Frage zu beantworten, ob man durch zu viel Aufmerksamkeit ein Baby verderben kann, das Problem nur mit unseren Augen betrachteten. Wir wissen, daß andere Menschen nicht auf alle unsere Wünsche und Bedürfnisse eingehen. Wir stellen uns vielleicht vor, daß wir verhätschelte, fordernde Tyrannen werden würden, wenn sie das täten. Gleichzeitig sind wir möglicherweise neidisch und voller Groll jemandem gegenüber, dem das zuteil wird, und wünschen uns, genauso behandelt zu werden. Es sind also eine Menge an verwirrenden Beobachtungen und Einstellungen mit diesem Problem verknüpft. Diese Einstellungen setzen jedoch alle das Wissen eines Erwachsenen voraus und seine Erfahrung der Welt. Wir sehen deutlich, wie das Bild sich ändert, wenn wir ernsthaft versuchen, die Dinge vom Standpunkt des Kindes aus zu sehen.

Es ist ganz wichtig, dies im Gedächtnis zu behalten, wenn man Anna-Geschichten erzählt. Ein Vorfall, der Ihnen trivial erscheinen mag, kann vom Standpunkt Ihres Kindes aus als katastrophal empfunden werden. Ein Verhalten, das Sie als Erwachsener als böswillige Herausforderung betrachten, kann von dem Kind als wichtiger Schritt in seinem Kampf um reife Eigenständigkeit erlebt werden. So können sich beide Seiten von ihrem jeweiligen Standpunkt aus furchtbar mißverstanden und falsch behandelt fühlen. Vielleicht ist es eine gute Faustregel, wenn Sie sich mit den Ängsten Ihres Kindes und seinen Problemen beschäftigen, zuerst wirklich zuzuhören, um zu verstehen, was in dem Kind vor sich geht. Fällen Sie keine herabsetzenden Urteile und ziehen sie keine hastigen Schlüsse – dies könnte Ihre pädagogischen Versuche sabotieren, bevor Sie richtig damit begonnen haben.

Der Hintergrund der Anna-Geschichten: Metaphorik und Imaginationstherapie

Seit frühester Zeit sind Phantasie und Vorstellungskraft wichtige Quellen der Heilung und der Weisheit für geplagte Menschen gewesen. Die Träume und Visionen, die in der Bibel beschrieben werden, sind Beispiele dafür. Primitive Zauberdoktoren benutzten Träume und Visionen wie heutige Ärzte ihre Bücher der diagnostischen Medizin – als eine Möglichkeit, die Symptome zu verstehen und eine Behandlung zu verschreiben. Bei vielen Volksstämmen schlossen die Initiationsriten Fasten und Isolation ein, bis die Person eine Vision von ihrem Platz im Stamm erhielt. Kulturen aus jeder Region der Erde haben bildhafte Parabeln und Volksmärchen benutzt, um die moralischen Grundsätze und andere Regeln der Gemeinschaft weiterzugeben.

Heutzutage sind die Zauberärzte, die aus Eingeweiden und Orakeln lasen, durch Psychiater und Psychologen ersetzt. Da sie nicht mehr auf Medizinbeutel aus Ziegenhaar zurückgreifen können und davor zurückschrecken, die Methode mit den Eingeweiden anzuwenden (ein bißchen zu unsauber), aber auch nicht mehr Fasten und Isolation verschreiben wollen, müssen sich moderne Therapeuten auf andere Methoden besinnen. Trotzdem verwenden die meisten von ihnen die uralte Heilkraft, die ihre Vorväter als so wirkungsvoll erfahren hatten – die menschliche Phantasie.

Menschen haben eine hoch entwickelte Fähigkeit, Dinge zu visualisieren und sich vorzustellen. Das ist ein Charakteristikum, das uns von anderen Arten unterscheidet. Die meisten von uns betrachten diese Fähigkeit als so selbstverständlich, daß sie niemals darüber nachdenken. Und wir machen uns keine Gedanken darüber, wie die Welt ohne Phantasie aussähe.

Phantasie kann definiert werden als die Fähigkeit, die Welt mit dem „geistigen Auge“ zu sehen und zu erleben. Dies beschränkt sich nicht nur auf Dichter und Maler. Wir gebrauchen unsere Phantasie ständig. Bei einfachen Sachen, wie dem wöchentlichen Einkauf, müssen wir uns selbst in die Zukunft hineinversetzen und darüber nachdenken, welche Dinge wir wahrscheinlich in den kommenden Tagen benötigen werden. Ohne Phantasie wären wir dazu nicht in der Lage. Wir wären auf die Welt beschränkt, wie sie im Augenblick ist. Wir könnten auch keinen Blick in die Vergangenheit tun. Wenn wir uns an einen amüsanten Film erinnern, produziert unser „geistiges Auge“ eine Rückblende und führt in unserem Gehirn die lustigsten oder wichtigsten Szenen noch einmal vor. Wir sehen dann diese Szenen, hören die Dialoge, erinnern uns an das Bauchweh, das wir vom Lachen bekamen, riechen das frische Popcorn usw., alles in unserer Phantasie.

Ohne Phantasie säßen wir also in unserer Zeitzone fest – in der momentanen Gegenwart. Wir wären auch Gefangene des Raumes. Wenn wir beispielsweise in Amerika leben, könnten wir uns unmöglich vorstellen, wie ein Besuch in Australien wäre. Wir könnten nur unsere derzeitige Position erleben. Wenn uns der Schweiß während einer Hitzewelle nur so herunterliefe, könnten wir uns die Freuden eines eiskalten Getränks nicht vorstellen. Wir wären ganz offensichtlich in den Dingen, die wir tun, planen oder schaffen wollen, extrem begrenzt.

Was kann Phantasie sonst noch bewirken?

Das ist eine Frage, die die Psychologen seit vielen Jahren gefesselt hat. Tatsächlich haben wir gerade erst damit begonnen festzustellen, welch ein wirkungsvolles Instrument die menschliche Imagination ist.

In dieser Hinsicht sind wir weit hinter den Medizinmännern primitiver Stämme zurückgeblieben, die ihre Feinde beseitigen konnten, indem sie sie zu Tode „sangen". Viele moderne Eltern verdächtigen zweifellos ihre Teenager, dieselbe Absicht zu verfolgen, so daß sie sich ihre Ohren mit Watte verstopfen, um das ständige Dudeln des Radios oder Plattenspielers zu dämpfen. Der Gesang des Medizinmannes war allerdings von einer anderen Qualität. Genau wie der Zauber mit den Knochen informierte er das Opfer, daß es sterben würde. Für das Opfer war der Medizinmann allmächtig und flößte absoluten Glauben ein. Das Opfer sah seinen sicheren Tod vor Augen und starb unweigerlich, verdammt dazu durch die Kräfte seines eigenen Geistes.

In Laboruntersuchungen haben Psychologen gezeigt, daß bei der bloßen Vorstellung zu laufen die Muskeln in unseren Beinen zucken, als wenn sie aktiviert würden. Dies tun sie auch, wenn wir mit hochgelegten Füßen in einem Sessel sitzen. Es wurde ebenfalls bewiesen, daß man seine sportlichen Fertigkeiten verbessern kann, indem man sich vorstellt, man würde sportliche Übungen durchführen. Bei den Olympischen Spielen haben Sie vielleicht schon Hochspringer beobachtet, die mit geschlossenen Augen vor ihrem Sprung dastehen, mit dem Kopf nicken und einen merkwürdigen Gesichtsausdruck zeigen. In diesem Moment sehen sie sich selbst im Geiste die Bahn entlanglaufen und einen perfekten Sprung durchführen.

Die Wirkung der Phantasie auf unser physiologisches System kann sogar noch einfacher demonstriert werden. Wenn Ihnen jemand 1000 DM anbietet unter der Bedingung, daß Sie die Ansammlung von Speichel in Ihrem

Mund allein dadurch erhöhen, daß Sie Ihr Gehirn mit Worten dazu auffordern, könnten Sie sich möglicherweise auf verlorenem Posten befinden. Wahrscheinlich wird der Befehl „mehr Speichel" an Ihre Gehirnzellen nur wenig Wirkung zeigen. Tatsächlich könnte genau das Gegenteil passieren. Da Sie mehr und mehr frustriert werden, müßten Sie befürchten, daß Ihnen die 1000 Mark sozusagen durch die Lappen gehen, vor Ihren Augen, denn Angst stoppt meist den Speichelfluß im Mund. Was tun Sie also? Es ist wirklich ganz einfach. Um die 1000 DM einzustreichen, stellen Sie sich vor, Sie würden eine sehr große, sehr saure Zitrone essen, und sofort strömt der Speichel in Ihrem Mund.

Phantasie kann neben physiologischen Reaktionen auch emotionale Reaktionen hervorrufen. Wenn man sich vorstellt, daß ein sehr geliebter Mensch ernsthaft krank ist, wird man traurig. Stellt man sich vor, in der Lotterie gewonnen zu haben, kann man ein Gefühl der Aufregung erzeugen. Stellt man sich vor, man säße an einem ruhigen Fluß mitten auf dem Land, dann stellt sich ein Gefühl des Friedens ein usw.

Für die meisten therapeutischen Richtungen ist die Macht der Phantasie ein wesentlicher Teil ihrer Therapie.

In der psychoanalytisch orientierten Therapie – bei der es um die psycholgische Erforschung eines vergangenen Traumas geht – erlebt der Patient in seiner Phantasie noch einmal die emotionalen Blockaden, die ihn davon abgehalten haben, reif und kompetent zu werden. Indem diese Ereignisse und Gefühle ins Bewußtsein gebracht werden, kann der Patient sie durcharbeiten und überwinden. Psychoanalytisch orientierte Therapeuten glauben, daß Symptome nur der äußere Teil des Problems sind. Aus ihrer Sicht entstehen die Symptome aus einem tiefsitzenden, psychologischen Konflikt heraus, der meist in der Kindheit wurzelt. Die Therapie zielt daher auf die Behandlung der Wurzel des Problems und nicht auf das Symptom selbst.

Am anderen Ende der psychotherapeutischen Skala befinden sich die Verhaltenstherapeuten. Sie glauben, daß man nur die Symptome behandeln sollte – sie achten nicht auf Gründe, die im verborgenen liegen wie etwa ein Kindheitstrauma. Doch obwohl sie eine dem Standpunkt der Psychoanalytiker diametral entgegengesetzte Haltung einnehmen, sind auch sie in ihrer Therapie in hohem Maße von der menschlichen Phantasie abhängig.

Desensibilisierung

Vielleicht ist die am weitesten verbreitete Methode in der Verhaltenstherapie eine Behandlung, die man systematische Desensibilisierung nennt. Sie wird z. B. zur Behandlung von Phobien eingesetzt. In eine nicht technische Sprache übersetzt, sind Phobien zwanghafte, starke und irrationale Ängste, die auf bestimmte Objekte, Personen oder Situationen bezogen sind. Phobien tragen gewöhnlich einen eleganten, vom Griechischen oder Lateinischen abgeleiteten Namen. Doch es ist überhaupt nicht elegant, an einer Phobie zu leiden. Die Leute, die mit der gefürchteten Situation konfrontiert werden, fühlen sich dumm, gedemütigt, ohnmächtig und zu Tode geängstigt – alles zur gleichen Zeit. Ihnen zu sagen, sie sollten sich zusammenreißen und sich nicht so dumm aufführen, ist genauso hilfreich, wie einem fallenden Nilpferd zu sagen, es möge seinen Schwanz drehen wie einen Propeller und dann fliegen. Ein Teil ihres Bewußtsein weiß, daß ihre Ängste irrational sind und „albern", aber sie sind dennoch völlig unfähig, ihre Befürchtungen zu kontrollieren. Sie sitzen vielmehr im Würgegriff der Panik fest, mit physischen Symptomen wie Herzrasen, Kurzatmigkeit, Benommenheit und der Befürchtung, das Bewußtsein zu verlieren. All dies zusammen gibt ihnen das Gefühl, gleich sterben zu müssen.

Phobien sollte man von normalen Kindheitsängsten unterscheiden. Kindheitsängste sind weit verbreitet und verschwinden mit der Zeit, wenn das Kind aus ihnen herauswächst. Bestimmte Ängste scheinen häufig an bestimmte Altersstufen gebunden zu sein.

Das neugeborene Baby fürchtet sich im allgemeinen vor dem Verlust von körperlicher Zuwendung und vor plötzlichen lauten Geräuschen. Mit ca. acht Monaten fürchtet sich das Kind vor der Trennung von der Mutter. Das zweijährige Kind hat oft Angst vor der Toilettenspülung oder der Badewanne. Mit drei werden die Ängste oft von Phantasiefiguren wie Geistern und Hexen ausgelöst. Die Furcht vor großen Hunden ist ebenfalls mit drei Jahren am größten und kann zwei oder drei Jahre andauern. Mit vier erreicht die Angst vor der Dunkelheit ihren Höhepunkt und verschwindet meist mit sechs Jahren.

Alle diese Ängste sind „normal" in dem Sinne, daß sie von vielen Kindern erlebt werden und mit zunehmendem Alter der Kinder verschwinden. Ängste werden erst dann problematisch, wenn sie extrem stark oder dem Alter des Kindes nicht mehr angemessen sind. Wenn ein sechsjähriges Kind sich beispielsweise immer noch vor der Badewanne fürchtet, dann kann man dies eher als eine Phobie bezeichnen als die normale, zeitlich begrenzte Furcht eines Zweijährigen vor dem Ablaufen des Wassers: Wenn der Abfluß das Wasser mit einem so schrecklichen Vergnügen hinunterzieht, dann könnte er das Kind selbst auf gleiche Weise hinunterschlürfen.

Durch die Technik der Desensibilisierung kann man lernen, auf das gefürchtete Objekt (zum Beispiel die Badewanne) entspannt und nicht mit Panik zu reagieren. Dies kann entweder durch Erfahrung im realen Leben oder mit Hilfe der Phantasie erreicht werden.

Desensibilisierung mit Hilfe der Phantasie ist eine sehr erfolgreiche und beliebte Methode, um Phobien zu bewältigen. Dabei stellt man sich eine Reihe von Szenen vor, die mit dem gefürchteten Objekt in Verbindung stehen. Die erste Szene wäre sehr harmlos und überhaupt nicht furchteinflößend. Die letzte Szene wäre sehr furchteinflößend. Da die Szenen stufenweise aufgebaut sind und der Person beigebracht wird, sich nach jeder Szene zu entspannen, wird sie nicht mit einem überwältigenden Maß an Angst konfrontiert. Jede Szene wird so lange wiederholt, bis die Person sie sich vorstellen kann und trotzdem ruhig dabei bleibt. Die Tatsache, daß Desensibilisierung so gut mit Hilfe der Phantasie funktioniert, ist allein schon ein großer Segen für den Therapeuten. Es bewahrt ihn davor, auf schwindelerregend hohe Baugerüste zu steigen oder in einem Raum voller Schlangen herumzuspringen, wenn er mit Patienten zu tun hat, die unter Höhenangst leiden oder sich vor Reptilien fürchten. Es bedeutet auch, daß einige dieser Techniken in den Anna-Geschichten angewandt werden können, denn während Ihr Kind zuhört, stellt es sich automatisch die Szenen vor, die Sie beschreiben.

Modelle schaffen

Eine andere Technik der Verhaltenstherapie, die Kindern hilft, ihre Ängste zu überwinden, stellt Modelle bereit. Das bedeutet Lernen durch Demonstration bzw. durch ein „Vor-Bild“, und Untersuchungen haben gezeigt, daß Kinder sehr leicht auf diese Weise lernen. Das Modell zeigt einen Weg, um das Problem zu bewältigen, mit dem sich das Kind momentan beschäftigt. Das Kind lernt, indem es beobachtet und später in passenden Situationen die Handlungen des Modells imitiert. Ein solches Modell kann im realen Leben demonstriert werden, es kann aber auch eine Szene sein, die das Kind in seiner Phantasie erlebt. Wenn sich das Kind vorstellt, wie ein anderer die Handlung erfolgreich ausführt, sich zum Beispiel in die Badewanne setzt und freudig darin herumplanscht, so nennt man dies ein verdecktes Verhaltensmodell. Dieser Vorgang ist äußerst wirksam. Märchen und Geschichten gehören ebenfalls zu den verdeckten Verhaltensmodellen. Forschungen haben gezeigt, daß die Botschaft der Geschichte um so leichter aufgenommen und umgesetzt wird, je besser der Schauplatz der Geschichte und ihre Bilder mit der realen Situation des Zuhörers übereinstimmen. Das Kind wird auch eher die Handlungen eines Helden ins reale Leben übertragen, wenn der Held am Ende der Geschichte Erfolg hat.

Die Anna-Geschichten nutzen geschickt die therapeutischen Wirkungen der verdeckten Modelle in einem sehr natürlichen und lockeren Rahmen.

Dr. Richard Gardner, ein Kinderpsychiater, hat eine therapeutische Technik entwickelt, bei der Kinder Geschichten erzählen und der Therapeut darauf mit einer eigenen Geschichte antwortet. Dabei greift er die Charaktere und die Handlung der Geschichte des Kindes auf, schlägt aber eine positivere Lösung vor. So wird die Geschichte des Kindes, die als Metapher für seine Probleme gedeutet wird, als Medium für Lernen und Veränderung benutzt. Anna-Geschichten arbeiten nach einem ähnlichen Prinzip, nur werden die Geschichten von den Eltern erfunden und basieren auf ihrem Wissen über den derzeitigen Konflikt des Kindes.

Viele andere anerkannte Therapien verwenden Phantasie, Visualisierung und Vorstellungskraft als hauptsächliche Instrumente der Heilung. Techniken verschiedener therapeutischer Richtungen werden in die Anna-Geschichten eingebaut und in den folgenden Kapiteln erläutert.

Ich habe bereits Malen und Zeichnen als therapeutische Methoden des Ausdrucks erwähnt. Es sind wundervolle Möglichkeiten für Kinder, Dinge, die sie beunruhigen oder quälen, auszudrücken und zu verarbeiten. Oftmals werden Kinder zum Beispiel ein Bild des „Monsters“ malen, das sie gequält hat, und werden dann mit offensichtlicher Freude demonstrativ dieses Bild zerreißen. Indem sie dies tun, zerreißen sie symbolisch das Monster und demonstrieren ihre Macht darüber. Ich habe einige der Zeichnungen meiner zehnjährigen Tochter beigefügt, die sie als Reaktion auf die Geschichten angefertigt hat. Sie stellen einige der emotionalen Probleme heraus, die behandelt werden, und illustrieren den Reichtum nonverbaler Kommunikation.

Wie man die Geschichten in diesem Buch benutzen sollte

Einige Eltern, mit denen ich sprach, fühlten sich anfangs von der Vorstellung, eine Geschichte zu erfinden, ein wenig erschreckt. Für gewöhnlich ist es viel einfacher, als man denkt. Wenn eine der Geschichten in diesem Buch zu einem Problem paßt, bei dem Sie Ihrem Kind helfen wollen, dann lesen Sie sie zuerst für sich allein. Denken Sie darüber nach, welche Details Sie verändern müssen. Manchmal ist es nützlich, sich Stichworte zu notieren.

Wenn Sie sehr unsicher über Ihre Fähigkeiten als Geschichtenerzähler sind, können Sie damit anfangen, Ihrem Kind die passende Geschichte vorzulesen, mehr oder weniger so, wie sie ist. Ändern Sie die Namen und den Schauplatz so, daß sie zu Ihrem Kind passen. Lesen Sie langsam und lassen Sie viel Raum für Zwischenbemerkungen für sich und Ihr Kind. Versuchen Sie, sich in den Geist der Geschichte zu versetzen, indem Sie zum Beispiel laut sagen: „Teufel noch mal, das muß aber gruselig gewesen sein..." oder was auch immer der Situation angemessen ist. Nachdem Sie die Geschichte mehrmals vorgelesen haben, versuchen Sie, sie ohne das Buch zu erzählen. Bald werden Sie sich beim Erzählen viel sicherer fühlen und werden Ihre eigenen Geschichten erfinden können.

Wenn Sie eine eigene Geschichte erfinden, dann benutzen Sie die Anmerkungen und Geschichten in diesem Buch als Hilfestellung. Wenn ein Problem Ihres Kindes nicht von einer der Geschichten abgedeckt wird, lesen Sie die ersten beiden Kapitel, um eine Vorstellung davon zu bekommen, welche Techniken dabei benutzt werden können, und einige der Geschichten, um ein Gefühl für die praktische Umsetzung zu erhalten.

Denken Sie über das Problem nach, für das Sie eine Geschichte erfinden wollen. Versuchen Sie sich in die Gefühle des Kindes hineinzuversetzen, wie es mit dem Problem kämpft. Wie wird das aus der Perspektive Ihres Kindes aussehen? Denken Sie möglichst im voraus über die einzelnen Elemente der Geschichte nach. Welche Gedanken möchten Sie Ihrem Kind vermitteln? Welche Lösungen möchten Sie ihm mit der Geschichte vorschlagen?

Machen Sie es einfach

Je mehr Verständnis Sie in eine Geschichte hineinpacken können, desto stärker wird sie den Zuhörer erreichen. Sie brauchen weder Psychologieprofessor sein, um dies zu tun, noch müssen Sie bis ins kleinste die Gefühle Ihres Kindes analysiert haben. Es wäre beispielsweise sehr merkwürdig, zu sagen: „Annas Selbstwertgefühl war erschüttert, sie hatte Schwierigkeiten, ihre miteinander widerstreitenden Impulse in Einklang zu bringen, und ihre Stimmung war wie eine steigende Dysphorie." Sagen Sie ganz einfach: „Anna fühlte sich furchtbar. Sie hatte den Eindruck, sie könne nichts richtig machen. Manchmal dachte sie, daß sie am liebsten fortlaufen würde, um sich zu verstecken. Und manchmal meinte sie, sie müßte jemanden anschreien. Aber meistens war sie sehr, sehr traurig." Eine einfache Sprache und einfache Konzepte eignen sich am besten. Und wenn Sie nicht genau wissen, wie Ihr Kind sich fühlt, aber ganz genau wissen, daß es ein Problem hat, dann reicht ein: „Anna fühlte sich schrecklich..." oder „Anna war durch etwas beunruhigt..." Vergessen Sie nicht, daß Sie an jedem beliebigen Punkt der Geschichte Ihr Kind dazu auffordern können, Lücken zu füllen, indem Sie sagen: „Und was denkst du, wie Anna sich jetzt fühlte?"

Wenn Sie Ihre Geschichte aufbauen, dann denken Sie daran, daß Sie einfach eine Handlungslinie schaffen, die die Probleme Ihres Kindes widerspiegelt, und einen Helden, der seine Gefühle widerspiegelt. Die Charaktere, Vorkommnisse und die Umgebung sollen seinem wirklichen Leben entsprechen, seinen Freunden, Aktivitäten und dem Leben zu Hause. Wenn Sie diese Szenen entwickelt haben, können Sie dazu übergehen, den Helden seine Probleme meistern zu lassen, oder sich mit dem vertraut zu machen, was ihn beunruhigt hat. Die Lösungen, die der Held findet, müssen nicht komplex sein. Es können Lösungen sein, die auf in diesen Geschichten vermittelte Techniken zurückgreifen, oder Lösungen, die Sie selbst in Ihrem Leben gefunden haben. Diese Lösungen können das Lernen neuer praktischer oder sozialer Fertigkeiten einschließen, sie können zeigen, wie man Trost bei Freunden und der Familie findet, und daß die Zeit alle Wunden heilt usw.

Seien Sie Ihrem Kind gegenüber immer aufgeschlossen, wenn Sie eine Geschichte erzählen. Geben Sie acht darauf, wann Ihr Kind gefesselt zu sein scheint oder wann es ungeduldig wird. Das Verhalten Ihres Kindes wird Ihnen Anhaltspunkte dafür geben, wann die Geschichte ins Schwarze trifft. Es wird Ihnen auch dabei helfen, wie Sie Ihre Geschichte weiterspinnen sollen – ein Kind könnte sehr viel Interesse daran zeigen, wie Anna gekleidet ist, während ein anderes das vielleicht langweilig findet. Mit diesem sofortigen Feedback wird es Ihnen immer leichter fallen, die Art von Geschichten zu erzählen, die den Interessen und Bedürfnissen Ihres Kindes entsprechen.

Einige Kinder werden es vorziehen, den Geschichten still zu lauschen. Andere werden Kommentare abgeben oder Fragen stellen. Übergehen Sie diese Kommentare oder Fragen nicht. Sie gehören zum Geschichtenerzählen dazu und können Ihnen oftmals wertvolle Einblicke in das Denken Ihres Kindes geben. Wenn es Ihnen schwerfällt, die Fragen zu beantworten, dann spielen Sie einfach ein bißchen Psychiater und fragen: „Was denkst du denn darüber?" Wenn Ihr Kind Ihnen die hilfreiche Antwort gibt: „Ich weiß es nicht", die Frage aber wichtig zu sein scheint, dann sagen Sie so etwas wie: „Warum raten wir nicht einfach, was Anna da gemacht hat..." (oder worum es bei der Frage gerade ging). Raten ist ein exzellenter Weg, um wichtige Dinge herauszufinden.

Machen Sie sich keine Sorgen darüber, daß Sie Fehler machen könnten. Sie und Ihre Geschichte brauchen nicht perfekt sein. Sehen Sie über Ihre Ungeschicklichkeiten hinweg. Wenn Sie einige Patzer entdecken (oft durch den Gesichtsausdruck Ihres Kindes), korrigieren Sie sich einfach mit einem „Huch, ich habe ja beinahe vergessen, daß sie nicht allein gegangen ist, sondern mit einer Freundin", oder worauf sich der Fehler auch immer bezog.

Häufig wird Ihr Kind Sie mit einem mitleidigen Blick berichtigen, der sagt: „Arme Mama, sie kann noch nicht mal eine Geschichte richtig behalten." Das scheint aber weder den Spaß an der Geschichte für das Kind zu dämpfen, noch sollte es das bei Ihnen tun.

Die Techniken anwenden

Neben der allgemeinen Technik des Geschichtenerzählens können einige spezifischere Techniken, die in diesem Buch beschrieben wurden, sehr breit angewendet werden. Die Technik der Desensibilisierung, die in der Geschichte über Ängste beschrieben ist, kann etwa auch verwendet werden, um einem Kind zu helfen, das mit Panik auf Wasser reagiert statt auf Hunde. Um mit dieser Furcht umzugehen, können Sie, statt eines Hundes, der langsam wächst, eine Wasserpfütze verwenden, in der das Kind herumplantschen und deren Größe es kontrollieren kann. In seiner Phantasie könnte das Kind die Pfütze ganz langsam auf die Größe eines Swimmingpools anwachsen lassen; bei jeder kleinen Stufe auf der Skala fühlt das

Kind sich wohl, weil es Herr der Lage ist. Als Alternative können Sie, in der Phantasie oder im wirklichen Leben, die langsame Annäherung durchführen, die im zweiten Teil der Geschichte zur Angst vor Hunden beschrieben wird. Sie könnten langsam auf den Swimmingpool zugehen, zwischendurch anhalten, um sich zu entspannen, wenn dies nötig wird, oder Gedankenwechsel praktizieren. Dann könnte das Kind einen Zeh in das Wasser tauchen, einen Fuß, ein Bein usw. Stellen Sie immer sicher, daß das Kind bei einem Schritt ganz entspannt ist, ehe Sie zum nächsten übergehen. Sie könnten eine Übersichtskarte über die Fortschritte Ihres Kindes machen, die Sie durch goldene Sterne darstellen. Das gibt dem Kind ein Gefühl von Kompetenz und Leistung, es ist eine sehr konkrete Aussage darüber, was Ihr Kind schon geschafft hat.

Die Lockerungstechnik, die in der Geschichte über Entspannung vermittelt wird, kann auch Kindern helfen, die unter Schlaflosigkeit leiden. In der Tat ist die Entspannungstechnik fast immer sowohl für sich genommen nützlich als auch in Kombination mit anderen Formen der Hilfe für nahezu alle Kinder, die ängstlich oder verkrampft sind.

Wenn Ihr Kind eine Lösung ausprobiert, die Sie in einer Anna-Geschichte vorgeschlagen haben, und sie funktioniert nicht, verlieren Sie nicht den Kopf. Sprechen Sie zuerst einmal mit dem Kind, damit Sie herausfinden können, was es getan hat, wie es das getan hat und was passiert ist. Das wird Ihnen Anhaltspunkte geben, wie Sie die nächste Anna-Geschichte aufbauen müssen. Lassen Sie uns zum Beispiel annehmen, daß Ihre Tochter Angst davor hatte, neue Freundschaften zu schließen. Sie haben ihr eine Geschichte erzählt über ein Mädchen mit einem ähnlichen Problem, das gelernt hat, zu seinen Klassenkameraden zu gehen und zu sagen: „Kann ich mitmachen?" oder „Möchtet ihr mit mir Seil hüpfen?" Ihre Tochter kommt nun vielleicht mit einem langen Gesicht nach Hause, weil sie dies ausprobiert hat, es aber nicht funktionierte.

Vielleicht werden Sie herausfinden, daß Ihre Tochter es nur bei einer einzigen Klassenkameradin probiert hat und dann aufgab. In diesem Fall könnte die nachfolgende Anna-Geschichte von einem Mädchen handeln, das dies ausprobiert hat, sehr traurig über den Mißerfolg war, aber dann lernte, daß sie nicht aufgeben darf und noch ein paar andere Mädchen fragen muß, bis sie am Ende eine Freundin findet, die mit ihr spielt.

Oder Sie könnten herausfinden, daß Ihre Tochter die Frage mit einer Stimme herausgebracht hat, die kaum zu hören war, und mit einer Körperhaltung, die zu einer Absage geradezu einlud. In diesem Fall kann sich die Anna-Geschichte darauf konzentrieren, wie Anna es lernt, mit einer selbstbewußten, freundlichen Haltung auf ihre Klassenkameradinnen zuzugehen. In dieser Geschichte könnten Anna und ihre Mutter beispielsweise die Rollen eines selbstbewußten und eines schüchternen Kindes einnehmen und dann die Rollen tauschen, so daß Anna Übung darin bekommt, sich selbstbewußt zu fühlen.

Es kann auch sein, daß Sie vielleicht keinen Anhaltspunkt dafür finden, warum die in der Geschichte vorgeschlagene Technik fehlgeschlagen ist. In diesem Fall ist eine Geschichte angemessen, in der Anna zwar traurig über ihr Scheitern ist, aber dennoch weiter versucht, einen Weg aus ihrem Dilemma zu finden. Sie könnten sich auch darauf konzentrieren, daß Anna und ihre Familie sehr stolz darauf waren, daß sie es überhaupt versucht hat, auch wenn sie nicht gleich Erfolg hatte.

Denken Sie auch daran, daß Sie sich nicht plötzlich in einen Charles Dickens verwandeln müssen. Das ist kein Hochschulexamen. Niemand schaut Ihnen über die Schulter und sagt: „Hm... miese Syntax, ... interessantes Argument..., aber irgendwie scheint es nicht organisch in das Ganze zu passen..."

Kinder sind ein unglaublich enthusiastisches Publikum. Sie lieben Geschichten und sie lieben es, Zeit mit Ihnen zu verbringen. Die Kombination von diesen beiden Dingen ist wie eine doppelte Portion Eiscreme mit Schlagsahne und Streuseln – einfach nicht zu schlagen.

Alpträume

Träume sind die ständigen Begleiter unseres nächtlichen Lebens. Häufig mögen wir uns nicht an sie erinnern und glauben, daß wir einen traumlosen Schlaf hatten. Forschungsergebnisse haben jedoch bewiesen, daß alle normalen Menschen regelmäßig träumen – meistens vier oder fünf Mal in der Nacht. Träume sind ein komplexes und höchst faszinierendes Thema. Wir können daraus eine ungeheure Menge an Wissen und Einsichten gewinnen. Im Anschluß an diese Anna-Geschichte habe ich der Diskussion von Träumen und den unterschiedlichen Möglichkeiten, sie zu verstehen und von ihnen zu lernen, einigen Platz eingeräumt. Aber bevor ich mit der Geschichte beginne, möchte ich gern eine Unterscheidung treffen zwischen Alpträumen, von denen sich in dieser Anna-Geschichte ein typisches Beispiel findet, und nächtlicher Panik.

Ein Alptraum ist ein klarer Traum. Ein verängstigtes Kind wacht aus einem Alptraum auf und kann Ihnen zum Beispiel erzählen: „...da war ein grüner Riese, der hat mich verfolgt und versucht, mich zu zerquetschen..."

Bei nächtlicher Panik ist das Gefühl von Angst noch extremer, als dies bei Alpträumen der Fall ist. Das Kind wacht plötzlich mit einem durchdringenden Schrei auf, ist durcheinander, extrem aufgeregt und in einem Zustand des höchsten Schreckens. Typischerweise hat es dabei keine Erinnerung, geträumt zu haben. Nächtliche Panik ist bei Kindern relativ verbreitet, besonders bei Kindern zwischen drei und fünf Jahren. Heute vermutet man, daß der Grund ein unreifes Nervensystem sein könnte. Wir wissen noch nicht genau, wie die Zusammenhänge sind. Allerdings wissen wir, daß diese Panik eher früh in der Nacht auftritt. Das könnte auf einen schwierigen Übergang zwischen den verschiedenen Phasen des Schlafes zurückzuführen sein, so daß wir statt des normalen sanften Übergangs von einer Phase zur nächsten plötzlich aus der Tiefschlafphase herauskatapultiert werden. Nächtliche Panik kann auch durch emotionalen Streß und Übermüdung heraufbeschworen werden.

Nächtliche Panik ist tatsächlich schrecklich anzusehen, und obwohl sich das Kind am Morgen meistens nicht an den Vorfall erinnert, tut dies der erschütterte Beobachter sehr wohl.

Dem leidenden Kind können Sie am besten helfen, indem Sie ihm Sicherheit vermitteln, es zärtlich streicheln und sanft mit ihm reden. Versuchen Sie nicht, das Kind um jeden Preis aufzuwecken und versuchen Sie nicht, ihm Einhalt zu gebieten – das kann den Ausbruch nur noch intensivieren. Lassen Sie Ihr Kind in einen friedlichen Schlaf zurückkehren, so schnell Sie es ermöglichen können. Diese Anfälle können häufiger auftreten, wenn Ihr Kind unter Streß steht, daher lohnt es sich immer, diesen Aspekt zu untersuchen und festzustellen, ob es Wege gibt, diesen Streß abzubauen.

Alpträume unterscheiden sich, wie bereits gesagt, sehr deutlich von nächtlicher Panik und treten praktisch bei allen Menschen auf, bei Kindern und Erwachsenen. Man kann sie definieren als intensive, furchteinflößende Träume. Kulturelle Einflüsse verändern den Kontext, die Charaktere und die Requisiten in Alpträumen, doch einige allgemeine Themen sind relativ beständig. Das Thema, das in dieser Geschichte dargestellt wird, von wilden Tieren gejagt zu werden, ist einer der am weitesten verbreiteten Alpträume von Kindern in der ganzen Welt. Alle Kinder haben hin und wieder Alpträume. Wenn Ihr Kind jedoch häufig wiederkehrende Alpträume hat, könnte dies ein Hinweis darauf sein, daß es unter besonderem Streß steht. Versuchen Sie herauszufinden, was zu diesem Streß führt und was getan werden kann, um ihn zu mindern.

Ganz kleine Kinder können noch nicht zwischen Phantasie und Realität unterscheiden. Sie glauben, daß ihre Träume eine konkrete Realität besitzen. Wenn sie älter werden, verstehen sie, daß Träume nur in ihrem Geist stattfinden.

Ein kleines Kind kann auch Schatten in der Dunkelheit mißdeuten – der Mantel, der an einem Haken an der Tür hängt, kann aussehen wie ein Gespenst usw. Knipsen Sie das Licht an und zeigen Sie genau, was sich hinter diesen „Monstern" tatsächlich verbirgt.

Die Zeit, wenn das Licht gelöscht werden muß, kann für Kinder sehr unheimlich sein. Wir können uns alle daran erinnern, wie allein wir uns in der Dunkelheit gefühlt haben. Ein Nachtlicht kann hier ein großer Trost sein. Auch das Lieblingsspielzeug mit ins Bett zu nehmen, kann sehr viel Sicherheit geben. Bettdecken sind häufig für Kinder von besonderer Bedeutung. Sie können ihren Lieblingsdecken sogar Namen geben, und sich in die Sicherheit des vertrauten Stoffes zu kuscheln, kann der Routine des Zubettgehens eine wunderbar besänftigende Qualität geben. Auch Kopfkissen sind wichtig. Wir kennen alle die Schwierigkeit, auf einem Kopfkissen zu schlafen, das zu hart ist, zu klumpig oder aus irgendeinem anderen Grunde nicht richtig. Wenn Ihr Kind immer sehr angespannt ist oder besonders aufgeregt, wenn es ins Bett soll, oder Schwierigkeiten beim Einschlafen hat, dann kann die Anna-Geschichte über Entspannung sehr hilfreich sein.

Stellen Sie auch sicher, daß Sie die Fernsehgewohnheiten Ihrer Kinder überwachen. Vor dem Zubettgehen einen Film anzusehen, der Gewalt zeigt oder in Angst und Schrecken versetzt, trägt nicht gerade zu einem friedlichen Schlaf bei.

Die Zeit des Zubettgehens ist traditionell eine Zeit der besonderen Intimität für Eltern und Kind. Es kann eine Zeit sein, in der man sich unterhält und still zuhört, über die Dinge spricht, die am Tage passiert sind, und den Kindern das Gefühl gibt, daß sie geschätzt und geliebt werden. Mit dem Gefühl ins Bett zu gehen, daß wir geliebt werden, ist für uns alle eine wundervolle Erfahrung.

Anna-Geschichte

Anna war ein kleines Mädchen. Sie wohnte in einem roten Backsteinhaus zusammen mit ihrer Mutter, ihrem Vater und einem großen schwarzen Hund.[1]

Das Haus hatte acht verschiedene Räume. Da war die Küche, die Waschküche, das Wohnzimmer, das Badezimmer, ein Arbeitszimmer, ein Abstellraum, ein Schlafzimmer für Annas Mama und Papa und ein Zimmer für Anna. Anna mochte ihr Zimmer sehr gern.[2] Meistens war es etwas unordentlich, aber Anna konnte in dem Durcheinander ihre Sachen finden, weil sie wußte, in welchem Teil des Durcheinanders die Sachen lagen. Manchmal führte sie große Aufräumaktionen durch und räumte dann all ihre Sachen ein. Aber schon ein paar Tage später kamen diese Sachen wieder hervor und bildeten wieder ein großes Durcheinander.

Was Anna an ihrem Zimmer am besten gefiel, war das Bett.[3] Es war weiß-rot, und untendrunter befanden sich zwei große Schubladen, in denen Anna ihr Spielzeug aufbewahrte. Ihr Bett stand direkt an der Wand, und wenn Anna abends ins Bett ging, dann schmiegte sie sich manchmal an die Wand, weil die Wand so schön kühl war und Anna gern die Wand im Rücken spürte. Sie nannte sie ihre kalte Wand, und insbesondere im Sommer war sie sehr froh, daß sie die Wand hatte. Sie mochte auch ihr Kopfkissen. Es war weich und schön und hatte genau die richtige Größe für sie. Wenn Anna einige ihrer Puppen oder Stofftiere mit ins Bett nahm,

---

[1] Variieren Sie hier die Details, damit sie zu der Umgebung Ihres Kindes passen.

[2] Es ist für ein Kind wichtig, sein Zimmer als einen freundlichen und einladenden Ort zu empfinden. Kinder, die man gewöhnlich zur Strafe ins Bett schickt, können unter Umständen ihr Bett mit Bestrafung gleichsetzen. Das kann zu einem großen Widerstand gegen das Zubettgehen führen und ist einem entspannten und friedlichen Schlaf abträglich.

[3] Wenn möglich, sollten Sie Ihrem Kind erlauben, sein Bett selbst auszusuchen oder zumindest Teile davon – Decken oder bunte Bettbezüge zum Beispiel. Das macht das Bett eher zu einem besonderen Platz.

dann durften sie mit dem Kopf auf ihrem Kissen liegen, und Anna wußte, daß sie ihr Kissen auch wundervoll fanden.

Unter dem Kissen war ein Bettlaken. Es war weiß, sah wie eine große Tischdecke aus und bedeckte das ganze Bett. Über dem Bettlaken war eine große Daunendecke. Darauf waren in rot und weiß alle Buchstaben des Alphabets gedruckt. Anna liebte es, sich zwischen Laken und Bettdecke so einzukuscheln, daß nur noch der Kopf herausschaute. Manchmal sagte ihre Mutter, sie sähe aus wie eine Haselmaus, die sich in ihrem Nest eingerollt hat. Anna hatte noch nie eine Haselmaus in einem Nest gesehen. Manchmal stellte sie sich vor, wie die in ihrem Nest eingerollt war, in eine niedliche kleine Decke gehüllt. Sie überlegte, ob die Haselmaus-Mutter wohl zu ihrem Kind sagen würde: „Du siehst in deinem Nest aus wie eine Anna in ihrem Bett."

Anna ging abends immer gegen halb acht ins Bett. Sie putzte sich die Zähne, zog ihr Nachthemd an und suchte sich ihr Lieblingsplüschtier aus, das mit ins Bett sollte.[4] Dann ging sie ins Bett und entweder Mama oder Papa kamen, um ihr eine Geschichte zu erzählen. Nach der Geschichte gaben sie ihr einen Kuß und sagten: „Träum was Schönes", und Anna schlief friedlich ein.[5]

Wenn Anna schlief, träumte sie meistens. Anfangs dachte sie, daß Träume Wirklichkeit wären und die Dinge, die man im Traum tut, tatsächlich passierten.[6] Als sie aber älter wurde, lernte sie, daß Träume sich nur im Kopf abspielen. Aber trotzdem kommt es einem manchmal beim Träumen so vor, als passierten die Dinge wirklich.

Manchmal hatte Anna schöne Träume und wachte morgens ganz fröhlich auf. Einmal träumte sie, daß sie einen Hamster hatte, der sprechen konnte. In ihrem Traum nahm sie ihn mit in die Schule, um ihn all ihren Freunden zu zeigen. Ein anderes Mal träumte sie, daß sie Geburtstag hatte und einen riesigen Haufen Geschenke bekam, der bis an die Decke reichte. Die Geschenke warteten nur darauf, von ihr ausgepackt zu werden. Anna gefiel dieser Traum sehr.

---

[4]Eine festgesetzte Zeit zum Schlafengehen wie auch eine feste Routine davor hilft sehr, um gute Schlafgewohnheiten zu schaffen und ein tröstliches Gefühl von Sicherheit zu vermitteln.

[5]Das traditionelle „Träum was Schönes", das wir unseren Kindern abends wünschen, ist eine weiterer tröstlicher Teil der Routine beim Schlafengehen. Jede Sprache hat ihre eigene bekannte Wendung, um denselben Wunsch auszudrücken.

[6]Wenn Kinder klein sind, glauben sie, daß die Ereignisse eines Traumes zum realen Leben gehören. Sie können auch noch nicht zwischen Fernsehen und dem wirklichen Leben unterscheiden. Erst mit zunehmendem Alter können Kinder Phantasie von Realität unterscheiden.

Es kam aber auch vor, daß sie böse Träume hatte. Dann wachte sie ängstlich auf. Wenn das passierte, machte sie die kleine Nachttischlampe an ihrem Bett an, nahm ein Buch und schaute sich die Bilder darin an oder las ein bißchen.[7] Manchmal lag sie auch wach da und ruhte ein wenig und versuchte, nicht wieder einzuschlafen. Sie hatte Angst, wenn sie wieder einschliefe, in denselben bösen Traum hineinzugeraten. Wenn sie ganz schreckliche Angst hatte, schlich sie sich den Flur hinunter und ins Schlafzimmer ihrer Eltern. Annas Mutter oder ihr Vater gingen dann zusammen mit ihr zurück in ihr Zimmer und beruhigten sie, so daß sie ohne Angst wieder einschlafen konnte.

Eines Nachts hatte Anna einen ganz schlimmen Traum. Sie träumte, daß sie von wilden Tieren gejagt wurde. Sie rannte und rannte, doch sie konnte hören, daß die Tiere hinter ihr herliefen. Sie kamen näher und immer näher. Sie konnte hören, wie ihre Pfoten auf den Boden trommelten, und konnte ihren heißen Atem an ihrem Rücken durch ihr dünnes Nachthemd hindurch spüren. Und ganz plötzlich, gerade als sie dabei waren, sie mit ihren großen, gefährlichen Zähnen zu packen, wachte sie auf.

Sie sah auf die Uhr an ihrem Bett. Es war 7.00 Uhr, also war ihre Mutter schon auf, das wußte Anna. Sie ging die Treppe hinunter, um ihrer Mutter von dem schrecklichen Traum zu erzählen.

„Hm“, sagte Annas Mutter, als Anna ihre Erzählung von den wilden Tieren beendet hatte, „das hört sich wirklich nach einem fürchterlichen Traum an.[8] Was hast du getan, als du die Tiere auf dich zukommen sahst?“

„Ich habe mich umgedreht und bin so schnell ich konnte weggerannt“, sagte Anna. „Ich hatte Angst, daß sie mich erwischen und mich auffressen.“

„Was hat dir denn am meisten Angst gemacht?“ fragte Annas Mutter.[9]

Anna dachte nach. „Das war ganz am Ende, als ich dachte, sie würden mich fangen, weil ich nicht schnell genug weglaufen konnte.“

„Das ist ein schreckliches Gefühl“, sagte Annas Mutter. Sie umarmte

---

[7]Ein Nachtlicht oder eine kleine Nachttischlampe am Bett gibt Kindern große Sicherheit.

[8]Machen Sie Ihrem Kind deutlich, daß Sie es verstehen und seine Gefühle akzeptieren.

[9]Das ist eine sehr nützliche Frage. Manchmal ist der Teil, den Sie als den schlimmsten empfinden, für das Kind nicht so furchteinflößend gewesen. Das hilft Ihnen festzustellen, auf welchen Teil Sie sich konzentrieren sollten, um Ihrem Kind zu helfen, den Alptraum zu verarbeiten.

Anna. „Wußtest du, daß viele Kinder solche Träume haben?"[10]

„Wirklich?" fragte Anna, und ihr Gesicht hellte sich etwas auf. Es war gut zu wissen, daß sie nicht die einzige war, die sich vor Träumen fürchtete. „Warum haben wir so böse Träume?"

„Nun", antwortete Annas Mutter, „im allgemeinen träumen wir schlecht, wenn wir uns wegen irgend etwas Sorgen machen oder wenn uns etwas aufregt.[11] Paß auf", sagte sie und holte Papier und einen Bleistift. „Ich habe eine gute Idee. Mal mir doch ein Bild von deinem Traum."[12]

Anna gefiel dieser Vorschlag. Sie setzte sich an den Tisch und malte ein Bild der wilden Tiere, die sie verfolgt hatten. Es waren Tiger und sie sahen sehr hungrig und gemein aus – genau die Sorte, die gern kleine Mädchen zum Frühstück verspeist.

„Oh, das sind aber wirklich sehr wilde Tiger", sagte Annas Mutter. „Ist es nicht ein Glück, daß es hier in der Gegend im wirklichen Leben keine Tiger gibt? Die einzigen Tiger, die wir jemals sehen werden, sind im Zoo. Und die sind so gut eingesperrt, daß sie nicht entwischen können.[13] Mir ist aber klar, daß es einem sehr viel Angst machen kann, einem solchen Tiger im Traum zu begegnen. Daher werde ich dir jetzt etwas ganz Besonderes geben."

„Was ist es?" fragte Anna. Sie lehnte sich vor. Sie war wirklich sehr interessiert.

„Ich werde dir einen unsichtbaren Zauberring geben, den du in deine Träume mitnehmen kannst", sagte Annas Mutter.[14]

---

[10]Es ist ein Trost zu erfahren, daß viele Kinder solche Art von Träumen haben und sich davor fürchten.

[11]Psychischer Streß ist ein verbreiteter Grund für Alpträume. Sie können genauso durch Faktoren wie Fieber, Schlafmangel, Verdauungsstörungen und dem Absetzen bestimmter Schlaftabletten verursacht werden.

[12]Eine angstbesetzte Situation zu malen oder aus Knetmasse zu modellieren kann helfen, die Angst, die damit verbunden ist, aufzulösen. Dies ist detailliert im vorherigen Kapitel erläutert. Manchmal möchte ein Kind das Bild des Monsters aus dem Traum zerreißen. Indem es das tut, hat es das Gefühl von Beherrschung – es zeigt dem Monster, wer der Chef ist, und macht sich so davon frei.

[13]Hier können Sie Ihr Kind wissen lassen, daß es unwahrscheinlich ist, in der realen Welt auf wilde Tiger zu treffen. Wenn der Alptraum eine auch im realen Leben mögliche Situation enthält, wie zum Beispiel einen Brand, dann können Sie es beruhigen, indem Sie ihm genau beschreiben, was es in einem solchen Fall zu tun hätte, um seine Sicherheit zu gewährleisten.

[14]Dieser magische Talisman ermöglicht es dem Kind, sich weniger hilflos und verletzbar zu fühlen, daher kann es eher den Monstern aus seinen Alpträumen entgegentreten. Je mehr Möglichkeiten ein Kind in Situationen wie dieser hat, desto stärker wird es sich fühlen und desto besser wird es damit zurechtkommen.

„Was ist das denn?“ fragte Anna. Das hörte sich gut an.

„Das ist ein besonderer Ring, der einen ganz mächtigen Zauber besitzt. Du kannst ihn so auf deinen Finger stecken...“ Anna streckte ihre Hand vor und ihre Mama steckte ihr den Ring auf den Ringfinger der linken Hand. „Er ist unsichtbar“, erklärte sie, „deshalb kann man ihn nicht sehen. Er ist aus einem Zaubermaterial, das ähnlich wie Luft ist. Daher kannst du ihn auch nicht fühlen, weil deine Hand durch ihn hindurchgeht. Aber wenn du den Ring einmal aufgesetzt hast, dann bleibt er an deinem Finger, weil er weiß, daß er zu dir gehört.“

„Toll!“ rief Anna. Sie war ganz aufgeregt. Sie berührte ihren Finger. Ihre Mama hatte recht, er fühlte sich an wie Luft. „Ich wünschte, ich könnte ihn sehen“, sagte sie.

„Na ja“, meinte Annas Mutter. „Dafür gibt es eine Möglichkeit. Wenn du die Augen zumachst und an deinen Finger denkst, kannst du manchmal den Ring sehen. Jeder Ring sieht ein bißchen anders aus, weil er speziell für die Person gemacht ist, die ihn trägt.“

Anna schloß ihre Augen und dachte an ihren Finger. „Ich kann ihn sehen!“ rief sie. „Das ist der schönste Ring, den ich je gesehen habe.“[15] Und das war er tatsächlich. Er glitzerte wie ein Diamant, aber er war nicht weiß, sondern lila wie ein Veilchen mit einem Licht darin. „Ich mag ihn sehr!“ sagte Anna.

Annas Mutter meinte: „Dieser Ring hat eine ganz besondere Kraft. Es ist ein Traumring, und das bedeutet, daß er dich in deinen Träumen beschützt. Wenn du ihn auf dem Finger hast, kann dir nichts passieren. Alle möglichen Dinge können geschehen, aber nichts kann dir wirklich Schaden zufügen. Wenn dir also irgendwann im Traum etwas Furchtbares passiert, dann brauchst du dich nur daran zu erinnern, daß du den Zauberring am Finger hast und daß er dich beschützt.“

„Klasse“, sagte Anna. „Das hört sich toll an.“ Sie fühlte sich schon viel besser. Es war schön zu wissen, daß die Monster aus ihren Träumen ihr nichts mehr anhaben konnten.

„Und willst du noch etwas über Träume wissen?“ fuhr Annas Mutter fort. „Du selbst kannst auch Dinge darin geschehen lassen. Du kannst tatsäch-

---

[15] Kinder haben eine wunderbare Imaginationskraft. Die meisten Kinder werden in der Lage sein, den Ring mit geschlossenen Augen „zu sehen“. Diejenigen, denen das nicht glückt und die gehört haben, daß der Ring manchmal sichtbar sei, kann man beruhigen, indem man ihnen versichert, daß es sich um einen ganz und gar unsichtbaren Ring handelt.

lich die Dinge so verändern, wie du es gern haben möchtest."[16]

„Wirklich?" fragte Anna.

„Ja, das stimmt tatsächlich", antwortete Annas Mutter. „Bei Träumen wie diesen gilt das ganz besonders. Du mußt dich nur in deinem Traum daran erinnern, daß du ihn verändern kannst, und dann kannst du das geschehen lassen, was du gern möchtest. Du kannst der Boß in deinen Träume sein."

„Das klingt gut", sagte Anna.

„Ich habe eine gute Idee", meinte Annas Mutter. „Warum gucken wir uns deinen Traum mit den wilden Tieren nicht mal genauer an und überlegen, wie du ihn hättest verändern können?"[17]

„In Ordnung", sagte Anna. Sie schloß die Augen, damit sie sich besser an ihren Traum erinnern konnte. „Ich spielte gerade so für mich allein", sagte sie, „als die wilden Tiere aus dem Gebüsch herauskamen und anfingen, mich zu jagen. Sie sahen wie ganz böse Tiger aus – sie waren groß und gelb mit schwarzen Streifen. Ich bin gerannt und gerannt, so schnell ich nur konnte."

„So, wo du jetzt weißt, daß du Dinge in deinen Träumen verändern kannst, was hättest du anderes tun können?"

Anna dachte nach. „Ich hätte zum Beispiel ein großes Loch in den Boden graben können, und die Tiger wären da hineingefallen."

„Das wäre bestimmt gut gewesen", stimmte Annas Mutter zu. „Tiger können niemanden mehr jagen, wenn sie in einem Loch im Erdboden gefangen sind. Was hättest du sonst noch tun können?"

„Ich hätte mir Flügel wachsen lassen können, und dann wäre ich über ihren Köpfen geflogen und sie hätten mich nicht fangen können. Ich wäre direkt an ihren Köpfen vorübergeflogen und hätte gerufen: ‚Gna, gna, gna, gna, gna' und hätte ihnen die Zunge rausgestreckt. Oder", sagte Anna, die ganz aufgeregt war, wenn sie nur daran dachte, „ich hätte einen großen Zauberstab hervorzaubern können, der alle meine Feinde besiegt. Mit dem hätte ich die Tiger so geprügelt, bis sie weggerannt wären."

„Mir fällt noch etwas ein, was ich hätte tun können", fuhr sie immer auf-

---

[16] Je mehr ein Kind in seinen Träumen positive Handlungen vornimmt, desto kompetenter wird es sich fühlen und desto einfallsreicher wird es sein. Diese Haltung kann auch auf den wachen Zustand übertragen werden, so daß es sich immer weniger in die Rolle des passiven Opfers wird drängen lassen, einerlei auf welchem Gebiet.

[17] Das macht dem Kind Spaß und erlaubt ihm gleichzeitig zu sehen, welche unterschiedlichen Ressourcen und Optionen es tatsächlich hat.

geregter fort. „Ich hätte Superman oder die gute Fee zur Hilfe rufen können. Wenn es die gute Fee gewesen wäre, hätte sie die Tiger in Kürbisse verwandelt!"

„Das hätte bestimmt lustig ausgesehen", meinte Annas Mutter. „Wußtest du, daß es ein ganz tolles Zaubertier gibt, das Baku heißt und schlechte Träume frißt? Es kommt aus einem fernen Land, das Japan heißt. Der Name Baku bedeutet: ‚Jemand, der sehr schnell ißt.' Man nennt es so, weil es böse Träume sofort verschlingt, wenn es sie sieht. Wenn ein Kind in Japan schlecht träumt, dann ruft es laut: ‚Hilf mir, Baku!' und Baku kommt sofort herbei und verschlingt die Alpträume einfach. Alle schlechten Träume haben vor ihm Angst, weil es sie sogar schneller auffrißt, als das Krümelmonster Kekse fressen kann. Weil es ein Zaubertier ist, ist es ein Freund der Kinder auf der ganzen Welt, und jedes Kind, wo auch immer es ist, kann es rufen und es kommt sofort herbei und verschlingt die bösen Träume. Du hättest also auch Baku rufen können."

„Prima!" rief Anna. „Ich mag Baku."

„Gibt es noch andere Sachen, die du hättest tun können?" fragte Annas Mutter.

„Ich hätte ganz starken Kleber auf ihre Pfoten gießen können", sagte Anna. „Dann wären sie am Boden festgeklebt. Ich hätte einen Feuergürtel um sie herum legen können oder einen Zaun aus Stacheldraht. Ich hätte um mich herum auch einen unsichtbaren Zauberschild aufbauen können. Da wären sie dann mit ihren Köpfen dagegengerannt. Oder aber", und sie wurde nun erst recht aufgeregt, „ich hätte einen Elefanten einen Haufen auf ihren Weg machen lassen können, und darauf wären sie dann ausgerutscht."

Annas Mutter lachte. „Ich wette, das hätte dir Spaß gemacht", meinte sie.

„Ja", sagte Anna. „Diese Idee finde ich bisher am besten."

„Fällt dir noch etwas anderes ein, was du hättest tun können?" fragte Annas Mutter. „Du hättest sie z. B. fragen können, warum sie dich verfolgen.[18] Hin und wieder kann man in seinen Träumen schließlich mit ihnen Freundschaft schließen."

„Wirklich?" sagte Anna. Sie dachte, daß es ganz schön wäre, einen Tiger zum Freund zu haben. Man stelle sich nur einmal vor, den mit in die Schule zu nehmen.

„Du könntest das Monster fragen, was es will", fuhr Annas Mutter fort.

---

[18]Manchmal ist es möglich, das Monster aus dem Traum aufzufordern, mit dir zusammenzuarbeiten statt gegen dich. Monster aus Träumen, die auf diese Weise befriedet werden, sind wirklich ganz besondere Freunde.

„Manchmal wird man in Träumen von Monstern gejagt, weil sie einem etwas sagen wollen. Manchmal fühlen sie sich auch allein und wollen Freundschaft schließen. Du könntest ihm anbieten, ihm etwas beizubringen, und das Monster könnte umgekehrt dir etwas beibringen. Oder du könntest ihm etwas schenken und es könnte dir auch etwas schenken. Monster können einem manchmal die wunderbarsten Geschenke machen."

„Klasse", sagte Anna. „Ich habe gar nicht gewußt, daß ich in meinen Träumen so viel machen kann." Sie konnte gar nicht den nächsten Traum erwarten.

„Ich habe eine gute Idee", sagte Annas Mutter. „Warum setzen wir beide uns nicht hin und du malst Bilder zu deinem Traum und dann zu dem, was du hättest machen können."[19]

So setzte sich Anna also mit Papier und Buntstiften an den Tisch. Als erstes malte sie die Tiger, die sie verfolgten. Dann malte sie ein Bild der guten Fee, die die Tiger in einen Kürbis verwandelte.[20] Dann malte sie, wie die Tiger auf dem Haufen des Elefanten ausrutschten und hinfielen. Mann oh Mann, das sah vielleicht komisch aus. Zuletzt malte sie ein Bild von einem der Tiger, der ihr ein Geschenk überreichte. Er stand auf seinen Hinterbeinen und gab ihr eine wunderschön verpackte Schachtel mit einer großen Schleife darauf. Anna platzte fast vor Neugier, was in dem Paket sein könnte.

„Meinst du, ich könnte heute nacht wieder von den Tigern träumen?" fragte sie ihre Mutter. Sie brannte darauf, all die Dinge auszuprobieren, die ihre Mutter ihr vorgeschlagen hatte.

„Nun ja", meinte Annas Mutter, „wenn man sich, kurz bevor man einschläft, sagt, was für einen speziellen Traum man haben möchte, dann träumt man das manchmal auch. Wenn du das also willst, dann machst du deine Augen zu, wenn du heute abend im Bett liegst, und kurz bevor du einschläfst, sagst du zu dir selbst, daß du wieder in deinem Traum von den Tigern sein möchtest."

Anna dachte, daß sich das sehr interessant anhörte. „Funktioniert das immer?" fragte sie.

„Nein, nicht immer", sagte Annas Mutter. „Manchmal will gerade ein anderer Traum auftauchen oder du erinnerst dich am nächsten Morgen

---

[19] Die Bilder Ihres Kindes können Lösungen anbieten. In der Illustration meiner Tochter kann das Loch im Baum eine Zuflucht bieten.

[20] Das Zeichnen möglicher Lösungen wie auch des tatsächlichen Traumes unterstützt die Vorstellung eines positiven Ausgangs.

nicht mehr an den Traum. Aber wenn du es übst, wird es immer leichter werden."

An diesem Abend sagte Anna also immer wieder zu sich selbst, kurz bevor sie einschlief: „Ich möchte wieder in meinen Tigertraum, ich möchte wieder in meinen Tigertraum..." bis sie schließlich einschlief und zu träumen begann.

Und tatsächlich, da waren sie wieder, die Tiger. Sie sprangen genauso wie das letzte Mal aus dem Gebüsch und begannen, hinter ihr herzujagen. Sie sahen so furchterregend aus, daß Anna sich umdrehte und weglief. Aber plötzlich erinnerte sie sich an ihren Ring und an all die Dinge, die ihre Mutter ihr gesagt hatte. Sie blieb stehen und drehte sich zu den Tigern um und sah ihnen direkt in die Augen. Die Tiger waren so erschrocken, daß sie fast übereinander gepurzelt wären. Sie blieben stehen, setzten sich hin und sahen sehr verwirrt aus.

„Warum jagt ihr mich?" fragte Anna.

Die Tiger sahen sich an.

„Ja, äh...", sagte einer der Tiger.

„Hmm...", meinte der andere.

Dann sahen sie sich noch einmal an, nickten mit ihren Köpfen und sagten dann im Chor: „Wir haben dich gejagt, weil du vor uns weggelaufen bist."

„Jetzt laufe ich aber nicht weg", sagte Anna.

„Das stimmt", sagte einer der Tiger.

„Ja, das stimmt", sagte der andere Tiger.

Dann sahen sie sich wieder gegenseitig an und dann Anna. „Tja", meinten beide Tiger zusammen, „und was machen wir nun?"

„Warum werden wir nicht Freunde?" fragte Anna. Ihr gefiel das. Von nahem sahen die Tiger gar nicht mehr furchterregend aus. Eigentlich sahen sie eher wie große, gestreifte, nicht sehr kluge Kätzchen aus. „Paßt auf", sagte sie, da sie sich daran erinnerte, daß sie die Dinge in ihrem Traum beeinflussen konnte. „Ich habe ein Geschenk für euch." Und sie streckte beide Hände in die Luft und klatschte einmal. Sofort fiel ein wunderschönes silbernes Schleifenband zur Erde.

„Ich werde euch schöne Halsbänder machen", sagte sie. Und das tat sie dann auch.

Die Tiger waren so aufgeregt, daß sie kaum stillsitzen konnten. Als Anna fertig war, hüpften sie herum und drehten sich, weil sie versuchten, die Halsbänder um ihren Nacken zu sehen. Das sah vielleicht lustig aus! „Warum seht ihr euch nicht das Halsband beim anderen an?" sagte Anna. „Dann wißt ihr, wie es bei euch selbst aussieht."

„Gute Idee", sagten die Tiger.

Dann flüsterte der eine Tiger dem anderen etwas ins Ohr. Beide nickten mit dem Kopf.

„Jetzt haben wir ein Geschenk für dich", sagten sie.

„Mach die Augen zu", sagte der eine, „und streck deine Hand aus."

Anna machte es. „Kann ich sie jetzt öffnen?" fragte sie.

„Ja", sagten die Tiger.

Sie öffnete die Augen und da, auf ihren Händen, lag dieselbe Schachtel, die sie mit ihrer Mutter zusammen gemalt hatte.

„Oh!" rief sie. Sie war so aufgeregt, daß ihre Stimme quietschte. „Was da wohl drin ist?"

„Das ist nur für dich", sagten die Tiger. Sie standen nun ganz aufrecht und groß da und wirkten viel majestätischer als vorher.

Anna öffnete die Schachtel. Innen, in violetten Samt eingeschlagen, lag eine Halskette mit einem wunderschönen roten, glänzenden Herzen.

„Das ist das Herz des Mutes", erklärte einer der Tiger. „Jedesmal, wenn du daran denkst, wirst du dich daran erinnern, wie mutig du gewesen bist, und jedesmal, wenn du daran denkst, wirst du noch mutiger werden."[21]

„Es wird den Vorrat an Mut in dir vergrößern", sagte der andere Tiger. „Jedesmal, wenn du daran denkst, wird dein Mut größer und größer, von ganz allein. Und so wird dein Mut niemals sinken, sondern immer wachsen."

„Wenn dir das Herz einmal geschenkt wurde", sagten beide Tiger zusammen, „dann ist es für immer deins, und nichts und niemand kann es dir wegnehmen."

„Oh", rief Anna, „das ist ja wunderbar. Kann jedes kleine Mädchen und jeder kleine Junge so ein Herz bekommen?"

„Ja", sagten die Tiger. „Irgendwo gibt es für jeden so ein Herz. Sie sehen nicht alle gleich aus, weil alle Menschen verschieden sind. Aber du mußt danach suchen, und meistens ist die Person oder die Sache, die auf dieses besondere Geschenk für dich aufpaßt, jemand oder etwas, vor dem du Angst hast.[22] Du mußt sie suchen und sie bitten, daß sie es dir geben."

---

[21] Das Geschenk der Tiger ist zu einem persönlichen Symbol oder einem Talisman geworden, der Anna immer an ihre Stärken und ihre Kraft erinnern wird.

[22] Das unterstreicht die Vorstellung, daß jede Krise, der wir uns gegenübersehen, auch ein Geschenk für innere Reife bereithält, man muß sie nur finden und zu nutzen wissen. Die Chinesen drücken dies sehr schön aus. In ihrer Sprache besteht das Wort „Krise" aus zwei Schriftzeichen – das eine bedeutet „Gefahr", das andere bedeutet „Chance".

„Jetzt, wo du dein Herz gefunden hast“, sagte der eine Tiger, „können wir es hier für dich sicher und gut aufheben, so daß du immer weißt, wo es ist.“

„Und nicht vergessen“, sagte der andere Tiger, „du brauchst nur daran zu denken und dann beginnt es für dich zu wirken.“

„Oh, vielen Dank“, sagte Anna. „Ich bin so froh, daß ich euch getroffen habe.“

„Wir auch“, sagten die Tiger, „und wir hoffen, daß du bald zurückkommst und uns besuchst.“

„Aber natürlich werde ich das tun“, sagte Anna, und sie umarmte die beiden.

„Wir werden jetzt besser gehen“, sagten die Tiger. „Es ist schon fast Zeit für dich aufzuwachen. Nicht vergessen, komm bald wieder und besuche uns.“

„Das werde ich ganz bestimmt“, sagte Anna und winkte ihnen hinterher.

„Und denk dran“, rief der eine Tiger noch. „Wenn du uns einmal in einem anderen Traum brauchen solltest, dann brauchst du nur zu rufen, und schon kommen wir herbeigelaufen.“[23]

„Auf der Stelle“, rief der andere Tiger. „Wir werden auf dich aufpassen.“

„Oh, wie schön!“, sagte Anna. Sie war so aufgeregt, daß sie mit einem strahlenden Lächeln auf ihrem Gesicht aufwachte. Sie konnte es gar nicht erwarten, ihrer Mutter alles zu erzählen.

Weitere Bemerkungen zu Träumen

Träume sind für den Menschen immer eine Quelle des Wunderbaren und der Forschung gewesen. Seit frühester Zeit wurden sie als Träger einer besonderen Weisheit betrachtet – sozusagen ein Postdienst der Götter. Ein berühmtes Beispiel findet sich im alten Testament, wo Joseph in der Lage war, den geheimnisvollen Symbolismus im Traum des Pharaos zu entschlüsseln.

In diesem Jahrhundert war es Sigmund Freud, der erneut betonte, daß Träume Botschaften sind. Die Absender waren für ihn jedoch nicht die Götter, sondern er betrachtete das Unbewußte als den Urheber der Botschaft. Er nannte die Träume den „Königsweg zum Unbewußten“ und sah sie als Folge unterdrückter Triebe und Wünsche, gewöhnlich sexueller

---

[23] Die Tiger sind von gefürchteten Monstern für Anna zu einer weiteren Quelle des Beistands geworden, auf die sie in anderen Träumen zurückgreifen kann.

oder aggressiver Natur, des unbewußten Es. Da diese Triebe Angst hervorrufen würden, wenn man sie bewußt wahrnähme, vermutete Freud, daß sie in verkleideter Form in unseren Träumen an die Oberfläche kämen. Das war auch die Ursache, so seine Begründung, warum Traumbotschaften dem bewußten, logisch funktionierenden Geist nicht gleich verständlich waren. Er glaubte, daß die wahre Botschaft herausgeschält werden müsse, indem man die Sprache und die Bilder der Träume interpretiert und ebenso die Assoziationen, die sie hervorrufen.

Jung relativierte Freuds Betonung der sexuellen und aggressiven Ursprünge der Träume. Er glaubte, daß alle Traumelemente und Charaktere Teil der Persönlichkeit des Träumers wären und jedes einzelne Element dem Träumer etwas sagen wolle. Ein Traum von einem strengen Schullehrer z. B. ist vielleicht ein Hinweis auf den perfektionistischen Teil des Selbst. Er sprach von Symbolismus der Traumcharaktere und meinte, es gäbe allgemeingültige Charaktere oder Archetypen, die in Träumen auftauchen. Einer der wichtigsten Archetypen für unsere Geschichte ist der „Schatten" oder der „dunkle Zwilling". Der Schatten erscheint häufig in unseren Träumen als Krimineller, Monster oder wildes Tier. Er repräsentiert den Teil unseres Selbst, vor dem wir uns fürchten, dessen wir uns schämen oder den wir nicht wahrnehmen wollen. Er wird uns so lange verfolgen, bis wir uns umdrehen und ihm ins Gesicht sehen und, indem wir ihm entgegentreten, seine Stärke für uns nutzbar machen.

Jung sprach ebenso von „sich verwandelnden Symbolen" in unseren Träumen. Das können Menschen oder Objekte im Traum sein, die eine komprimierte und tief emotionale Bedeutung für den Träumer haben – sie bieten einen Ansatzpunkt, unsere normalen emotionalen Konflikte zu überwinden. Eine Flagge hat eine solche Funktion für Männer, die in eine Schlacht gehen – sie ist ein Symbol und steht für Ehre, Vaterland und Heim, Begriffe, die Männer anspornen, ihre natürliche Angst vor dem Tod zu überwinden.

In Annas Traum zeigt sich der Schatten in der Gestalt der beiden Tiger. Vielleicht repräsentieren sie einen „bösen" Teil ihres Selbst, der sie ängstigt. Tiger, Löwen und wilde Hunde kommen häufig in Träumen vor.

Das Herz des Mutes ist ein abstraktes Symbol, das Anna helfen kann, über ihre Ängste hinauszuwachsen und sich ihnen zu stellen. Es erinnert sie daran, daß wertvolle Erfahrungen aus furchterregenden erwachsen und manchmal sogar auf keine andere Art erreicht werden können. Wir würden niemals unseren Mut finden, wenn wir nicht mit etwas Furchterregendem konfrontiert werden. Es ist einleuchtend, daß es keinen Mut ohne Angst geben kann.

Heutzutage betrachten die Leute, die auf dem Gebiet der Traumforschung und Therapie arbeiten, Träume als sehr aufschlußreiche und bedeutungsvolle Wege für Selbsterkenntnis und Reife. Die meisten Leute meinen, es sei ganz schön, daß Träume die Wege darstellen – aber warum müssen die Richtungen so mysteriös verschleiert sein?

Es ist richtig, daß die Sprache der Träume sich sehr von der wachen, logischen Form unserer Gedanken unterscheidet, doch ist es kein Kauderwelsch. Obgleich ein oberflächlicher Blick auf einen Traum vielleicht nur ein bedeutungsloses Durcheinander wahrnimmt, kann eine eingehendere Betrachtung die tiefere innere Bedeutung für den Träumer aufdecken, die, wenn sie übersetzt wird, dem Träumer völlig sinnvoll erscheint. „Übersetzt" ist hier das Schlüsselwort, weil Träume, wie bereits angedeutet, ihre eigene Sprache haben. Es ist die Sprache des Unbewußten – eine Bildersprache, die Metaphern benutzt, Verschmelzungen, Andeutungen und alle Arten von Wortspielen. Sie tendiert auch dazu, die natürlichen Gesetze der Physik und der Logik völlig zu ignorieren. Es ist eine großartig witzige und einfallsreiche Sprache, die mich ständig in Ehrfurcht versetzt, weil sie so viel Frische, Originalität und Einsicht in sich birgt. Es ist nicht möglich, in diesem Buch den Wundern der Traumsprache gerecht zu werden, aber vielleicht kann die Darstellung eines meiner eigenen Träume ein Beispiel für Traumsprache in Aktion sein.

Ich war zu einer Radiosendung über Träume eingeladen, bei der die Zuhörer während der Sendung anrufen konnten. Ich dachte mir, daß ich mein Traumtagebuch noch einmal durchsehen sollte, in dem ich meine Träume aufzeichne, um dort ein passendes Beispiel herauszusuchen, das ich am nächsten Tag in der Show verwenden wollte. Es war sehr zuvorkommend von meinem Unbewußten, daß es mich in dieser Nacht mit einem kompakten kleinen Traum versorgte, der sehr hübsch alle Punkte illustrierte, von denen ich sprechen wollte.

Um die Sache zu verdeutlichen: Am Tag meines Traumes hatte ich gerade gehört, daß mein Gedichtband, *The Truth About Unicorns*, mit dem Fellowship of Australian Writers' Anne Elder Award für den besten ersten Gedichtband 1984 ausgezeichnet worden war. Damals hatte ich das Dichten ziemlich vernachlässigt wegen der zeitraubenden anderen Arbeiten, mit denen ich beschäftigt war. Ich mußte mich entscheiden, ob ich noch mehr solcher Arbeit auf mich nehmen wollte und dadurch noch weniger Zeit für Gedichte übrig bliebe.

Es ist wichtig, diese Ausgangssituation zu schildern, weil Träume für gewöhnlich das enthalten, was wir den „Tagesrest" nennen. Dies sind Fragmente, Vorfälle oder Gedanken, die einen am selben Tag oder am

Tag zuvor beschäftigt haben. Der Traum rankt sich häufig um den Tagesrest herum.

Wie ich bereits sagte, schlief ich in dieser Nacht ein und träumte. In meinem Traum saß ich an einem langen Bankettisch. Mein Tischnachbar war Albert Einstein. Die Tafel war gedeckt mit Gerichten, die entweder von grüner oder weißer Farbe waren. Wie es meinem natürlichen Enthusiasmus für neue Erfahrungen entsprach, wollte ich alles probieren und ein wenig von jeder Speise auf meinen Teller füllen. Einstein ergriff mit seiner Hand meinen Arm und hielt mich zurück. Er gab mir zu verstehen, ich solle meinen Teller nicht überladen und mich außerdem an die weißen Gerichte halten und nicht an die grünen.

Dies scheint an der Oberfläche ein ganz simpler Traum zu sein. Ein flüchtiger Blick würde dies als einen erfreulichen, aber relativ bedeutungslosen Traum einstufen.

Aber eingehender betrachtet wird sich zeigen, daß dies ganz und gar nicht der Fall war. Dieser Traum hatte in der Tat eine sehr klare Botschaft für mich.

Als ich von dem Traum erwachte, schrieb ich sofort alle Details auf, an die ich mich erinnerte. Das ist sehr wichtig, da Träume gewöhnlich sehr schnell in der Erinnerung verblassen.

Dann begann ich, meine Assoziationen zu den Charakteren und Ereignissen im Traum aufzuschreiben. Ich war gefesselt von Albert Einstein. In meinem Traum war er weißhaarig und weise. Ich betrachtete ihn als eine Art „Stammesältesten".* Als mir diese Formulierung in den Sinn kam, nahm ich mit Freude das Wortspiel mit „an elder..." auf. Der Preis, den ich für meine Gedichte gewonnen hatte, nannte sich der Anne Elder Award. Mit anderen Worten: der Preis sollte mir etwas sagen. Aber was sagte er mir? Er sagte mir, ich solle „auf dem richtigen Weg" bleiben und nicht „zu viel auf meinen Teller laden". Das entsprach der Frage in meinem realen Leben, ob ich zusätzliche Arbeit annehmen sollte oder nicht. Welchem Weg sollte ich folgen? Der Traum hatte auch darauf eine Antwort. Wenn Sie sich erinnern, hatte mir Einstein geraten, die grünen Gerichte beiseite zu lassen und mich nur an die weißen zu halten. Für mich ist Weiß mit Poesie verknüpft. Robert Graves hat in seinem Buch über Poesie von der „weißen Göttin" gesprochen. Mein Buch hatte ich „The Truth About Unicorns" genannt, und Einhörner sind natürlich weiß. Die Farbe Grün ist für mich mit Geld verbunden – „greenbacks"** z. B.,

*Im Original: „an elder of the tribe" (Anm. d. Übers.)

**„Greenbacks" sind grüne (US-)Banknoten (Anm. d. Übers.)

und tatsächlich waren die anderen Aktivitäten, die ich zusätzlich anzunehmen gedachte, sehr viel lukrativer als Gedichte zu schreiben. Also ist die Botschaft wiederum klar – nimm nicht die zusätzliche, lukrative Arbeit an. Laß dir im Gegenteil Raum für die Poesie.

In den Traumgruppen, die ich durchführe, fragen die Leute häufig danach, wie sie ihre Träume verstehen lernen können. Es gibt kein allgemeingültiges „Lexikon“ für Träume. Obwohl einige Themen und Symbole bei vielen Menschen auftauchen, ist es wichtig festzustellen, daß jeder Traum für die Person, die ihn träumt, einmalig ist. Versuchen Sie daher niemals, anderen Personen Interpretationen aufzuzwingen. Eine Interpretation ist normalerweise nur dann hilfreich, wenn sie dem Träumer selbst sofort gefällt.

Sie müssen nicht als Therapeut Ihres Kindes fungieren und seinen Traum interpretieren. Aber Einsicht in seine Träume zu gewinnen kann Ihnen helfen zu verstehen, was es beunruhigt. Träume können Ihnen eine wunderbare Vorstellung davon geben, wie die innere Welt Ihres Kindes aussieht – vielleicht werden Sie von den unterschiedlichen Perspektiven überrascht sein. Die riesige, übermächtige, bärengleiche Gestalt, die Ihr Kind letzte Nacht im Traum erschreckt hat, kann das Gefühl widerspiegeln, das es hatte, als Papa es während des Abendessens anbrüllte. Es kann auch eine Projektion der eigenen und vom Kind wahrgenommenen „Schlechtigkeit“ oder Wildheit sein – ein Bild, das Ihnen sagt, wie groß die Angst der Kinder davor sein kann, was sie als ihr eigenes inneres „böses“ Selbst wahrnehmen. Viele Erwachsene teilen selbstverständlich auch diese Furcht, daß es etwas Schreckliches gibt, was in ihnen verborgen ist.

Meine Tochter war immer sehr daran interessiert, warum Menschen bestimmte Dinge träumen. Ich habe ihr in einfachen Worten erklärt, inwiefern Träume ihre eigene psychologische Bedeutung haben. Ich habe ihr einige meiner Träume erzählt, um den Symbolismus von Träumen zu verdeutlichen. Sie war davon fasziniert, und hin und wieder analysierte sie spontan einen ihrer eigenen Träume, indem sie ihn zurückführte auf einen beunruhigenden Zwischenfall in der Schule oder ähnliches. Es ist jedoch wichtig, daß Sie Ihr Kind nicht dazu drängen. Wenn es sich spontan dafür interessiert, kann das Sprechen über seine Träume dem Kind helfen. Seien Sie aber sehr auf der Hut, dem Kind nicht Ihre Interpretationen aufzudrängen. Lassen Sie es zu seinen eigenen Interpretationen auf seine Weise und in der ihm angemessenen Zeit kommen. Die meisten Kinder sind nicht daran interessiert, Träume zu interpretieren, genausowenig wie daran, ein Märchen zu interpretieren. Sie lernen von diesen reichen Ressourcen auf andere Art und Weise.

Für ein tieferes Verständnis von Träumen gibt es bereits eine Anzahl exzellenter Bücher, die man in Buchläden oder Büchereien bekommen kann. Ich habe einige davon in der Literaturliste am Ende des Buches aufgeführt.

Ängste

In diesem Kapitel gilt meine Geschichte einer weitverbreiteten Angst von Kindern – der Angst vor Hunden. Die Methode, die ich benutze, um mit dieser Angst fertigzuwerden, heißt Desensibilisierung und kann auf viele andere Ängste und auch auf Phobien angewendet werden.

Desensibilisierung schließt ein, daß man eine „Leiter" von Ängsten aufbaut, die mit der Sache oder der Situation in Verbindung stehen, vor der sich das Kind fürchtet. Am unteren Ende der Leiter ist eine Situation, mit der das Kind ohne Probleme zurechtkommt, am höchsten Punkt der Leiter ist eine, die das Kind sehr aufregen würde. Bei der Angst vor Hunden zum Beispiel wäre die unterste Stufe das Ansehen von Hunden in einem Bilderbuch, während die höchste Stufe darin bestehen könnte, daß ein Hund dem Kind auf den Schoß springt. Zwischen diesen beiden Stufen gibt es eine abgestufte Anzahl von Situationen, die mit Hunden zu tun haben und von einem leichten Unbehagen in der Nähe der untersten Stufe bis zur angsterregenden Situation in der Nähe der obersten Stufe reichen.

Wenn Sie Desensibilisierung einsetzen, um Ihrem Kind zu helfen, die Angst vor Hunden zu verlieren, würden Sie es die Leiter hinaufbegleiten, eine Stufe zur Zeit, beginnend mit der untersten. Jedesmal, wenn das Kind ängstlich wird, helfen Sie ihm, sich zu entspannen. Danach erlauben Sie ihm, die Stufe noch einmal zu versuchen. Nach einigen Wiederholungen auf einer Stufe, gefolgt von Entspannung, wird Ihr Kind in der Lage sein, sich immer sicherer zu fühlen, während es über diese Stufe der Leiter nachdenkt oder sie ausprobiert. Wenn es sich ganz sicher und entspannt auf dieser Stufe fühlt, kann es zur nächsten Stufe übergehen.

Es ist sehr wichtig, diese Stufen gut vorzubereiten. Beginnen Sie mit etwas, bei dem sich das Kind ganz sicher fühlt, und gehen Sie dann in langsamen Schritten weiter. Dadurch wird verhindert, daß das Angstniveau zu hoch wird und das Kind überwältigt. Es ist einfacher für das Kind, Angst kontrollieren zu lernen, indem es kleine Schritte macht. Sie würden als Anfänger beim Reiten ja auch nicht mit einem wilden Rodeopferd beginnen.

Loben Sie das Kind nach jedem erfolgreichen Schritt, den es bewältigt hat. Je kompetenter sich das Kind fühlt, desto zuversichtlicher wird es seinen Ängsten gegenübertreten können. Es kann hilfreich sein, eine Übersichtskarte über die Fortschritte Ihres Kindes anzufertigen. Jeder erfolgreiche Schritt kann durch einen goldenen Stern markiert werden. Das ist ein sehr konkretes Symbol für sein wachsendes Selbstvertrauen und seine Kompetenz. Kinder haben meist viel Spaß daran, diese Karte selbst auszufüllen.

Wenn Sie Ihrem Kind bei seinen Ängsten helfen, ist es wichtig, daß Sie ihm verbal und nonverbal mitteilen, daß Hunde nicht an sich gefährlich sind. Natürlich sollten Sie dies nicht tun, wenn Sie selbst Angst vor Hunden haben! Wenn Sie sich zum Beispiel jedesmal anspannen, wenn Sie einem Hund begegnen, dann wird Ihr Kind die Botschaft aufnehmen, daß man tatsächlich Angst vor Hunden haben muß.

Manchmal rührt Ihre Anspannung aber nicht von der Angst vor Hunden her, sondern von Ihrer Befürchtung, wie Ihr Kind reagieren könnte. Diese Anspannung könnte trotzdem von Ihrem Kind wahrgenommen und als ein Mangel an Vertrauen gedeutet werden – entweder gegenüber Hunden oder gegenüber der Fähigkeit des Kindes, mit ihnen fertigzuwerden. Es ist wichtig, eine Aura von Ruhe und Zuversicht zu verbreiten, wenn man an Kinderängsten arbeiten möchte.

Es kann manchmal auch sein, daß man die Angst eines Kindes festigt, weil man es dafür belohnt. Mit anderen Worten, die Kinder können, wenn sie aufgeregt sind, sehr viel mehr Aufmerksamkeit bekommen, als wenn sie sich nicht fürchteten.

Es ist wichtig, diese Verhaltensmuster in Ihrer Familie zu erkennen. Sie sollten kompetentes Verhalten mit Aufmerksamkeit und Lob belohnen, so daß Ihr Kind sich motiviert fühlt, sich auch weiterhin um Kompetenz zu bemühen. Wir alle reagieren besser, wenn wir für eine Arbeit gelobt werden, die wir gut gemacht haben. Wenn man uns nur beachtete, wenn wir etwas falsch gemacht haben, würden Arbeitshaltung und Interesse ziemlich schnell sinken.

Ein kompetentes Verhalten zu belohnen heißt nicht, daß Ihr Kind bestraft werden sollte, wenn es einen Hund sieht und anfängt zu weinen. Trösten Sie es, aber machen Sie keinen großen Wirbel darum. Lassen Sie Ihr Kind wissen, daß Sie seine Gefühle verstehen, aber zeigen Sie ihm ebenfalls Ihre Zuversicht, daß es mit der Zeit lernen wird, sich Hunden gegenüber sicherer zu fühlen. Lachen Sie aber auch nicht über seine Äng-

„Hunde tun dir nichts“, sagte die Frau.

ste oder weisen Sie diese nicht von der Hand – die Ängste sind für das Kind real und ernst. Die Illustration meiner Tochter zeigt, wie wenig hilfreich eine solche Haltung wäre. Die Bildüberschrift „Würden Sie von dieser Frau einen Gebrauchtwagen kaufen?“ scheint hier angemessen zu sein.

Wenn ein Kind durch irgend etwas verängstigt worden ist – zum Beispiel durch eine Fernsehsendung –, wird es vielleicht darauf drängen, diese Sendung wieder und wieder zu sehen. Beunruhigten Eltern mag dies als die denkbar schlechteste Methode erscheinen. Wenn aber ein Kind darum bittet, versucht es meistens, sich seine eigene Portion an Desensibilisierung zu verabreichen. Indem es die gefürchtete Sendung immer wieder anschaut, hat es das Gefühl, mehr Kontrolle darüber zu gewinnen. Es gibt keine Überraschungen mehr, die merkwürdige, gefürchtete Hexe ist zu einer bekannten alten Schachtel geworden, das Kind weiß, wann die Spannung aufgebaut wird, es kann selbst entscheiden, wieviel es sehen will, sei es, indem es sich die Augen zuhält und sie wieder öffnet, wenn es dazu bereit ist. Häufig wird es die angsterregenden Szenen oder Personen nachspielen oder malen wollen. Auch das ist ein Weg, die Ängste zu beherrschen. Es kann auch die Hexe „besiegen“, indem es an ihrer Stelle die Figur aus Modelliermasse oder ein Bild von ihr zerstört. Diese symbolischen Siege helfen dem Kind, sich stärker angesichts einer „realen“ Hexe zu fühlen.

Jeder von uns erlebt irgendwann einmal Angst – das kann wichtig bis lebensnotwendig sein. Wenn wir keine Angst vor giftigen Schlangen hätten, könnten wir sterben. Wenn uns nicht instinktiv der Gedanke an ein Kräftemessen mit einem herannahenden Güterzug schaudern ließe, würde uns dasselbe Schicksal ereilen. Angst ist in diesen Fällen ein sehr segensreiches Gefühl. Viele Ängste sind jedoch weder rational noch segensreich. Sie können extrem schwierig zu ertragen sein und sehr starke Einschränkungen für das Leben darstellen. Wenn Ängste sehr intensiv sind, irrational und konzentriert, dann spricht man von Phobien.

Viele Kinderängste erscheinen Erwachsenen irrational, sind jedoch für Kinder völlig rational. Die Badewanne ist ein gutes Beispiel dafür. Das durchschnittliche zweijährige Kind hat noch nicht erkannt, daß sein Körper zu groß ist, um durch den Abfluß gesogen zu werden. Daher ist die Angst vor dem Baden eine sehr verständliche Reaktion. Einige Kinderängste sind sehr verbreitet, treten in verschiedenen Altersstufen auf und verschwinden dann wieder. Andere sind für das einzelne Kind charakteristisch. Einige kann man auf einen besonderen Vorfall zurückführen, andere scheinen aus dem Nichts entstanden zu sein. Es gibt auch eine große Bandbreite in der Intensität dieser Ängste, sie kann von leichtem Unbehagen bis zu Panik reichen.

Auch wenn man annimmt, daß es normal für Kinder ist, verschiedene Ängste zu haben, so ist es doch gut, etwas dagegen zu unternehmen, wenn sie das alltägliche Leben Ihres Kindes oder sein Selbstvertrauen und Wohlbefinden hemmen. Anna-Geschichten sind eine Möglichkeit, Kindern durch Ängste hindurchzuhelfen. Malen, mit Spielzeug Situationen nachspielen, aus Knetmasse formen und kindgerechte Erklärungen anbieten – das kann ebenfalls helfen.

Ich habe die folgende Geschichte in zwei Abschnitte geteilt, weil sie sehr lang ist. Jeder Teil beinhaltet verschiedene Desensibilisierungstechniken und kann an aufeinanderfolgenden Abenden erzählt werden.

Anna-Geschichte, Teil 1

Anna war ein kleines Mädchen. Sie lebte in einem großen Haus zusammen mit ihrer Mutter und ihrem Vater.

Sie hatte ein eigenes Zimmer, das rot und weiß gestrichen war, ein großes „erwachsenes" Bett stand darin und ein Spielzeugschrank mit einem runden, roten Knopf zum Öffnen, so daß es aussah, als ob jemand eine Tomate direkt in die Mitte der Tür gepflanzt hätte.[1] Anna wünschte sich manchmal, daß es wirklich eine Tomate wäre, denn dann könnte sie den Leuten einen schönen Streich spielen. Sie würde sie bitten, etwas aus dem Spielzeugschrank zu holen. Dann würde sie beobachten, wie sie mit der Hand die Tomate zermatschten, wenn sie versuchten, die Tomate als Türgriff zu drehen. Sie dachte, daß das ein riesiger Spaß sein müßte!

Sie dachte gern an lustige Sachen, denn meistens war sie ein sehr fröhliches kleines Mädchen. Aber hin und wieder war sie auch sehr unglücklich. Etwas, das sie sehr unglücklich machte, waren Hunde. Anna hatte schreckliche Angst vor Hunden. Ihre Mutter erzählte, daß einmal, als Anna noch sehr klein war, ein großer Hund auf sie zugesprungen war und sie sehr erschreckt hatte, aber Anna konnte sich daran nicht erinnern. Sie wußte nur, daß sie es haßte, in der Nähe von Hunden zu sein. Sobald sich ihr ein Hund näherte, bekam Anna Angst, begann zu zittern und war nahe daran zu weinen. Sie versuchte dann, ganz schnell wegzulaufen oder an jemandem hochzuklettern, als wäre er ein großer Baum, auf dem sie sicher wäre.

Ihre Mutter und ihr Vater verstanden, warum sie so große Angst vor Hunden hatte, aber viele Leute verstanden das nicht. Sie sagten, sie wäre dumm, und lachten sie aus.[2] Noch schlimmer, manchmal sollte sie mit

[1] Variieren Sie die Details, damit sie zum Zimmer Ihres Kindes passen; dasselbe gilt später für den besten Freund/die beste Freundin und für einen Hund, den es kennt.

[2] Diese Haltung gegenüber Ängsten hinterläßt beim Kind ein Gefühl der Unzulänglichkeit, es schämt sich und fühlt sich noch hilfloser, was wiederum zu verstärkter Angst führt.

Hunden Freundschaft schließen. Die Leute schoben dann ihre riesigen, sabbernden Hunde auf sie zu und sagten: „Sieh doch nur, er ist ganz freundlich." Anna war dann zu Tode erschrocken. Sie schrie und kreischte und versuchte wegzulaufen, und der Hund sprang an ihr hoch, leckte ihr das Gesicht und versuchte, sie umzureißen.

Je ängstlicher Anna wurde, desto aufgeregter wurde der Hund. Es war wirklich ein schöner Schlamassel. Anna beschloß, daß es das beste wäre, sich von Hunden fernzuhalten.

Allerdings gab es da ein großes Problem. Dieses Problem hing mit Nadine zusammen, ihrer besten Freundin. Nadine fand nicht, daß es ein Problem war, aber Anna fand das. Das Problem war der große braune Hund, der Nadine und ihrer Familie gehörte. Er lebte mit der Familie zusammen im Haus und war ein großer, zotteliger Hund mit einem Fell, das überall abstand, so als ob jemand mit der Bürste gegen den Strich hindurchgefahren wäre. Anna hatte mal eine Karikatur gesehen von jemandem, der einen elektrischen Schlag bekommen hatte und dem die Haare zu Berge standen. Manchmal überlegte sie, ob Nadines Familie den Hund nachts an die Steckdose anschloß, damit sein Fell so abstand.[3] Sie wußte natürlich, daß die Familie das nicht tat, denn sie wußte, daß man an Steckdosen nicht herumspielen darf, weil man dabei von einem Stromschlag getötet werden kann. Aber ihr machte dieses lustige Bild in ihrer Phantasie einfach Spaß.

Anna fand es immer schön, ihre Freundin zu besuchen und von ihr besucht zu werden. Nadine war ihre alleralleraller beste Freundin, und deshalb kam sie oft zu Anna, um mit ihr zu spielen. Und Nadine fragte Anna auch oft, ob sie nicht zu ihr zum Spielen kommen wollte. Anna wollte das auch wirklich sehr gern tun. Nadine hatte tolles Spielzeug und eine ganz liebe Mutti, die ihnen Eiscreme gab, wenn es sehr heiß war. Aber es gab etwas, was Anna davon abhielt, bei Nadine zu spielen. Du hast es bestimmt schon erraten – es war der Hund.

Eines Tages kam Nadine ganz aufgeregt zu Anna. „Stell dir bloß vor", sagte sie. „Meine Mutter hat gesagt, ich darf zum Geburtstag eine Kostümparty machen!"

„Toll", sagte Anna. „Das wird bestimmt super."

„Jeder muß sich als ein Tier verkleiden", sagte Nadine. „Ich werde mich als Teddybär verkleiden. Und wer das beste Kostüm hat, bekommt einen Preis."

---

[3]Humor ist sehr therapeutisch und macht Vergnügen. Etwas Lustiges an dem zu finden, was man fürchtet, reduziert die Angst vor dieser Person oder dem Objekt.

Nachdem Nadine gegangen war, lief Anna die Treppe hinauf, um ihre Mutter zu suchen. Sie war so aufgeregt, daß sie wie ein Känguruhbaby hoch und runter hüpfte. „Rate mal, was los ist! Rate mal, was los ist!" rief sie ihrer Mutter zu. „Ich bin zu meiner ersten Kostümparty eingeladen."[4]

„Das ist ja großartig", sagte Annas Mutter. „Wir müssen dir ein ganz tolles Kostüm machen. Parties, auf denen alle verkleidet sind, machen immer sehr viel Spaß."

An diesem Abend war Anna so aufgeregt, daß sie gar nicht einschlafen konnte. Sie mußte immer daran denken, was für eine tolle Sache so eine Kostümparty war. Sie überlegte, ob Nadine wohl drinnen oder draußen im großen Garten feiern würde. Sie malte sich das gerade aus, als ihr Magen plötzlich „Plumps" machte, als wäre er von einem hohen Berg heruntergefallen. Ihrem Magen war gerade das Problem eingefallen, das in Nadines Haus wohnte: Er hatte sich an den Hund erinnert.

„Oh nein", sagte Anna zu sich selbst und fühlte sich ganz unglücklich. „Ich wünschte, jemand könnte mir helfen, daß ich mich bei Hunden besser fühle." Und sie sagte sich das immer wieder, bis ihre Worte ganz durcheinander kamen, und als sie einschlief, hörte sie noch „bei Hunden besser fühlen, bei Hunden besser fühlen..."

Als sie erwachte, schien ein komisches blaues Licht in ihrem Zimmer, und die merkwürdigste Person, die Anna je gesehen hatte, stand vor ihrem Bett und betrachtete sie. Sie hatte ein sehr freundliches Gesicht und sah aus wie jemand, den man kennt, obwohl man ihm noch nie zuvor begegnet ist.

„Ich habe darauf gewartet, daß du aufwachst", sagte sie und setzte sich ans Fußende von Annas Bett, als wäre es das Normalste von der Welt für eine komische Dame mit einem blauen Licht mitten in der Nacht in deinem Zimmer zu erscheinen.

Anna starrte sie an.

Die Dame sah wirklich komisch aus. Sie trug einen bequemen weißen Jogginganzug mit silbernen Pailletten, die in einem ganz merkwürdigen Muster auf dem Anzug verteilt waren. Ihre Haare waren gelockt und ziemlich durcheinander, als wäre sie gerade in einen sehr starken Sturm geraten. Anna dachte, daß das Haar ebenfalls weiß wäre, aber das war schwierig festzustellen, weil um die Dame herum ein blaues, schimmerndes Licht leuchtete. Es lief um ihren ganzen Körper herum, um die Arme

[4] Nadines Party stellt für Anna einen Anreiz in dieser Geschichte dar, um ihre Ängste loszuwerden, weil sie dafür natürlich in Nadines Haus muß und mit dem Hund konfrontiert wird. Sie sollten einen Anreiz wählen, der für Ihr Kind passend ist, wenn Sie diese Geschichte erzählen.

und die Beine, als wäre es eine zweite Haut oder ein zweiter Anzug, den sie trug. Es bewegte sich, wenn sie sich bewegte. Annas Mund stand offen, während sie sie so anstarrte.

Die Dame schien etwas verwirrt zu sein. „Was starrst du mich denn so an?“ fragte sie. „Ist vielleicht mein Licht verbogen?“ Sie griff ein paarmal in das Licht hinein, zog und zerrte ein wenig daran herum. „Es ist so schwierig, es mitten in der Nacht richtig hinzukriegen ohne Spiegel. Ich glaube, die haben mir auch die falsche Größe gegeben. Sie meinten, es wäre mein Fehler, weil ich zugenommen habe. Aber ich sagte, das sei dummes Zeug, sie wären schuld daran. Sie haben es wieder mit Waschpulver gewaschen, aber das Wasser war zu heiß, und daher ist es eingelaufen. Alles, woran sie da oben denken können, ist waschen, waschen, waschen. ‚Sauberkeit kommt gleich nach Frömmigkeit‘, sagen sie immer. Also ich meine, bloß weil ich eine gute Fee bin, muß man nicht gleich mein Licht waschen, sobald ich nicht darauf achtgebe. Ich bin auch so sauber genug, ohne diese Wascherei. Vielen Dank.“

Anna schluckte. „Bist du meine gute Fee?“ flüsterte sie und wollte ihren Augen nicht trauen.

Die Dame hörte zu sprechen auf und sah plötzlich ziemlich dumm aus. „Ach du meine Güte, habe ich vergessen, mich vorzustellen? Ich sollte mir besser Notizen machen, damit ich mich an so etwas erinnere. Der Himmel weiß, für wen du mich gehalten haben mußt.“ Sie zappelte noch einmal hin und her und versuchte, ihr Licht zu richten.

„Was meinst du damit, sie haben es zu klein für dich gemacht?“ fragte Anna. „Wächst es nicht mit dir?“

Die Dame lachte kurz. „Oh Gott, nein, meine Liebe. Obwohl der Himmel weiß, daß ich mir das wünschen würde. Es ist Teil der Kleiderordnung für gute Feen. Siehst du, ich kann daraus heraustreten.“ Und sie trat zur Seite und ließ das blaue Licht neben sich stehen wie den erstaunten Umriß eines stehenden Schattens. Sie steckte einen Finger hindurch und warf es sich über die Schulter. „Es ist konstruiert, um das Reisen zu erleichtern – es ist bügelfrei und du kannst es so zusammenknüllen und trotzdem knittert es nicht.“ Sie demonstrierte es. „Es wurde im letzten Jahr eingeführt, mit diesen neuen Uniformen. Siehst du“, sie zeigte auf ihren Jogginganzug, „wir tragen die neuesten Modelle. Diese Flügel und das flatterige weiße Feenkleid, das wir früher getragen haben, war einfach nicht mehr zeitgemäß. Die gute Fee von heute muß sehr viel mehr reisen als früher – es gibt so viel mehr Kinder auf der Welt.“ Sie klopfte auf die Taschen ihres paillettenbesetzten Jogginganzugs. „Wir müssen mit der Zeit gehen. Ich war in dem Komitee, das das hier entworfen hat, weißt du?“

„Es ist sehr hübsch“, sagte Anna höflich. Insgeheim dachte sie aber, daß ihr die Flügel und das Feenkleid besser gefallen hätten.

„Ist auch egal, jedenfalls lege ich jetzt mein Licht besser wieder an. Streng genommen dürfen wir das Licht nicht ablegen, bis wir außer Dienst sind. Einige von den jüngeren beschweren sich darüber. Sie meinen, es wäre zu einschränkend und altmodisch. Also, ich bin sicherlich nicht für die altmodischen Sachen, aber man muß schon ein bißchen Würde bewahren in diesem Beruf. Wenn die jungen Dinger ihren Kopf durchsetzen könnten, dann würden die guten Feen demnächst in hautengen Jeans und mit Punkerfrisuren durch die Gegend düsen.“

Anna kicherte bei dem Gedanken. Die gute Fee mußte auch lachen. „Schon besser“, sagte sie, zupfte das blaue Licht in Form und trat hinein. Sofort umgab es sie wie ein glänzender blauer Regenmantel. „Ich habe heute nacht ein paar Leute ganz schön erschreckt. Ich war so in Eile hierherzukommen, daß ich durch die Straßen gebraust bin, und sie konnten nicht erkennen, was da an ihnen vorbeischoß. Du hättest ihre Gesichter sehen sollen, als ich an ihnen vorbeikam. Nun, ist ja egal, genug davon. Jetzt laß uns an die Arbeit gehen.“ Sie setzte sich aufrecht hin und schüttelte sich ein wenig.

„Arbeit?“ sagte Anna.

„Ja, natürlich. Deswegen hast du mich doch gerufen, oder nicht? Du wolltest jemanden, der dir wegen der Hunde hilft.“

„Oh“, sagte Anna und erinnerte sich. „Ach ja, das wäre schön, wenn mir jemand helfen könnte.“

„In Ordnung“, sagte die Dame und nahm einen komischen alten Stock aus ihrer Tasche. „Dann mal los.“

„Oh“, machte Anna. „Ist das etwa ein Zauberstab? Wirst du jetzt einen Hund herzaubern?“

„Nein“, sagte die Fee, „das ist nur ein komischer alter Stock. Würdest du mir glauben, wenn ich dir sage, daß mein Zauberstab in der Wäsche ist? Ich komme mir nur ein wenig einsam vor ohne etwas, an dem ich mich festhalten kann. Aber das ist auch egal, ich muß nichts herzaubern. Ich werde dir beibringen, dir selber zu helfen, indem du deine Phantasie einsetzt.[5] Das ist nämlich genauso wirkungsvoll wie ein Zauberstab.“

„Wirklich?“ fragte Anna und war sehr beeindruckt. „Wie benutze ich sie?“

---

[5] Versuchen Sie, Ihrem Kind den Glauben an die eigenen Fähigkeiten zu vermitteln. Erinnern Sie es daran, daß es innere Ressourcen hat, die genauso wirkungsvoll sein können wie die Ängste, die es beherrschen, das ist sehr wichtig.

„Das werde ich dir jetzt zeigen. Setz dich hin."

„Aber ich sitze doch schon", sagte Anna, denn sie war natürlich immer noch im Bett.

„Ach natürlich", sagte ihre gute Fee. „Wie dumm von mir. Manchmal denke ich, sie waschen nachts auch mein Gehirn und es ist auch eingelaufen." Sie tippte sich an die Stirn. „Gut, jetzt streng dich mal an", sagte sie, „wir müssen arbeiten."

Sie wendete sich wieder an Anna. „So, du setzt dich jetzt zurück und schließt deine Augen", sagte sie.[6]

Anna tat es. Sie war richtig aufgeregt, wenn sie daran dachte, daß sie bald keine Angst vor Hunden mehr haben würde.

„Du kennst doch deinen Plüschhund Bonzo?" fragte die gute Fee.[7]

„Ja", antwortete Anna. Bonzo war eins ihrer Lieblingsstofftiere. Er schlief oft bei ihr im Bett. Er war ein kleiner weißer Hund mit einem schwarzen Fleck um das eine Auge herum.

„Denk jetzt an ihn", sagte die gute Fee, „so daß du ihn ganz klar in deiner Vorstellung sehen kannst."

„Ja", sagte Anna. „Das tue ich gerade. Ich kann ihn auf meinem Bett sitzen sehen, da, wo er sonst immer schläft."

„Gut", sagte die Fee. „Und nun möchte ich, daß du die Worte sprichst: ‚Gabbla-ki-peiner, jetzt werde kleiner' und du wirst sehen, daß Bonzo kleiner wird. Laß ihn so klein werden wie deine Hand."

„Er sieht so süß aus", sagte Anna. Sie dachte, daß sie ihn gern noch kleiner machen würde, deshalb sagte sie die Worte noch einmal und tatsächlich, Bonzo wurde noch winziger.[8]

„Nun werde ich dir etwas ganz Lustiges zeigen. Sage ‚Gabbla-ki-kendig, werde lebendig' und berühre seinen Schwanz. Dann wird er sich in einen richtigen lebendigen kleinen Hundeschwanz verwandeln."

„Ach", sagte Anna und tat, was die Fee ihr gesagt hatte.[9] Und wirklich, nachdem sie Worte gesprochen und den Schwanz von Bonzo berührt

---

[6]Ihr Kind wird an diesem Punkt vielleicht freiwillig ebenfalls die Augen schließen. Das ist sehr gut – es bedeutet nicht, daß es nicht mehr zuhört, sondern daß es sich an der Geschichte beteiligt.

[7]Wenn Ihr Kind keinen Plüsch- oder Stoffhund hat, können Sie einen niedlichen kleinen Hund aus einem Bilderbuch nehmen.

[8]Bei der Desensibilisierung beginnt man gewöhnlich mit etwas, das noch keine bzw. wenig Angst erzeugt, und steigert sich dann langsam zu furchterregenderen Objekten oder Situationen.

[9]Das erlaubt dem Kind, die Situation weiterhin zu kontrollieren. Je mehr das Kind das Gefühl hat, die Kontrolle zu besitzen, desto weniger ängstlich wird es sein.

hatte, begann der wie wild hin- und herzuwackeln, als ob er sich ungeheuer freute, sie zu sehen. Es sah sehr lustig aus.

„Welchen Teil von ihm möchtest du jetzt lebendig werden lassen?“ fragte die Fee.

Anna dachte nach. „Ich glaube, jetzt möchte ich seinen Kopf lebendig machen, weil ich dann seinen Kopf streicheln und sagen könnte ‚Guter Hund‘, und das könnte er dann fühlen.“

Bonzos Schwanz bewegte sich noch schneller hin und her, als Anna das gesagt hatte, als ob auch er meinte, das sei eine gute Idee.

„Gabbla-ki-kendig, werde lebendig“, sagte Anna feierlich, als sie Bonzos Kopf berührte. Sofort wurde er sehr weich und warm. Bonzo drehte seinen Kopf und sah Anna bewundernd an. Er konnte natürlich noch nicht seine Beine bewegen, weil Anna diesen Teil noch nicht lebendig gemacht hatte. Aber er sah so aus, als würde er sich gern in Annas Arm kuscheln, wie er es tat, wenn sie schlafen gingen. Er sah wirklich niedlich aus, so klein und so süß. Sie streichelte wieder seinen Kopf. Bonzo leckte ihre Hand ab. Seine Zunge war ganz warm und seine Nase sehr kalt.[10] Es fühlte sich komisch an, aber auch schön. „Warum ist Bonzos Nase so kalt?“ wollte sie von der guten Fee wissen.

„Er hat eine kalte Nase, weil er gesund ist“, sagte die Fee. „Alle gesunden Hunde haben eine kalte Nase.[11] Siehst du, jetzt will er dich wieder lecken. Wenn Hunde mit dem Schwanz wedeln und dich ablecken wollen, ist das ihre Art zu sagen, daß sie dich mögen. Wenn sie ihre Ohren zurücklegen und knurren, dann ist es ihre Art zu sagen, daß sie böse sind und du ihnen besser nicht zu nahe kommen solltest.“[12]

Anna streckte eine Hand aus und Bonzo leckte sie ab. Seine Zunge war lang und rosa und naß, wie ein weicher, beweglicher Schwamm. Als er Annas Finger ableckte, kitzelte es ein bißchen.[13] Anna kicherte. „Das fühlt sich komisch an“, sagte sie. „Das mag ich.“

---

[10] Machen Sie Ihre Beschreibungen so lebendig wie möglich. Sie sollten Ihrem Kind das Gefühl geben, wirklich in der Geschichte drinzustehen. Benutzen Sie so viele Sinne – Fühlen, Riechen, Sehen –, wie Sie in Ihrer Beschreibung nur unterbringen können.

[11] Bringen Sie ein paar Fakten ein, die Ihr Kind interessieren. Neugier und Wissen sind die Gegenspieler der Angst.

[12] Es ist hilfreich, dem Kind beizubringen, was diese Signale des Hundes bedeuten. Es ist dann nicht zu befürchten, daß es sich einem Hund nähert, der Warnzeichen gibt und vielleicht beißen wird.

[13] Indem man das Ablecken als Kitzeln beschreibt statt als etwas Bedrohliches, ändert man die Perspektive des Kindes.

„Ich glaube, wir sollten jetzt seine Vorderpfoten lebendig machen", sagte Anna. Sie sprach die Zauberworte, und Bonzo hob sofort seine Pfote und legte sie auf Annas Schoß. Anna nahm seine Pfote und dachte bei sich: „Ich frage mich, ob ich ihm beibringen könnte, Pfötchen zu geben, so wie Menschen sich die Hand geben."[14]

„Ja, das kannst du", sagte die Fee.

Anna sah überrascht auf. „Aber ich habe doch gar nichts gesagt – ich habe es doch nur gedacht."

„Feen können Gedanken lesen, das ist doch klar", sagte die Fee ein wenig ungeduldig. „Superman hat seinen Röntgenblick und wir haben eine Art Röntgengehör. Wir müssen Gedanken über eine lange Distanz hören können, sonst wären wir ganz schön in der Klemme. Leute würden nach uns rufen und wir würden sie nicht hören. Weißt du, manchmal gibt es Zeiten, da wünsche ich mir, ich würde besser nicht Gedanken lesen können. Manches, was die Leute heutzutage so denken... man kann richtig rote Ohren davon bekommen."

Insgeheim dachte Anna, sie würde nicht gern dabei sein, wenn die Ohren der Fee rot werden. Sie sah so aus, als ob sie einem auch ganz schöne Schwierigkeiten machen konnte. Anna war froh, daß sie auf ihrer Seite war.

Bonzo sah nun etwas hilflos aus.[15] Er zerrte an seinen Hinterbeinen, die immer noch aus Plüsch waren. Er wollte ganz offensichtlich in Annas Schoß springen und mit seiner Herrin schmusen. Er tat Anna ein bißchen leid. Übrigens wollte sie ihn auch gern knuddeln.

„Gabbla-ki-kendig, werde lebendig", sagte Anna und berührte seine Hinterbeine und den Körper. Sofort sprang Bonzo in ihren Schoß.

„Ist er nicht süß?" meinte Anna. Er fühlte sich ganz warm und pelzig an. Als sie sich nach unten beugte, um ihn zu streicheln, leckte er ihr die Nase ab. „Oh", rief sie ein wenig überrascht, aber dann beschloß sie, daß es ihr gefiel. „Das macht Spaß."

Die gute Fee sah ihr aufmunternd zu. „Jetzt werde ich dir noch einen anderen Zauberspruch beibringen. Ich werde dir beibringen, wie du ihn größer machen kannst."

„Wieviel größer?" fragte Anna gleich. Es beunruhigte sie ein wenig.

---

[14]Die Vorstellung, einen Hund trainieren zu können, erregt nicht nur die Neugier des Kindes, sondern erlaubt es ihm, sich selbst als Meister zu sehen und nicht als verängstigtes Opfer.

[15]Hier ist Bonzo hilflos, nicht Anna. Der Rollentausch stärkt das Selbstvertrauen des Kindes und hilft ihm, sich dafür zu entscheiden, noch einen Schritt weiter zu gehen.

„Nicht viel größer. Nur so groß, wie du das möchtest."

„Okay, das ist in Ordnung", sagte Anna erleichtert. „Wie mache ich das?"

„Du brauchst nur zu sagen, ‚Gabbla-ki-lößer, jetzt werde größer.'[16] Bonzo wird größer werden, und wenn er groß genug ist, brauchst du nur ‚Stop' zu sagen."

„Das hört sich einfach an", sagte Anna, und sie wiederholte die Zauberworte.

Sofort begann Bonzo mit dem Schwanz zu wedeln. Ihm schien das zu gefallen. Anna beobachtete ihn genau. Sie sah, daß er größer wurde, aber das passierte so langsam, daß man schon ganz genau hinsehen mußte, um es mitzubekommen.

„Stop", sagte sie schließlich. Bonzo war nun ungefähr doppelt so groß, wie er als Plüschtier gewesen war. Anna dachte, daß er sehr hübsch aussah. Jetzt, wo er größer war, konnte sie sehen, was für schöne Augen er hatte. Sie waren braun wie Schokolade oder Plätzchen. Anna mochte die Farbe Braun.

„Wenn du sie noch näher betrachtest, kannst du sehen, daß sie innen blauschwarz sind mit einem schwarzen Kreis drumherum", sagte die Fee mit ihrer überraschenden Fähigkeit, Gedanken zu lesen.[17]

„Wirklich?" fragte Anna. Sie sah genauer hin. Es stimmte. „Ich habe gar nicht gewußt, daß Hunde so schöne Augen haben."

Sie streichelte Bonzo. Er wackelte ganz schnell mit seinem Schwanz und leckte ihre Hand. Größer war er noch hübscher, man konnte ihn besser streicheln, und sein Fell war so weich und so warm. Anna fand richtig Gefallen daran, ihn zu streicheln.

„Jetzt, wo du dich an ihn gewöhnt hast, würdest du ihn gern noch ein bißchen größer machen?" fragte die Fee. „Wenn du nervös wirst, sage ich dir, was du tun mußt."

„Was muß ich denn tun, wenn ich nervös werde?" fragte Anna, weil sie das wirklich wissen wollte. Es wäre eine große Hilfe zu wissen, was man tun muß, wenn man nervös wird.[18]

---

[16]Es ist wichtig, daß Sie hier langsam vorgehen, damit sich das Kind nicht von seiner Furcht überwältigt fühlt, sondern die Dinge schrittweise angehen kann. Da das Kind die Kontrolle über die Größe des Hundes hat, kann es sein eigenes Tempo einschlagen.

[17]Das könnte das Kind interessieren, und vielleicht möchte das Kind die Augenfarbe des kleinen Hundes selbst bestimmen.

[18]Zu wissen, wie man Furcht kontrollieren kann, ist schon an sich eine Erleichterung. Ein guter Teil des Schreckens von Angstattacken besteht in dem Eindruck, man wäre ohnmächtig seinen Gefühlen gegenüber.

„Nun", sagte die Fee, „wenn du nervös wirst, liegt das an den Bildern oder Gedanken in deinem Kopf. Wenn dein Gehirn dir erschreckende Bilder oder Gedanken gibt, dann wirst du nervös.[19] Du mußt daher nur die Gedanken und Bilder in deinem Kopf so verändern, daß sie schön werden und schon fühlst du dich besser."

„Das hört sich einfach an", sagte Anna.

„Was wäre denn ein glückliches Bild, das du dir vorstellen könntest?", fragte die Fee.

„Ich könnte mir meinen Geburtstag vorstellen und wieviel Spaß ich dann haben werde", meinte Anna. Zu Annas Geburtstag war es noch ein paar Monate hin, aber sie überlegte schon, welche Spiele sie spielen könnten und welchen Kuchen ihre Mutter backen sollte.

„Das ist eine gute Idee", sagte die Fee. „Jetzt setz dich hin und denke an Bonzo. Stell dir nur vor, daß du Bonzo in einen ziemlich großen Hund verwandelt hättest und nun ein wenig Angst bekommst. Nun brauchst du nur die Gedanken zu wechseln – wie beim Fernsehen mit der Fernbedienung –, du denkst bloß an deine Geburtstagsfeier und schwupps – fühlst du dich gleich wieder besser. Ist doch ganz einfach, oder?"

„Das hört sich wirklich einfach an", sagte Anna. „Funktioniert es auch so einfach?"

„Probier es aus, dann wirst du es sehen", antwortete die gute Fee. „Warum fängst du nicht an, Bonzo größer zu machen?"

Also sprach Anna die Zauberworte und machte Bonzo größer und größer. Als er ungefähr halb so groß war wie ein normaler Hund, bekam sie ein bißchen Angst.

„Ich habe ein bißchen Angst", sagte sie zu der Fee.

„Das ist in Ordnung", sagte die Fee. „Jetzt mußt du nur Bonzo aus deinen Gedanken vertreiben und an deine Geburtstagsfeier denken." Das tat Anna auch.

Es war ganz still. Die Fee hustete leise. „Nun?" sagte sie.

„Es funktioniert!" sagte Anna. Es hatte ihr so viel Spaß gemacht, an ihren Geburtstag zu denken, daß sie fast vergessen hatte, daß die Fee noch in ihrem Zimmer war.

„Und nun werde ich dir einen kleinen Trick verraten", meinte die Fee. „Immer, wenn du Angst bekommst, wechsle deine Gedanken.[20] Denk erst

---

[19] Das ist eine Erklärung der Angst, die Kinder verstehen können.

[20] Dies erklärt das Grundprinzip der Desensibilisierung auf eine Art, die ein Kind verstehen kann. Vergleichen Sie dazu auch das Kapitel „Das Kind verstehen", Seite 20 ff.

an Bonzo, und dann, wenn du Angst bekommst, an deine Party, bis es dir wieder besser geht. Dann denk wieder an Bonzo, dann wieder an die Party. Nach einer Weile wirst du bemerken, daß du keine Angst mehr hast, wenn du an Bonzo denkst."

„Klasse", meinte Anna. „Aber ob das auch wirklich klappt?"

Die gute Fee erhob sich zu ihrer vollen Größe. „Habe ich nicht gesagt, daß es klappt?" fragte sie.

„Ja", sagte Anna, und ihre Stimme zitterte ein wenig.

„Dann klappt es auch."

„Na gut", sagte Anna, „ich werde es versuchen."

Also stellte Anna sich wieder Bonzo vor. Wie vorher, bekam sie ein wenig Angst, aber jetzt wußte sie, was sie tun mußte. Sie wechselte ganz schnell ihre Gedanken und dachte an ihre Geburtstagsfeier. Als sie sich wieder gut fühlte, dachte sie wieder an Bonzo. Dann dachte sie an ihre Party. Und weißt du was? Etwas ganz Komisches passierte. Als sie das immer weiter machte, hatte sie immer weniger Angst, wenn sie an Bonzo dachte. Und schließlich –

„Ich kann's!" rief Anna. „Ich denke an Bonzo, habe aber gar keine Angst vor ihm. Es funktioniert tatsächlich!"

„Selbstverständlich", sagte die Fee. Sie lächelte freundlich. „Feen haben immer recht."

„Was soll ich nun machen?" wollte Anna wissen.

„Jetzt machst du Bonzo noch größer, bis du wieder nervös wirst. Dann kannst du den Trick mit dem Wechseln der Gedanken ausprobieren."

Das tat Anna dann. Und genau wie beim letzten Mal klappte es hervorragend.

„Das ist klasse!" sagte Anna ganz aufgeregt. „Kann ich es noch einmal machen? Oh bitte. Kann ich ihn nicht noch größer machen?"

„Natürlich", meinte die Fee. „Das kannst du tun, wann immer du das möchtest. Warum machst du nicht weiter, bis Bonzo so groß ist wie Nadines Hund Bello?"

„In Ordnung", sagte Anna. Ihr machte das Spaß. Es war nicht so schlimm, Angst zu bekommen, wenn man wußte, wie man sie stoppen konnte. Sie probierte ihren Trick weiter, bis sie sich vorstellte, daß Bonzo so groß war wie Bello und direkt neben ihr stand. Anna streichelte ihn und spielte mit ihm und hatte überhaupt keine Angst.

„Das ist sehr gut", sagte die Fee. „Das hast du wirklich sehr gut gemacht." Sie sah plötzlich auf ihre Uhr. „Huch!" sagte sie. „Sieh nur, wie spät es ist. Es ist schon zehn nach zwölf. Ich muß mich beeilen – ich muß Aschenputtel retten. Das dumme Mädchen besteht doch darauf, bis spät in die Nacht auf Parties zu bleiben, und es ist so peinlich, mitten in der Nacht Kürbisse durch die Straßen zu ziehen. Ich werde morgen wiederkommen, um dir noch mehr beizubringen."

Und damit schoß sie aus dem Fenster hinaus.

Eine Minute später war sie zurück. „Das hätte ich fast vergessen", sagte sie. „Ich muß dir ja sagen, wie du Bonzo wieder in ein Spielzug verwandelst."

„Ach ja", sagte Anna. Das hatte sie auch ganz vergessen.

„Paß auf, alles, was du tun mußt, um ihn kleiner zu machen", sagte die Fee, „ist zu sagen: ‚Gabbla-ki-peiner, jetzt werde kleiner.' Und wenn er dann die richtige Größe hat, dann sagst du ‚Gabbla-ki-ming-meug, werde ein Spielzeug', und dann ist er wieder ein Spielzeughund."

„Das hört sich einfach an", sagte Anna.

Und das war es auch.

„Wiedersehen", rief sie noch, als die Fee ein zweites Mal aus dem Fenster schoß. „Ich sehe dich morgen abend wieder!"

Und als Anna das nächste Mal die Augen öffnete, war es heller Morgen.[21]

Teil 2

Im zweiten Teil der Geschichte nimmt die Fee Anna mit zu der Straße, in der Nadine wohnt. Sie und die Fee nähern sich langsam Nadines Hund Bello.

Anfangs ist ein Zaun zwischen Anna und Bello. Dann wird der Zaun entfernt, doch Bello wird noch durch eine Leine gehalten. Zum Schluß entfällt auch die Leine und es kommt zu einem freien Kontakt zwischen Kind und Hund.

Die Betonung liegt hier auf der schrittweisen Annäherung bis zum letzten, unbehinderten Treffen. Das können Sie im realen Leben ebenso ausprobieren, nachdem Sie die Anna-Geschichte gelesen haben. Es ist ganz wichtig, die Dinge Schritt für Schritt anzugehen in einem Tempo, bei dem sich das Kind wohl fühlen kann. Wenn Ihr Kind während des Versuches Angst bekommt, sollten Sie entweder abbrechen und den Gedankenwechsel praktizieren oder eine andere Form der Beruhigung, bis das Kind wieder ausgeglichen ist. Dann können Sie einen kleinen Schritt weiterge-

---

[21] Dieses positive Ende hinterläßt bei Anna ein Gefühl der Aufregung und Zufriedenheit, und sie freut sich auf weitere Abenteuer mit Hunden.

hen und erneut stoppen, wenn das Kind sich zu fürchten beginnt.

Bereiten Sie sich darauf vor, langsam vorzugehen. Bei einem wirklich angstvollen Kind mag jeder Fortschritt vielleicht nur ein minimaler Schritt voran sein, aber das ist völlig in Ordnung. Wenn Sie an dieser Methode festhalten, werden Sie zum Schluß auch das Ziel erreichen. Sie könnten sich auf Ihrem Weg bestimmte Punkte als Ziele setzen – zum Beispiel einen Laternenpfahl oder einen Baum. Es kann auch nützlich sein, eine Übersichtskarte über die Fortschritte zu machen und Ihrem Kind einen goldenen Stern oder irgendeine andere Belohnung zu geben, wenn ein Ziel erreicht und gemeistert ist. So wird die Aufgabe in Schritte aufgeteilt, die bewältigt werden können, und Ihr Kind kann erleben, wie es ist, Erfolg zu haben. Das stärkt ungemein das Vertrauen in die eigenen Fähigkeiten, an das gesetzte Ziel zu kommen. Denken Sie nicht, Sie müßten alles in einer einzigen Sitzung erreichen. Einige Kinder reagieren schnell, aber andere brauchen vielleicht mehr Zeit.

Andere hilfreiche Aktivitäten sind Malen und Zeichnen, das Formen von Hunden aus Knetmasse, das Betrachten von Hunden in Bilderbüchern und Gespräche über Hunde. Wie ich bereits in der Einleitung zu der Geschichte über Ängste sagte, wird Ihr Kind vielleicht ein Bild von wilden Hunden malen wollen und es dann zerreißen. Oder es modelliert einen Hund aus Knetmasse und zerquetscht ihn dann. Für das Kind ist dies ein symbolischer Weg, seine Ängste zu beherrschen und zu dem gefürchteten Tier zu sagen: „Siehst du, ich kann dich zerquetschen! Ich bin dein Herr!"

Erklären Sie Ihrem Kind auch, wie die verschiedenen Haltungen und Signale des Hundes zu deuten sind. So sollte das Kind zum Beispiel wissen, daß angelegte Ohren und ein Knurren heißen: „Komm mir nicht zu nahe, sonst werde ich dich beißen."

Anna-Geschichte, Teil 2

Anna freute sich schon darauf, an diesem Abend ins Bett zu gehen. Den ganzen Tag mußte sie darüber nachdenken, was die gute Fee ihr beigebracht hatte. Manchmal suchte sie sich einen ruhigen Platz, setzte sich hin und übte, sich Hunde vorzustellen und ihre Gedanken zu wechseln, bis sie sich auch gut fühlte, wenn sie sich gerade Hunde vorstellte. Sie war ganz glücklich darüber, daß ihre Phantasie eine so mächtige Zauberkraft war. Und außerdem machte es Spaß!

Schließlich war es Zeit, ins Bett zu gehen. Annas Mutter brachte sie ins Bett und gab ihr einen Gutenachtkuß. Anna lag in ihrem Bett und dachte darüber nach, wann die Fee wohl kommen würde. Sie konnte all die Geräusche hören wie immer – ihre Mutter und ihren Vater, die sich in einem anderen Zimmer unterhielten, das Klingeln des Telefons, das Rauschen der Bäume draußen, bloß nicht die Fee. Sie strengte ihre Augen an und sah sich im Zimmer um und aus dem Fenster, ob nicht ein Schimmer des blauen Lichts zu entdecken wäre – aber alles sah so aus wie immer. Endlich schlief sie ein.

Als sie aufwachte, schien ihr das blaue Licht direkt in die Augen. Die Fee saß auf ihrem Bett. Sie hatte einen kleinen Lappen in der Hand und polierte ihr Licht. Sie sah auf, als Anna erwachte.

„Ich poliere es gerade ein wenig“, sagte sie. „An einige Stellen kommt man schwer heran und es kitzelt auch ein bißchen, wenn man es unter dem Arm poliert. Dabei kommt sicher niemand auf die Idee, dort hinzusehen.“

„Hallo“, sagte Anna. Sie überlegte, ob alle Feen so komisch wären wie ihre.

„Ich habe für heute nacht etwas ganz Tolles geplant“, sagte die Fee. „Bist du bereit?“

„Na klar“, sagte Anna. „Werden wir wieder unsere Phantasie benutzen?“

„Genau“, meinte die Fee.

„Oh, prima!“ Anna war ganz aufgeregt. Sie dachte, daß sie ihre Phantasie immer besser einsetzen konnte.

„Also los“, sagte die Fee und setzte sich auf Annas Bett.

„Aua!“ rief Anna. Die Fee hatte sich auf ihren Zeh gesetzt.

„Ach, das tut mir aber leid, meine Liebe“, sagte die Fee und rieb Annas Zeh, damit der Schmerz nachließ. „Diese modernen Betten sind so eng. Zu meiner Zeit hatten die Betten vier Pfosten und Vorhänge und waren so groß, daß man eine Party in ihnen veranstalten konnte. Wir haben das natürlich nicht wirklich getan. Obwohl sich manchmal eine Erbse unter die Matratze verirrte. Doch das ist eine andere Geschichte." Und sie setzte sich wieder hin, wobei sie zuerst mit der Hand fühlte, ob sie sich nicht wieder auf Annas Zeh setzte.

„Diesmal werden wir uns vorstellen, daß wir draußen sind", sagte sie.

„Können wir fliegen?" fragte Anna und hüpfte im Bett herum. Sie hatte immer schon fliegen wollen.

„Na gut", sagte die Fee. Sie streckte ihre Hand aus. „Halte meine Hand, und dann stellen wir uns vor, daß wir aus dem Fenster fliegen."

Anna nahm ihre Hand. Sie war trocken und weich und warm. Die Sorte Hände, die man gern anfaßt.

„Hier, warte noch", sagte die Fee. „Wir sollten uns besser erst mit etwas Feenstaub bepudern."

Anna nickte. Sie hatte in Peter Pan gelesen, daß Kinder nicht fliegen konnten, ehe sie nicht mit Feenstaub bepudert worden waren.[1]

„Halt meine Hand gut fest, jetzt geht's los!" sagte die Fee, als sie aus dem Fenster segelten und die Straße entlang.

„Super..." sagte Anna. „Das ist einfach... Spitze!"

„Ach, du wirst dich daran gewöhnen", meinte die Fee munter. „Hier, sieh dir das mal an", sagte sie, zog ihre Beine an den Körper und machte einen doppelten Salto in der Luft.

„Klasse!" rief Anna. „Ich wünschte, ich könnte das auch."

„Das ist in der Luft viel einfacher als auf dem Boden. Man kann sich zum Beispiel nirgendwo den Kopf stoßen. Warum probierst du es nicht einfach?"

Anna versuchte es. Es war einfach sagenhaft. Es war wie Schwimmen, nur viel besser, weil man nicht naß wurde und keine Angst zu haben brauchte, Wasser in die Nase zu bekommen.

„He, ich kann die Straße sehen, in der Nadine wohnt." Anna zeigte nach unten. Die ganze Straße lag unter ihnen, so daß sie wie eine Straße aus Legosteinen aussah. Die Häuser hatten verschiedenfarbige Dächer, als ob sie Hüte aufhätten und zu einer Party wollten. „Es sieht von hier oben alles ganz anders aus", sagte Anna.

„Das stimmt", antwortete die Fee. „Wenn man die Dinge manchmal von einem anderen Punkt aus betrachtet, sehen sie ganz anders aus. Alles, was

---

[1]Das ist eine Vorsichtsmaßnahme des Autors J. M. Barrie, die er verwenden mußte, um zu verhindern, daß Horden von Kindern sich aus dem Fenster stürzen, um so wie Peter Pan und Wendy zu fliegen.

dir ziemlich groß vorkommt, kann dann sehr klein wirken, wenn du es auf eine andere Art und Weise betrachtest."

Anna dachte, daß sich das sehr interessant anhörte. Sie überlegte, ob das bei Problemen wohl ähnlich funktionierte.

„Ja, das tut es", sagte die Fee, die wie gewöhnlich ihre Gedanken las. Anna mußte sich immer wieder darüber wundern. Sie war froh, daß ihre Mutter keine Gedanken lesen konnte – das könnte einen sonst in echte Schwierigkeiten bringen.

„Wir werden uns jetzt zur Landung bereitmachen", sagte die Fee. „Halt meine Hand fest." Und sie streckte wieder ihre Hand aus.

„Wir sind genau in Nadines Straße", sagte Anna und sah sich um.

„Das ist richtig", sagte die Fee. „Laß uns ein kleines Stück gehen, bis wir ihr Haus sehen."

„Da ist es ja", sagte Anna. Es war ein dunkelbraunes Steinhaus, umzäunt von einem grünen Drahtzaun. Sie konnte innerhalb des Zaunes ein braunes Etwas wie einen Mop auf dem Rasen liegen sehen. Es war Bello.[2]

„Was tun wir jetzt?" fragte Anna.

„Wir können noch ein wenig Gedankenwechsel üben, wenn du möchtest."

„Oh ja, gerne", sagte Anna. Sie tat das gern, es machte wirklich Spaß.

„So", sagte die Fee, „wir werden jetzt auf dem Fußweg hier zu Nadines Haus gehen. Wenn du meinst, daß du Bello zu nahe kommst, dann sagst du einfach ‚Stop!'"

„In Ordnung", sagte Anna.

Sie gingen weiter. Bello schlief fest hinter dem hohen Zaun. Anna war überhaupt nicht ängstlich. Sie war nur ganz aufgeregt.

Direkt vor dem Zaun hielten sie an. Anna betrachtete Bello. Seine Pfoten bewegten sich im Schlaf, als würden seine Zehen ein wenig in der Luft tanzen.

„Warum tut er das?" fragte Anna.[3]

„Er tut das, weil er träumt", erklärte die Fee. „Er träumt vielleicht, daß er Katzen jagt."

„Das sieht lustig aus, wie er die Pfoten bewegt", sagte Anna. „Als ob er einen kleinen Tanz macht."

---

[2]Das ist der Anfang der allmählichen Annäherung an Bello. Wir benutzen dieselben Desensibilisierungstechniken wie in Teil 1 – d. h. wir beginnen mit etwas, was noch ein sicheres Gefühl vermittelt, und dann arbeiten wir uns immer weiter vor.

[3]Je mehr Kinder von Eigenheiten der Hunde gefesselt sind, desto mehr werden sie daran interessiert sein, selbst Hunde zu beobachten.

„Ich muß gerade daran denken, wie er wohl in einem Ballettröckchen aussähe", meinte die Fee und zauberte ein Bild davon in Annas Kopf.[4] Es war ein Bild von Bello, wie er auf Zehenspitzen in einem Feenkleidchen auf seinen Hinterbeinen herumhüpfte und versuchte, wie eine Ballerina zu tanzen.

Anna lachte. „Der sieht aber wirklich komisch aus." Bellos Beine bewegten sich noch stärker, als ob er sich das ebenfalls vorstellte.

„Und jetzt werde ich einen Zauberspruch sprechen", sagte die Fee. „Schlafend nützt er uns nicht viel", erklärte sie, „und das ist ein Zauberspruch, der ihn aufwecken soll. Möchtest du ihn vielleicht sagen?"[5]

„Oh gern", sagte Anna. „Wie mache ich das?"

„Also", sagte die Fee, „das ist ein Buchstabier-Spruch. Ehe man ihn anwendet, muß man ihn buchstabieren. Hier ist er." Und sie gab Anna ein komisches kleines braunes Ding, das wie eine alte, zerknitterte Walnuß aussah. Auf der Seite stand in glänzenden goldenen Buchstaben: „Wach-auf-Zauber."

„Nun mußt du buchstabieren", sagte die Fee, „du kannst mir nachsprechen."

„Ist gut", sagte Anna und wiederholte die Buchstaben. Es machte Spaß, die Zaubernuß in der Hand zu halten. Sie hüpfte in ihrer Hand herum, als ob sie voll springender Zauberenergie wäre.

„Warum tut sie das?" fragte Anna. Die Zaubernuß war fast aus ihrer Hand gesprungen.

„Weil es eine Wach-auf-Zaubernuß ist, ist doch klar", sagte die Fee. „Du würdest doch wohl nicht von einer Wach-auf-Zaubernuß erwarten, daß sie einfach so rumliegt und gar nichts tut."

Das war logisch, dachte Anna.

„Und wo wir nun laut buchstabiert haben", sagte die Fee, „mußt du nur noch den Spruch anwenden."

„Und wie mache ich das?" fragte Anna

„Du wirfst ihn einfach in die Luft", antwortete die Fee. „Du hast doch schon einmal Dinge in die Luft geworfen, oder?"

„Ach", sagte Anna, „das kann ich natürlich."

„Mach schon, es ist ganz einfach", sagte die Fee.

Anna warf den Spruch in die Luft. Eigentlich brauchte sie ihn gar nicht

---

[4]Hier wird wiederum Humor verwendet, um Bello auf weniger furchterregende Ausmaße zu reduzieren.

[5]Das gibt Anna die Kontrolle darüber, den Hund aufzuwecken. Je mehr ein Kind das Gefühl von Kontrolle hat, desto selbstbewußter wird es sein.

zu werfen, denn er sprang ihr geradezu aus der Hand. Er flog durch die Luft, auf Bellos Kopf zu und landete dann ganz sanft hinter seinem rechten Ohr. Es gab einen kleinen Blitz, so als ob jemand kurz eine Taschenlampe an und ausgeschaltet hätte, und dann bewegte sich Bello und öffnete die Augen. Er nahm sein rechtes Hinterbein zu seinem Ohr und begann sich dort mit einem verwunderten Ausdruck auf seinem Gesicht zu kratzen.

Dann sah er Anna. Er begann wie wild mit seinem Schwanz zu wedeln und bellte und streckte seine Nase an den Zaun. Er wollte ganz offensichtlich Anna begrüßen, doch konnte er nicht über den Zaun kommen.

Anna fühlte sich gut.[6] Es war interessant, Bello zu beobachten, ohne vor ihm Angst zu haben. Das gefiel ihr.

„Ich habe gar keine Angst", sagte sie zu der Fee, „deshalb brauche ich diesmal nicht mal meine Gedanken zu wechseln."

„Das ist sehr gut", meinte die Fee. „Paß auf, ich werde dir noch einen Zauber geben, der dir Spaß machen wird."

„Oh, prima", sagte Anna. Diese Zaubersprüche machten wirklich Spaß.

„Das ist ein Zuhör-Zauber", sagte die Fee, und sie schnippte mit den Fingern und zauberte ein Paar Kopfhörer aus der Luft.

„Wozu sind die da?" wollte Anna wissen. „Und wem soll ich zuhören?"

„Das sind ganz besondere Kopfhörer. Wenn du sie aufsetzt, kannst du die Gedanken der Tiere hören."

„Klasse!" sagte Anna. „Kann ich sie ausprobieren?"

„Hier", sagte die Fee, „aber zuerst mußt du die magischen Worte sprechen:

Bello, Bello!
Mir macht es gar nichts aus,
wenn du hochspringst oder schnaufst.
Hier bin ich, mutig und bereit.
Für deine Gedanken gib mir Zeit.

Sofort begann es in den Kopfhörern zu knacken, und eine tiefe, brummende, knurrende Stimme war in ihnen zu hören.

Anna zuckte zusammen – sie war so überrascht. Dann wurde ihr klar, daß sie die Gedanken von Bello hörte.

„Sie ist ein so nettes kleines Mädchen", hörte sie die Stimme sagen. „Ich

---

[6] Das ist ein gutes Modell für Ihr Kind – jemand, der dieselben Schwierigkeiten hat wie es selbst, sich nun aber in der Nähe eines Hundes wohl fühlt.

mag Anna sehr gern. Ich wünschte, sie würde jetzt mit mir spielen."[7] Dann hörte sich die Stimme ganz traurig an. „Aber sie spielt nie mit mir. Ich glaube, sie mag mich nicht." Dann hörte sich die Stimme wieder fröhlicher an. „Vielleicht wird sie auf mich aufmerksam, wenn ich herumspringe und belle, und dann spielt sie mit mir. Ach, ich hoffe so sehr, daß sie das tut. Es ist ganz schrecklich, wenn man niemanden zum Spielen hat."

„Du meine Güte", sagte Anna. „Meinst du, daß Bello das wirklich denkt?"

„Wenn du das in den Kopfhörern hörst, dann sind es seine Gedanken", antwortete die Fee.

„Ich wußte gar nicht, daß er traurig war, weil ich nicht mit ihm gespielt habe", sagte Anna.

„Nun ja, er hat in der Hundesprache zu dir gesprochen, und du konntest ihn nicht verstehen."

„Armer Bello", sagte Anna. „Es ist schrecklich, wenn keiner mit einem spielt." Sie wußte das, weil die Kinder in der Schule sie manchmal auch nicht mitspielen lassen wollten.[8]

Sie lehnte sich an die Pforte und legte ihre Hand darauf. Bello kam mit der Schnauze heran und leckte ihr die Hand.

„Das fühlt sich lustig an", sagte Anna, „wie bei Bonzo."

„Warum gehst du nicht hinein?" fragte die Fee. „Ich fliege schnell über den Zaun und nehme Bello an die Leine. So kann er nicht hinaus auf die Straße, wenn du die Tür aufmachst."

„In Ordnung", sagte Anna. Sie konnte Bellos Stimme in den Kopfhörern hören. Er sagte: „Oh, prima, Anna kommt rein. Ich hoffe, daß sie mit mir spielt. Keiner spielt mit mir. Aber ich tue doch mein Bestes, damit man mit mir spielt. Wahrscheinlich mag mich keiner. Buhuhuu!"

„Armer Bello", sagte Anna. „Ich wußte wirklich nicht, daß er so traurig ist."

„Du kannst jetzt reinkommen", sagte die Fee. Sie stand im Garten und hielt Bello an einer hellroten Leine.[9]

Anna machte die Pforte auf und näherte sich Bello. Er war ganz aufgeregt. Er versuchte, mit seinem Kopf an sie heranzukommen, um sie

---

[7]Das zeigt Ihrem Kind eine andere Perspektive von Bellos Verhalten. Was es immer als Aggression interpretiert hatte, kann es nun neu interpretieren als den Wunsch des Hundes, mit ihm zu spielen.

[8]Anna kann nun mit Bello mitfühlen, statt Angst vor ihm zu haben.

[9]Man fährt mit der Desensibilisierung fort und ist nun näher dran als mit dem Zaun dazwischen. Doch ist es nicht so furchterregend wie die Annäherung an einen Hund, der nicht an der Leine ist.

abzulecken, und sprang vor Aufregung hoch und hin und her. Anna streckte die Hand aus und klopfte ihm sanft auf den Kopf. „Guter Hund, Bello", sagte sie, „guter Hund."

„Oh", sagte die Stimme in den Kopfhörern, „ich bin ja so aufgeregt! Anna spielt mit mir. Das ist der schönste Tag in meinem Hundeleben!" Und Bello sprang so wild hoch, daß er mit seinen Pfoten auf Annas Schultern kam. Früher hatte Anna bei so etwas Angst bekommen, aber jetzt wußte sie, daß Bello nur versuchte, sie nach Hundeart zu umarmen, und deshalb hatte sie überhaupt keine Angst.

„Wenn du nicht möchtest, daß er an dir hochspringt", sagte die Fee, „dann kann ich dir sagen, was du dagegen tun kannst."

„Oh", sagte Anna. „Ist das noch ein Zauberspruch?"

„Na, so ungefähr", sagte die Fee. „Es ist nicht direkt ein Zauberspruch, wie ihn Feen benutzen. Es ist eine Art Zauber, wie ihn die gewöhnlichen Menschen verwenden. Sogar Kinder können ihn. Ich nenne ihn den ‚Knie-hoch-Zauber'."

„Und wie macht man das?" fragte Anna. Sie war sehr neugierig.

„Ganz einfach", sagte die Fee. „Wenn du möchtest, daß ein Hund aufhört, an dir hochzuspringen, mußt du nur dein Knie hochziehen, so als ob du einen ganz großen Schritt machen willst.[10] Wenn der Hund an dir hochspringt, um dich zu umarmen, springt er gegen dein Knie, und er bekommt einen Schlag gegen den Bauch. Dein Knie ist viel härter als sein Bauch, und daher wird er bald aufhören zu springen, wenn du dein Knie hochziehst."

„Das ist ja praktisch", sagte Anna. „Vielleicht probiere ich es das nächste Mal, wenn er an mir hochspringen will. Aber warum nimmst du nicht jetzt schon die Hundeleine weg, damit ich es gleich ausprobieren kann", meinte sie.

Und das tat sie dann auch.

Und es funktionierte tatsächlich!

„Das ist toll!" sagte Anna. Sie wollte bleiben und mit Bello spielen. „Was für eine wunderschöne Nacht das ist."[11] Und da mußte sie plötzlich laut gähnen.

„Ich sehe, daß du ein bißchen müde bist", sagte die Fee. „Ich glaube, wir sollten besser zurück ins Bett." Sie streckte ihre Hand aus. „Los

---

[10] Das ist eine wirkungsvolle und praktische Methode, mit hochspringenden Hunden fertigzuwerden.

[11] Das ist das positive Ende, bei dem Anna ein sehr gutes, erfolgreiches Modell für Ihr Kind darstellt, dem es nacheifern kann.

geht's", sagte sie. „Wir können ein anderes Mal wiederkommen, oder noch besser, du könntest morgen mit deiner Mutter herkommen."

„Das ist eine gute Idee", meinte Anna. Und wie der Blitz flogen sie zurück zu Annas Bett.

Am nächsten Morgen wachte Anna auf und fühlte sich einfach großartig. Sie hatte so viel gelernt und hatte nun nicht mehr diese Angst vor Hunden. Sie würde immer daran denken. Plötzlich kam ihr eine hervorragende Idee.

„Ich weiß, als was ich mich zu Nadines Party verkleiden werde", verkündete sie ihrer Mutter.

„Als was denn?" fragte sie.

„Ich werde mich als Hund verkleiden", sagte Anna.

Und das tat sie.

Kannst du dir denken, wer den ersten Preis für das schönste Kostüm gewann?

Ja, es war Anna mit ihrem Hundekostüm, die glücklich bellte und an jedem, der in ihre Nähe kam, hochsprang![12] „Ich bin so froh, daß die Fee meiner Mutter nicht den ‚Knie-hoch-Zauber' beigebracht hat", dachte sie, als sie an ihrer Mutter hochsprang und sie ganz fest drückte.

Der Erfolg einer Mutter

Vor einiger Zeit erhielt ich den Brief einer Mutter, die einen Artikel von mir über die Anna-Geschichten gelesen hatte. Darin schrieb sie von einer Variante der Geschichte über Angst vor Hunden, die sie verwendete:

„Ich habe eine Anna-Geschichte benutzt, um meinem Sohn Stefan zu helfen, mit seiner Angst vor Hunden fertigzuwerden. Ich hatte ihm immer wieder erzählt und erklärt, warum er keine Angst vor Hunden zu haben brauche. Aber als ich ihm die Geschichte erzählte, hat es ganz schnell funktioniert. Eines Abends, als ich ihn ins Bett brachte, fragte ich ihn, ob er die Geschichte von Sam und dem Geheimnis seines Hundes Ben hören wollte. Und die ging so:

‚Es war einmal ein Junge, der hieß Sven. Er hatte einen großen Hund namens Ben. Ben war der größte Hund in der ganzen Nachbarschaft.

---

[12] Einen Hund zu spielen, kann einem Kind auch helfen, seine Ängste auszuagieren durch den natürlichen Mechanismus des Spiels. Vergleichen Sie dazu Kapitel „Das Kind verstehen", Seite 20 ff.

Wenn Sven mit Ben auf der Straße spazierenging, dann stutzten die Leute und wechselten auf die andere Straßenseite, nur damit sie nicht an dem Hund vorbei mußten.

Ben hatte große, lange, scharfe Zähne, lange Schlappohren und er bellte ganz laut, so daß alle Katzen gleich auf die Bäume flüchteten.

Andere Hunde bellten Ben niemals an, weil sie Angst vor einem so großen Hund hatten. Sie ließen Sven und Ben immer vorbeigehen, ohne auch nur einen Mucks von sich zu geben.

Aber sie kannten das Geheimnis von Sven und Ben nicht. Eines Tages lief ein kleiner Hund, der vor nichts und niemandem Angst hatte, laut bellend auf Ben zu. Ben sah ihn kurz an – drehte sich um und lief zu Tode erschrocken fort! Ja, Ben, der größte Hund in der ganzen Nachbarschaft, mit den langen, großen, scharfen Zähnen und den Schlappohren, der so laut bellte, daß sich alle Katzen auf die Bäume flüchteten, dieser Ben hatte tatsächlich Angst vor anderen Hunden!‘

Stefan war ganz erstaunt, daß ein großer Hund Angst haben konnte, und ich konnte sehen, wie sich sein Körper entspannte, je mehr er darüber nachdachte. Ich fuhr fort und erklärte ihm, daß man immer erst den Besitzer eines Hundes fragen sollte, bevor man einen fremden Hund streichelt, und daß er immer sehr freundlich zu Hunden sein müsse. Er war ganz glücklich darüber, und die Veränderung bei ihm war einfach unglaublich.“

Ein neues Baby in der Familie

Für die meisten Kinder bedeutet die Geburt eines kleinen Bruders oder einer kleinen Schwester die gleiche Hiobsbotschaft wie die beginnende Eiszeit für die Dinosaurier. Sie verkündet ein neues Zeitalter und es ist, zumindest im Hinblick auf die Dinosaurier, kein gutes. Sie markiert das Ende der Regentschaft als herrschende Rasse. Wie die Herren der urzeitlichen Landschaft neuen und kleineren Arten Platz machen mußten, so erscheint es dem Kind oft, als werde es zur Seite gedrängt, um für das neueste und kleinste Familienmitglied Platz zu schaffen.

Sehr oft antworten Eltern auf die Frage, warum sie noch ein Kind in die Welt gesetzt haben: „Damit Peter oder Petra ein kleines Geschwisterchen haben:..“ In ihren Köpfen steckt die Vorstellung einer liebevollen, sorgenden, beschützenden Zweisamkeit, wobei ein Kind dem anderen die Zeit vertreibt, ohne zu zögern alles teilt und die Tage in Liebe und Harmonie verbracht werden. Diese Beschreibung ist, zugegeben, etwas überspitzt. Aber dennoch geht die Erwartung vieler Eltern an eine normale Beziehung unter Geschwistern in diese Richtung.

Es stimmt, daß viele Geschwister durch ein festes Band der Liebe und Fürsorge zusammengehalten werden. Wenn sie älter werden, sind sie bemerkenswert hilfsbereit und umeinander besorgt. Und dieses Band wird niemals zerreißen.

Doch gibt es auch Geschwister, die in einer Atmosphäre aufwachsen, in der der andere als natürlicher Feind betrachtet wird, wo Wettbewerb das Überleben sichert und wo Zuneigung und Vertrauen fremde Gefühle sind.

Warum ist das so? Nun, versetzen Sie sich einmal für einen Augenblick in die Lage des Kindes.

Sie und Ihr Ehepartner führen eine wundervolle Ehe. Sie haben nur Augen füreinander. Sie sind jeder des anderen Sonnenschein. Sie waren jahrelang selig und ausschließlich voneinander in Anspruch genommen und in Ihrer Vorstellung wird dies bis ans Ende Ihrer Tage so weitergehen.

Plötzlich kommt Ihr Ehemann eines Tages mit einer Ankündigung nach Hause: „Liebling, ich habe wunderbare Neuigkeiten!"

„Ja?" fragen Sie neugierig. Hat er Flugtickets für die Bahamas gekauft? Oder werden Sie Flitterwochen in der Karibik machen? Ein romantisches Wochenende in Paris? Sie warten gespannt auf seine Antwort. Sie wissen, daß es etwas ganz Besonderes sein muß, weil er so aufgeregt ist. Sie haben ihn seit dem Tag Ihrer Hochzeit nicht mehr in solcher Aufregung gesehen. Was könnte es nur sein?

„Ja, mein Schatz", sagte er. „Ganz wundervolle Neuigkeiten! Ich habe ein neue Frau mit nach Hause gebracht!"

Während Sie versuchen, wieder zu Bewußtsein zu kommen, fährt Ihr Mann fort.

„Da sie hier neu ist, braucht sie viel Aufmerksamkeit, deshalb werde ich sie mit in unser Schlafzimmer nehmen. Du kannst solange im Arbeitszimmer schlafen. Ich bin schon ganz gespannt auf den Moment, wenn du sie sehen wirst. Sie ist so jung und so süß und so hilflos – du wirst sie vergöttern. Sie kann natürlich noch nicht sehr viel, deshalb muß man sich viel Zeit für sie nehmen. Aber ich bin sicher, daß dir das nichts ausmachen wird – du bist doch so eine reife, kompetente Frau, du brauchst mich wirklich nicht mehr so sehr. Und ich bin sicher, daß du dich liebevoll um sie kümmern wirst und mit ihr deine Kleider teilst, deine Freundinnen und dein Make-up. Du wirst von ihr begeistert sein! Bist du nicht aufgeregt, Liebling? Liebling? Lieb...? Aaaah!"

Habe ich genug gesagt?

Die Rivalität unter Geschwistern ist normal und natürlich. Jedes Kind erlebt seinen persönlichen Streß, um seine Position in der Familie zu finden. Das älteste Kind muß mit dem plötzlichen Verlust seiner Vormachtstellung fertigwerden, den es durch die Geburt eines Bruders oder einer Schwester erlebt. Die jüngeren Geschwister müssen mit ihren Gefühlen von Neid und Unterlegenheit umgehen lernen, da sie bei den älteren Geschwistern die Fähigkeiten und Privilegien sehen, die ihnen wegen des unüberwindlichen Unterschiedes von Alter und Status noch nicht gewährt werden.

Geschwister befinden sich häufig in einem Wettbewerb um Raum, Besitz, Erfolg, individuelle Identität, elterliche Liebe und Aufmerksamkeit. Manchmal haben sie eine völlig unterschiedliche Persönlichkeit, die sie bei einem Freund nicht schätzen würden. Und doch werden sie dazu gezwungen, in einer Beziehung zu leben, die noch sehr viel enger ist als eine Freundschaft. Was immer sie tun, sie können dieser Beziehung nicht entrinnen.

Deshalb ist es erstaunlich, daß Beziehungen unter Geschwistern im allgemeinen nicht negativ sind, sondern daß die meisten Geschwister am Ende doch den Stein der Weisen finden – von dem Alchimisten glaubten, er könne einfaches Metall in Gold verwandeln. Aus den dunklen Gefühlen von Eifersucht, Besitzgier, Angst und Wut können die Geschwister Altruismus, Großzügigkeit, Hilfsbereitschaft und Liebe hervorbringen.

Solch eine Verwandlung passiert natürlich nicht auf magischem Wege. Es braucht Zeit und Anstrengung auf seiten der Geschwister – Unterstützung und Verständnis auf seiten der Eltern.

Legen Sie den Grundstein für eine gute Beziehung, indem Sie Ihr Kind sorgfältig auf die Geburt eines Geschwisterchens vorbereiten. Malen Sie kein falsches Bild von einem sofort zur Verfügung stehenden Spielgefährten an die Wand und erwarten Sie nicht, daß die Reaktion Ihres Kindes auf das neue Baby genau die gleiche ist wie bei Ihnen. Es ist normal, wenn Ihr Kind zu dieser Zeit Anzeichen von Streß zeigt. Es fällt vielleicht in „babyhafte" Verhaltensweisen zurück oder wird besonders fordernd oder frech.

Erlauben Sie Ihrem Kind, seine Gefühle angesichts der neuen Situation zu zeigen. Spiel und bildhafte Darstellung bieten Ausdrucksmöglichkeiten für ein Kind, das verbal zurückhaltend ist.

Bestehen Sie nicht darauf, daß Ihr Kind nur positive Gefühle für das Baby zeigt. Das kann dazu führen, daß das Kind seine negativen Gefühle einfach versteckt. Solch ein Kind kann man dann dabei beobachten, wie es seine kleine Schwester „zu Tode drückt". Es drückt das Baby so fest, daß es schreit, und gibt dabei vor, es zu herzen. Oder es kitzelt das Baby so aggressiv, daß das Baby nach Luft ringt. Lassen Sie Ihr Kind wissen, daß es normal ist, wütend zu sein, aber lassen Sie nicht zu, daß es dem Baby weh tut. Zeigen Sie ihm statt dessen andere Möglichkeiten, seinen aggressiven „Dampf" abzulassen, ohne anderen dadurch weh zu tun. Es könnte diese Situation zum Beispiel mit seinen Puppen durchspielen oder ein Kissen durch die Gegend kicken. Versichern Sie dem Kind häufig, daß sie es weiterhin lieben.

Je sicherer sich ein Kind der Liebe der Eltern und seines besonderen Platzes in der Familie ist, desto leichter wird es für das Kind sein, Konflikte mit den Geschwistern zu lösen. Wenn es Selbstvertrauen hat und weiß, daß die Eltern es lieben und an ihm interessiert sind, dann wird es sich durch den Rivalen, d. h. durch Bruder oder Schwester, weniger bedroht fühlen. Wenn es sich jedoch unterlegen fühlt, vernachlässigt oder ungeliebt, wird es den ständigen Vergleich zwischen dem eigenen Anteil an der Aufmerksamkeit und dem von Bruder oder Schwester nur schwer ertragen können. Es könnte noch härter darum kämpfen, seine „Quote" an elterlicher Aufmerksamkeit zu bewahren, oder aber es gibt den Kampf auf und zieht sich zurück in Depression, Groll oder Selbstabwertung.

Kinder müssen wissen, daß sie als Individuum geliebt und geschätzt werden. Sie müssen nicht genau gleich behandelt werden – sie sind ja auch als Person nicht gleich. Was richtig für den einen ist, kann für den anderen falsch sein. Sie müssen aber das Gefühl haben, daß jeder gerecht behandelt wird. Eine der häufigsten Beschwerden von Kindern ist: „Aber das ist ungerecht!“ Nichts, was Sie tun, wird diese Protestschreie jemals beenden. Sie gehören dazu wie die Pfiffe beim Fußballspiel, und sie sind meist ziemlich gleich unter den Geschwistern verteilt. Ich meine vielmehr die tiefere Bedeutung von „Ungerechtigkeit“, die mit dem „Aschenputtel“-Dasein in einer Familie verbunden ist. Wenn ein Kind tatsächlich den Eindruck hat, es wäre in der Familie das schwarze Schaf und der Sündenbock (um zwei Metaphern zu mischen), wird das Leben weder für dieses Kind noch für den Rest der Familie glücklich oder harmonisch sein.

Die Sorge um Gleichgewicht und gerechte Anteile für jeden ist in der Zeichnung ausgedrückt, die meine Tochter als Reaktion auf diese Geschichte angefertigt hat. Sie zeichnete spontan eine Wiegevorrichtung auf dem Tisch, obwohl eine solche Waage nicht in der Geschichte vorkommt. Auch bei uns zu Hause gibt es keine, die sie als Modell hätte nehmen können.

Wie stark die Rivalität unter Geschwistern ist, hängt auch von Faktoren wie Geschlecht und Altersunterschied zwischen ihnen ab. Geschwister

„Sie ist so hübsch“, sagte die Mutter. „Sie ist wundervoll“, sagte der Vater.

gleichen Geschlechts mit geringem Altersabstand tendieren zu mehr Rivalität.

Bei einem großen Altersunterschied hatte das älteste Kind bereits einen befriedigenden Anteil an der ungeteilten Aufmerksamkeit der Eltern und versucht nun, eine größere Selbständigkeit zu erreichen. Dabei spielen Freunde und die Schule eine wichtige Rolle in seinem Leben. Wenn der neue Bruder oder die Schwester sehr viel jünger ist, dann bieten die Alters- und Entwicklungsstufen, die er oder sie durchläuft, nicht genug Gelegenheit zum Vergleich, da die eigenen so weit zurückliegen. Das ist anders, wenn die Geschwister im Alter dichter zusammenliegen und ähnliche Entwicklungsziele anstreben. Psychologen nehmen allgemein an, daß ein Altersabstand von mindestens drei Jahren zwischen den Geschwistern die günstigste Situation bietet.

Geschwister desselben Geschlechts neigen zu mehr Wettbewerb als Geschwister verschiedenen Geschlechts, die aufgrund ihres Unterschiedes davon ausgehen können, daß sie verschiedene Abschnitte der „Rennstrecke“ besetzen.

Obwohl Beziehungen unter Geschwistern durchaus destruktive Gefühle beinhalten, können sie auch eine Herausforderung darstellen, die die Kinder befähigt, ihre Konflikte zu lösen und darüber hinaus liebevolle und dauerhafte Bindungen aufzubauen. So können die Kinder lernen, mit den verschiedenen Hürden fertigzuwerden, vor die sie das Leben stellt – zum Beispiel verlieren, kämpfen, beneiden –, und sie werden stärker, wenn sie damit umzugehen lernen.

Aber die Eltern können ihren Kindern dabei helfen, indem sie jedem einzelnen das sichere Gefühl vermitteln, daß es seinen besonderen Platz in der Familie und in ihren Herzen hat. Sie können die persönlichen Stärken und Fähigkeiten jedes Kindes fördern, ohne es mit einem anderen zu vergleichen. Vergleiche sind Aufforderungen zu Rivalität und Wettbewerb.

Die Eltern können das Bedürfnis jedes Kindes nach Privatsphäre und Besitz respektieren. Persönlicher Besitz ist für Kinder wichtig – er ist Teil ihres Empfindens von Identität und es kann sie sehr verärgern, wenn sich Geschwister ständig mit ihrem speziellen Spielzeug davonmachen oder es beschädigen. Es würde auch Ihnen nicht gefallen, wenn Ihr Nachbar mit Ihrem Auto davonführe und vergäße, es zurückzubringen oder es mit eingeschaltetem Licht die ganze Nacht stehen ließe. Bestehen Sie darauf, daß die Kinder um Erlaubnis fragen, bevor sie sich von Bruder oder Schwester etwas ausleihen. Das bewahrt den Eigentümer davor, sich ständig in der Gefahr zu sehen, bestohlen oder überfallen zu werden.

Meistens ist es produktiv, wenn Eltern sich nicht zum Richter bei Streitereien unter den Geschwistern machen. Mancher Streit soll nur Ihre Aufmerksamkeit erregen. Wenn Sie darauf eingehen, bilden Sie eine Dreiecksbeziehung*, und Dreiecke sind sehr schwer aufzulösen. Besser ist es, den Kindern die Regelung selbst zu überlassen. Körperliche Gewalt, ständiges Anschreien und gegenseitige Beschimpfungen sollten Sie aber in Ihrem Haus nicht dulden.

Zum Schluß sei noch bemerkt, daß Liebe, insbesondere von kleineren Kindern, als eine Art Kuchen betrachtet wird. Wenn jemand anders ein Stück davon bekommt, bleibt für das Kind selbst weniger übrig. Wenn jedoch jeder in der Familie sich seines Anteils am Liebeskuchen sicher ist und versteht, daß diese Art „Kuchen“ unendlich ist, so ist alles andere besser zu bewältigen.

Die folgende Geschichte zielt auf Kinder ab, die auf das neue Baby eifersüchtig sind und es ablehnen. Annas Gefühle zeigen, wie wütend und unglücklich sie ist, bevor sie sich an die neue Situation gewöhnt. Wenn es Ihrem Kind nicht ähnlich geht oder wenn Sie die Geschichte vor der Geburt des Babys erzählen, sollten Sie Annas negative Gefühle abschwächen. Sie müssen bei Ihrem Kind nicht den Eindruck erwecken, es müsse ablehnend oder wütend gegenüber dem neuen Baby sein. Aber überziehen Sie die Situation auch nicht mit einem Zuckerguß in der Art, von der ich vorher gesprochen habe.

---

*D. h. eine Koalition mit einem Kind gegen das andere, das die Rolle des Feindes oder Verlierers erhält. (Anm. d. Übers.)

Anna-Geschichte

Anna war ein kleines Mädchen. Sie lebte in einem roten Backsteinhaus zusammen mit ihrer Mutter, ihrem Vater und einem großen schwarzen Hund.[1]

Sie hatte einen kleinen Cousin, Jan, der erst zwei Jahre alt war. Er war noch nicht alt genug, um in den Kindergarten zu gehen. Wenn sie mit ihm zusammen war, kam sich Anna sehr groß und erwachsen vor. Und auch sehr klug, weil sie so viele Dinge tun konnte, die er nicht konnte. Sie konnte sich allein anziehen, ihre Schuhe zubinden, richtig zählen und auch besser malen und zeichnen als er. Anna gefiel es, sich klug und erwachsen vorzukommen – es gab ihr das Gefühl, etwas Besonderes und Wichtiges zu sein. Annas Mutter sagte ihr, daß Jan seinen Freunden immer von seiner klugen Cousine Anna erzählte und daß er dachte, sie könnte alles viel besser als irgend jemand sonst auf der Welt.

Eines Tages, als Anna und ihre Mutter und ihr Vater beim Abendbrot saßen, sagte ihre Mutter: „Ich habe Neuigkeiten für dich, Anna. Wir werden in einigen Monaten ein neues Baby bei uns haben."

„Oh", sagte Anna. Sie wußte nicht recht, was sie sagen sollte.

„Wo kommt es denn her?" fragte sie. Sie dachte, daß ihre Mutter es vielleicht von jemandem ausborgen würde oder daß eine Freundin sie gebeten hätte, sich ein Weile darum zu kümmern.

Ihr Vater lachte. „Es ist im Bauch deiner Mutter, Anna. Es wird unser Baby sein. Ein kleiner Bruder oder eine kleine Schwester für dich."

Anna sah auf den Bauch ihrer Mutter. Er sah ganz normal aus, vielleicht ein bißchen dicker als sonst, aber er sah ganz bestimmt nicht so aus, als ob ein ganzes Baby darin wäre. Diese Geschichte gefiel ihr nicht.

„Warum muß ich denn einen Bruder oder eine Schwester haben?" fragte

---

[1] Wählen Sie in diesem Abschnitt die Einzelheiten, die zu Ihrer Umgebung passen.

sie. „Mir gefällt es ganz gut so, wie es jetzt ist."[2]

„Mami und ich sind der Meinung, daß es schön für eine Familie ist, wenn Geschwister da sind. Manchmal kann es für ein einzelnes Kind ganz schön einsam sein."

Anna dachte ein wenig nach. Das stimmte. „Aber Britta hat auch eine Schwester, und die beiden streiten sich nur. Sie nimmt Britta alle Spielsachen weg und ist immer dabei, wenn wir zusammen spielen, und will mitmachen. Britta wird dann richtig sauer auf sie."

„Das ist wahr", sagte Annas Mutter.[3] „Viele Geschwister streiten und zanken, und manchmal denken sie auch, daß sie den anderen hassen. Aber weißt du was? Wenn sie gerade nicht streiten, spielen sie ganz oft zusammen, passen aufeinander auf und sind gute Freunde.[4] Erinnerst du dich noch, wie du mir gestern erzählt hast, daß eine Horde kleiner Kinder Elisabeths Schwester geärgert hat und sie die Kinder wegjagte?"

Anna erinnerte sich, daß Britta sehr wütend war, als sie sah, wie die anderen Kinder ihre Schwester ärgerten. Sie war auf sie zugelaufen und hatte geschrien: „Laßt sofort meine kleine Schwester in Ruhe, ihr Mistkäfer! Wagt es ja nicht, sie so zu behandeln!" Brittas Schwester hatte sie mit Augen angesehen, die klar ausdrückten, daß sie die wunderbarste Person der Welt sei.

Anna wollte nicht mehr darüber sprechen.[5] „Ist ja egal. Ihr habt mir versprochen, daß ihr mit mir nach dem Abendbrot Memory spielt. Kann ich jetzt aufstehen und es holen?"

„Ja, mein Schatz", sagte ihre Mutter, und Anna rannte los, um das Memory-Spiel zu holen. Es machte mehr Spaß, Memory zu spielen, als über Babys zu sprechen.

Am nächsten Tag sprach Anna im Kindergarten mit ihrer Freundin Carola. „Meine Mama bekommt ein Baby", sagte sie.

„Unser Baby ist jetzt einen Monat alt", sagte Carola.

---

[2]Viele Kinder nehmen die Nachricht von einem neuen Baby nicht mit der Begeisterung auf, die ihre Eltern zeigen. Erlauben Sie dem Kind, sich soviel Zeit wie nötig dafür zu nehmen. Finden Sie heraus, welche Gefühle es bewegen. Zwingen Sie ihm nicht Ihre Begeisterung auf.

[3]Es ist am besten, die Dinge nicht zu beschönigen und kein rosarotes, unrealistisches Bild der Beziehung unter Geschwistern zu entwerfen. Viele Kinder haben schon den Umgang von Geschwistern untereinander bei ihren Freunden gesehen und wahrscheinlich auch die Streitereien und den Zank, der auftreten kann.

[4]Sie können auch die andere, positivere Seite der Medaille anführen.

[5]Kinder müssen Neuigkeiten wie diese häufig in kleinen Dosen verarbeiten. Sie lassen sie „sacken" und kommen dann von Zeit zu Zeit darauf zurück. Oftmals stellen sie längere Zeit immer wieder die gleichen Fragen.

Anna nickte. Sie wußte, daß Carolas Mutter gerade ein Mädchen bekommen hatte.

„Sie haben mir erzählt, daß ich einen Bruder oder eine Schwester zum Spielen bekommen würde", sagte Carola.[6] „Ich hatte mich wirklich darauf gefreut. Ich habe ihr sogar ein Geschenk gemacht. Als Mama mit dem Baby vom Krankenhaus nach Hause gekommen ist, durfte ich ihr das nicht mal geben. Jeder war damit beschäftigt, sie anzuschauen, ich konnte nicht mal in ihre Nähe kommen. Und jedesmal, wenn ich zu ihr ging, um sie anzufassen, wurde meine Mutter ganz nervös – so als ob sie dachte, ich würde ihr weh tun oder so. Jedenfalls war ich dann so sauer, daß ich diesem blöden Baby mein Geschenk überhaupt nicht mehr geben wollte. Ich war auch unheimlich sauer auf meine Mutter. Babys spielen gar nicht mit dir", sagte sie dann ganz finster. „Sie schreien bloß viel und machen in die Windeln."

Anna war beunruhigt. Als sie an diesem Tag nach Hause kam, sagte sie: „Ich dachte, daß Babys mit einem spielen können. Aber Carola sagt, das können die gar nicht. Sie sagt, daß die ganz fürchterlich sind. Ich will kein Baby bei uns haben."

„Du bist ein bißchen durcheinander deswegen", meinte ihre Mutter, „nicht wahr, Anna? Komm her und setz dich auf meinen Schoß, und dann erzählst du mir, was Carola zu dir gesagt hat."

Als Anna fertig war, saß ihre Mutter ein paar Minuten in Gedanken versunken da. „Es scheint so, daß Carola sehr böse auf das Baby und ihre Mutter und ihren Vater war."

„Klar war sie das", meinte Anna.

„Weißt du, den meisten Kindern geht das so, wenn ein neues Baby ins Haus kommt.[7] Manchmal kommt es ihnen so vor, als hätte das Baby ihren Platz eingenommen und daß sich ihre Eltern einfach nicht mehr um sie kümmern. Sie können dann eifersüchtig werden, weil andere Leute dem Baby manchmal viel Aufmerksamkeit schenken und nicht mehr so sehr auf sie selbst achten. Sie meinen, ihre Mutter und ihr Vater würde ihnen

---

[6]Viele Eltern benutzen diese verlockende Beschreibung, um die Ankunft eines neuen Bruders oder einer Schwester zu verkünden. Das ist jedoch irreführend, denn das Kind erwartet einen ausgewachsenen Spielkameraden, der mit der Mutter zusammen aus dem Krankenhaus kommt. Natürlich erfüllen Babys diese Erwartung überhaupt nicht.

[7]Lassen Sie Ihr Kind wissen, daß viele Kinder böse sind oder sich zurückgesetzt fühlen, nachdem das neue Baby zuhause angekommen ist. Dann denkt Ihr Kind nicht mehr, daß es das einzige auf der Welt ist, das so gemeine und böse Gefühle hat.

etwas von der Liebe wegnehmen und sie statt dessen dem Baby geben. Das macht sie sehr unglücklich."

„Aber stimmt das denn nicht?" fragte Anna. Sie hatte ein schreckliches Gefühl im Bauch. Sie wollte nicht, daß ihre Mutter und ihr Vater ihr etwas von der Liebe wegnehmen, auch nicht das kleinste, winzigste bißchen. Sie wollte ihre ganze Liebe.

„Das stimmt nicht ganz", sagte ihre Mutter. „Siehst du, Kinder denken oft, daß Liebe wie ein großer, saftiger Apfelkuchen ist."

Anna nickte. Sie liebte Apfelkuchen. Besonders mit Schlagsahne.

Ihre Mutter fuhr fort: „Sie denken, wenn zwei Leute den Kuchen teilen müssen, bliebe für jeden einzelnen weniger vom Kuchen übrig.[8] Sie werden manchmal sehr eifersüchtig, wenn sie sehen, daß jemand die größere Hälfte des Kuchens bekommt. Denn sie glauben, daß für sie nur die kleinere Hälfte bleibt, wenn jemand anders die größere Hälfte erhält."

„Hälften sollen ja auch nicht größer oder kleiner sein, sondern gleich groß", sagte Anna wichtig. „Unsere Kindergärtnerin hat uns das letzte Woche beigebracht."

„Du hast recht, Anna", sagte ihre Mutter. „Ich hätte Stück sagen sollen statt Hälfte. Kinder denken, wenn jemand ein größeres Stück bekommt, dies bedeutet, daß für sie nur ein kleineres Stück bleibt. Aber sie haben unrecht."

„Sie haben unrecht?" fragte Anna. Sie war erstaunt. Was ihre Mutter gesagt hatte, schien ganz einleuchtend zu sein.

„Ja", sagte Annas Mutter, „sie haben unrecht, weil Liebe kein Stück Kuchen ist. Es ist etwas ganz anderes. Liebe ist wie Zauberei. Erinnerst du dich an das Märchen, das ich dir vor einiger Zeit erzählt habe – mit dem Sack voller Goldstücke? Wenn du aus dem Sack Gold herausnimmst und ausgibst oder verschenkst, macht der Sack immer neue Goldstücke für dich.[9] Je mehr du herausnimmst, desto mehr Goldstücke macht der Sack. Das hört niemals auf, und er kann niemals leer werden, weil er sich immer wieder selbst auffüllt, jedesmal, wenn du etwas herausnimmst."

„Ich erinnere mich daran", meinte Anna. Sie hatte gedacht, daß so ein Sack sehr praktisch wäre. Er würde ihr sicherlich helfen, ihren Spielzeugladen zu kaufen. Anna wollte nämlich, wenn sie groß war, ihren eigenen Spielzeugladen haben.

---

[8] Kinder denken über Liebe in sehr begrenzten und konkreten Begriffen nach. Sie sollten Ihrem Kind erklären, daß Liebe nicht auf diese Weise funktioniert.

[9] Märchen bieten oft wunderbare Metaphern, wenn man seinen Kindern etwas über das Leben erzählen möchte.

„Nun“, sagte ihre Mutter, „Liebe ist so wie ein Zaubersack – je mehr Menschen du liebst, desto mehr Liebe hast du, um sie zu verteilen. Denk nur, wie du Papa und mich lieb hast. Du hast mich doch nicht weniger lieb, nur weil du auch Papa lieb hast. Und du liebst Papa nicht weniger, nur weil du mich auch liebst.“

„Nein“, antwortete Anna, „da hast du recht. Ich liebe dich und Papi, so doll ich kann.“ Sie wunderte sich, warum sie nicht schon vorher darauf gekommen war.

„Und siehst du“, meinte ihre Mutter, „wenn das Baby kommt, werden wir dich genauso lieben wie vorher, obwohl wir auch das Baby lieb haben werden.“

„Das ist gut“, sagte Anna. Es ging ihr schon ein bißchen besser, als sie ihre Mutter das sagen hörte.

„Was meinst du, in welchem Zimmer soll das Baby schlafen?“ wollte ihre Mutter wissen.

„Nicht in meinem Zimmer“, sagte Anna schnell. Ihr Zimmer hatte eine ganz besondere Bedeutung für sie. Es gehörte nur ihr, und sie wollte dort keinen Eindringling haben.

„Nein“, sagte ihre Mutter.[10] „Dein Zimmer gehört dir. Das Baby kommt in einen anderen Raum im Haus.“

„Wie wär's mit der Waschküche?“ fragte Anna. Die Waschküche war der kleine Raum an der Rückseite des Hauses.

„Die Waschküche wird zu klein sein“, meinte Annas Mutter. „Außerdem ist es da ganz schön laut. Es wäre sehr schwierig, gemütlich in der Waschküche zu schlafen.“

„Das stimmt“, sagte Anna.

„Wir dachten, daß wir ein paar Sachen aus dem Abstellzimmer ausräumen könnten, so daß das Baby da hinein kann. Wir könnten das Zimmer streichen und ein paar Dinge kaufen, die wir dort hineinstellen.“

„Was denn für Dinge?“ fragte Anna.

„Eine Wiege, in der das Baby schlafen kann, und vielleicht ein paar bunte Bilder. Vielleicht auch ein Mobile zum Aufhängen, damit das Baby es anschauen kann.“

„Das hört sich nach ziemlich vielen Dingen an“, sagte Anna. Sie wollte

---

[10] Wenn das Baby das Zimmer mit Ihrem Kind teilen soll, müssen Sie diese Stelle ändern. Versuchen Sie dann, die positive Seite des Teilens herauszustellen, z. B. braucht man dann keine Angst zu haben, nachts allein im Zimmer zu sein. Stellen Sie sicher, daß Ihr Kind eine Seite des Zimmers als sein „Territorium“ abgrenzen kann. Lassen Sie es Möbelstücke haben, die nur ihm allein gehören, wie etwa eine Kommode usw.

auch viele Sachen haben. Es war nicht gerecht, daß das Baby alles bekommen sollte. „Kann ich auch etwas für mein Zimmer bekommen?"

„Es sind viele Sachen, die ein Baby braucht", erklärte Annas Mutter. „Babys brauchen eine Ausstattung wie Wiege, Kinderwagen usw. Als du geboren wurdest, haben wir sehr viele Sachen nur für dich gekauft. Als du älter wurdest, brauchtest du sie nicht mehr, deshalb haben wir sie verschenkt oder verkauft."

„Oh", sagte Anna. Sie hatte gar nicht gewußt, daß sie als Baby so viele Sachen hatte.

„Außerdem, auch wenn es so scheint, daß wir für das Baby sehr viel Sachen kaufen werden", meinte ihre Mutter, „wirst du immer noch sehr viele Dinge haben, die er oder sie nicht haben kann, weil du sie jahrelang gesammelt hast. Ich dachte aber daran", fuhr sie fort, „daß du und ich ein paar Mobiles zusammen basteln könnten. Ich dachte, wenn du möchtest, könnten wir zwei Mobiles bauen, eines für dich und eines für das Baby. Du dürftest dann aussuchen, welches du behalten möchtest."[11]

Anna nickte. Sie bastelte gern mit ihrer Mutter. „Das hört sich prima an", meinte sie. „Wann können wir anfangen?"

„Na ja", sagte ihre Mutter. „Das Baby wird noch lange auf sich warten lassen, aber wir könnten an diesem Wochenende anfangen mit den Mobiles, wenn du möchtest."

„Ja, das ist gut", sagte Anna. Sie freute sich schon darauf.

„Wir müssen auch entscheiden, mit welchen Farben wir das Zimmer des Babys streichen wollen", sagte Annas Mutter. „Würde es dir Spaß machen, mit ins Tapetengeschäft zu gehen und uns zu helfen, die Farbe auszusuchen?"

„Ja, das wäre o.k.", sagte Anna. Das hörte sich an, als ob es ganz lustig werden könnte. „Ich kann sehr gut Farben aussuchen, wenn ich welche für die Häuser meiner Puppen brauche." Anna machte Häuser für ihre Puppen aus alten Schuhschachteln. Sie richtete jede Schachtel wie ein Zimmer ein und stapelte sie übereinander und nebeneinander, so daß sie wie ein richtiges Haus aussahen.

Als Anna am nächsten Tag vom Kindergarten nach Hause kam, erzählte sie ihrer Mutter: „Eins von den Kindern im Kindergarten hat gesagt, daß

---

[11] Es hilft sehr, wenn Sie Ihr Kind in etwas einbinden, was für das ungeborene Baby bestimmt ist. Das verschafft dem Kind eine Zeit mit Ihnen, die es genießen kann, und außerdem erlaubt es ihm, sich als älterer Wohltäter dem Baby gegenüber zu fühlen. Das ist eine Rolle, die Sicherheit und eine großzügige Überlegenheit gibt.

Babys vom Storch gebracht werden."[12]

„Was denkst du denn darüber, Anna?" fragte ihre Mutter.

„Also, ich denke das nicht, weil du mir erklärt hast, wie Babys gemacht werden, daß der Mann seinen Samen in die Frau hineintut, und dann wächst das Baby im Bauch von der Frau."[13]

„Das stimmt", sagte ihre Mutter. „Einige Kinder haben komische Vorstellungen davon, wo Babys herkommen. Sie meinen, sie hätten recht, aber das ist nicht so. Was ich dir erzählt habe, ist richtig."

„Benjamin hat gesagt, man findet die Kinder in Kohlköpfen", sagte Anna.

„Das wäre sehr komisch", meinte ihre Mutter. „Man könnte ja, wenn man durcheinander ist, statt eines Babys einen Kohlkopf mit nach Hause bringen."

Anna lachte. „Sandra hat gesagt, daß man die Babys im Krankenhaus kauft."

„Nein", sagte ihre Mutter. „Man kauft sie nicht im Krankenhaus. Für gewöhnlich geht die Mutter ins Krankenhaus, wenn die Zeit dafür gekommen ist und das Baby heraus möchte. Die Ärzte und Krankenschwestern sorgen dann für sie, bis das Baby herausgekommen ist und nach Hause kann. Man zahlt dem Krankenhaus Geld, weil sie sich dort um Mutter und Kind gekümmert haben. Aber das Baby gehört einem selbst, das braucht man nicht zu kaufen."

„Oh", sagte Anna. „Mußt du auch ins Krankenhaus gehen?"

„Ja", antwortete ihre Mutter, „aber nur für ein paar Tage."

„Kann ich auch mitkommen?" fragte Anna. Sie wollte nicht, daß ihre Mutter ohne sie weggeht.[14]

„Ich würde dich sehr gerne mitnehmen", sagte ihre Mutter, „weil ich dich vermissen werde. Aber im Krankenhaus ist nicht genug Platz für dich oder Papa. Deshalb mußt du zu Hause bleiben. Papa wird sich hier um dich kümmern, und er wird ganz besonders auf dich aufpassen."[15]

---

[12] Kinder, auch in der heutigen modernen Zeit, haben immer noch eine faszinierende Vielfalt an Erklärungen dafür, wo Babys wirklich herkommen. Es ist gut, dies bei Ihrem Kind richtigzustellen.

[13] Erklärungen müssen nicht komplex sein. Wenn Ihr Kind mehr Details wissen möchte, wird es Sie fragen. Oftmals reicht die einfachste Erklärung völlig aus.

[14] Oft ist der Aufenthalt der Mutter im Krankenhaus das erste Mal, daß das Kind nachts von der Mutter getrennt ist. Die Trennung von der Mutter ist meist ein Erlebnis, das das Kind beunruhigt und verwirrt.

[15] Es ist wichtig, das Kind wissen zu lassen, daß jemand zum Aufpassen da ist. Es ist besser, wenn es im eigenen Haus bleiben kann mit jemandem, den es kennt und dem es vertraut.

„Und du gehst nicht weg, ohne es mir zu sagen?" fragte Anna.[16]

„Natürlich nicht", beruhigte sie ihre Mutter. „Ich werde dir ganz sicher Bescheid sagen, bevor ich gehe."[17]

„Das ist gut", sagte Anna. „Wann mußt du denn ins Krankenhaus?"

„Das wird noch ein paar Monate dauern", sagte Annas Mutter. „Ich werde dir Bescheid sagen, wenn die Zeit näherrückt, da brauchst du dir keine Sorgen zu machen."

„Okay", sagte Anna. Es ging ihr schon ein wenig besser, jetzt, wo sie wußte, daß ihre Mutter nicht einfach verschwinden würde, ohne ihr etwas zu sagen. „Können wir mit den Mobiles schon vor dem Wochenende anfangen?"

„Warum nicht", sagte ihre Mutter. „Mal doch ein paar Bilder von den Mobiles, wie du sie dir vorstellst."

Anna setzte sich mit Papier und Bleistift hin. Zuerst dachte sie, sie wollte ein Mobile mit Monstern für das Baby machen. Nach einer Weile dachte sie aber, daß das vielleicht dem Baby Angst machen würde. Also malte sie einige lustige, lächelnde Monster, die einen anlachten, statt der großen, wilden Monster, die aussahen, als ob sie einen auffressen wollten.

Mit der Zeit bemerkte Anna, daß der Bauch ihrer Mutter immer dicker wurde. Ihre Mutter zeigte ihr Bilder in einem Buch, auf denen man sehen konnte, wie Babys wachsen. Anna dachte, daß die ganz schön komisch aussahen. Sie konnte sich gar nicht vorstellen, daß sie auch mal so ausgesehen hatte.

Eines Tages, als die Mutter ihr eine Geschichte vorlas, nahm sie plötzlich Annas Hand und legte sie auf ihren Bauch.

„Fühl mal", sagte sie. „Das Baby strampelt."

Anna war erstaunt. Das fühlte sich merkwürdig an, wie jemand, der unter einer Daunendecke boxt und um sich tritt. „Huch", sagte sie. Es war das erstemal, daß sie sich vorstellen konnte, daß dort ein richtiges, lebendiges Baby drin war.

„Wie atmet das Baby denn?" wollte sie wissen. „Wird es nicht zerquetscht? Und hat es Angst vor der Dunkelheit? Es muß sehr dunkel in deinem Bauch sein."

„Das Baby atmet nicht so wie du oder ich, Anna", erklärte ihre Mutter.

---

[16] Viele Mütter verlassen das Haus, um ins Krankenhaus zu gehen, ohne auf Wiedersehen zu sagen. Das kann für das Kind sehr schmerzlich sein.

[17] Wenn Sie überraschend in die Klinik müssen und Ihr Kind ist im Kindergarten oder in der Schule oder nicht per Telefon zu erreichen, dann sollten Sie einen Zettel oder ein Bild für das Kind zurücklassen. Dann weiß es, daß Sie nicht vergessen haben, ihm auf Wiedersehen zu sagen.

„Es hat gerade so viel Platz, wie es für sich braucht. Wenn es zu groß für meinen Bauch wird, dann kommt es heraus. Ich glaube, daß es im Bauch tatsächlich dunkel ist, aber Babys macht das nichts aus."

„Wie es da drin wohl ist?" fragte Anna.

„Das weiß ich auch nicht", antwortete ihre Mutter. „Wahrscheinlich ist es ganz hübsch dort."

Anna krabbelte unter ihr Bett.[18] „Ich bin ein Baby in Mamis Bauch", rief sie. Dann krabbelte sie auf ihre Mutter zu – es war ein bißchen eng unter dem Bett. „Und jetzt komme ich raus und werde geboren", sagte sie, sprang auf und gab ihrer Mutter einen Kuß.

„Was für ein schönes Baby", sagte ihre Mutter. „Ich bin froh, daß du geboren bist."

Eine von Annas Puppen bekam auch ein Baby.[19] Anna stopfte Wattebälle unter ihr Kleid, so daß sie dick aussah und rund wie ihre Mutter. Ihre Mutter war in der letzten Zeit sehr müde geworden, und deshalb ließ Anna ihre Puppe auch müde werden. Manchmal machte sie einen großen Wirbel um die Puppe, wenn sie sie ins Puppenhaus legte und zudeckte. Manchmal wurde sie auch böse mit ihr, weil sie zu müde war, um mit ihrer Puppentochter zu spielen. Und manchmal nahm sie die Watte heraus, damit sie nicht mehr schwanger war.

Als der Frühling kam, sagte Annas Mutter, daß das Baby innerhalb der nächsten Wochen kommen müsse. Anna erzählte es ihrer Kindergärtnerin. Sie kam sich sehr wichtig vor, als sie verkündete, sie hätten bald ein neues Baby.

Die Mutter sagte zu Anna: „Wenn das Baby bereit ist herauszukommen, muß ich ins Krankenhaus gehen. Meistens wissen die Mütter nicht genau, wann das Baby geboren wird. Wenn es zum Beispiel mitten in der Nacht passiert, möchtest du dann, daß ich dich wecke, damit ich dir auf Wiedersehen sagen kann?"

„Ja", sagte Anna. „Weck mich bitte auf. Ich möchte nicht, daß du weggehst, ohne mir auf Wiedersehen zu sagen."

„In Ordnung", sagte ihre Mutter. „Solltest du zu schläfrig sein, so daß ich dir nicht richtig auf Wiedersehen sagen kann, werde ich einen besonderen Brief für dich auf dem Küchentisch dalassen. Und außerdem kann ich dich aus dem Krankenhaus anrufen."

„Gut", sagte Anna. Sie fühlte sich ein bißchen besser, als sie das hörte.

---

[18]Viele Kinder spielen Schwangerschaft oder Geburt, während sie die emotionalen Probleme verarbeiten, die die Nachricht von einem bevorstehenden Baby mit sich bringt. Häufig verkünden Kinder, daß sie auch schwanger sind.

[19]Puppen sind oft Teil dieser Spiele oder Rollenspiele.

„Wenn es mitten in der Nacht passieren sollte, wird Oma rüberkommen, um auf dich aufzupassen, damit mich Papa zum Krankenhaus fahren kann“, sagte Annas Mutter. „Sie wird hierbleiben, bis Papa zurückkommt.[20] Und schau mal hier, ich habe ein Geschenk nur für dich.“ Sie hielt eine kleine Schachtel hoch.

„Was ist es?“ fragte Anna. Sie liebte Geschenke.

„Das ist eine Kassette, auf die ich deine Lieblingsgeschichten gesprochen habe.[21] Du kannst sie hier auf diesem Kassettenrecorder abspielen. Während ich im Krankenhaus bin, brauchst du nur die Kassette anzumachen, wenn du eine Geschichte von mir hören möchtest.“[22]

„Das ist ja Spitze!“ sagte Anna. Das hörte sich wirklich toll an.

Die Tage vergingen. Anna kam es so vor, als hätte ihr die Mutter vor sehr langer Zeit erzählt, daß das Baby bald kommen würde.[23] Sie hatte schon keine Lust mehr zu warten. Sie meinte, daß ihre Mutter sich wohl geirrt hatte und das Baby wohl gar nicht mehr kommen würde.

Daher war es auch eine große Überraschung für sie, als ihre Mutter zu ihr ins Zimmer kam, gerade als sie ins Bett gehen wollte, und sagte: „Liebling, ich glaube, das Baby will jetzt herauskommen. Oma ist schon auf dem Weg hierher, und wenn sie da ist, bringt Papa mich ins Krankenhaus.“

„Was soll ich denn machen, wenn du im Krankenhaus bist?“ fragte Anna, die plötzlich ganz erschrocken war.

„Oma und Papa werden gut für dich sorgen“, sagte ihre Mutter. „Und ich werde auch bald zurück sein.“ Sie umarmte Anna und gab ihr einen dicken Kuß. „Schlaf schön, meine Süße. In ein paar Tagen sehen wir uns wieder, und ich werde dich auch jeden Tag anrufen.“ Und sie umarmte Anna noch einmal und gab ihr noch einen dicken Kuß.

Am nächsten Tag wachte Anna auf und ging in die Küche. Oma stand

---

[20] Versichern Sie Ihrem Kind, daß immer jemand da sein wird, der sich um es kümmert.

[21] Eine Kassettenaufnahme von den Lieblingsgeschichten Ihres Kindes von Ihnen gelesen, kann ein sehr hilfreicher emotionaler Puffer während Ihrer Abwesenheit sein.

[22] Sollten Sie keinen Kassettenrekorder haben, können Sie auch eine Anzahl Bilder, Briefe oder kleiner Geschenke dalassen, die einen Tag nach dem anderen geöffnet werden dürfen, um Ihrem Kind das Gefühl Ihrer liebevollen Anwesenheit zu geben.

[23] Kinder haben oft eine andere Wahrnehmung der Zeit als Erwachsene. Eine Woche kommt ihnen manchmal wie ein Monat vor und ein Monat wie ein Jahr. Es ist nützlich, dies im Kopf zu behalten, wenn Sie bevorstehende Ereignisse ankündigen.

dort im Bademantel und machte gerade Tee. Es war komisch, Oma in der Küche zu sehen statt ihrer Mutter. Zuerst konnte sich Anna gar nicht daran erinnern, wo ihre Mutter war.

„Wo ist Mama?“ fragte sie beunruhigt.

„Deine Mutter ist im Krankenhaus, meine Kleine“, sagte ihre Oma. „Und sie hat gerade eine hübsche Tochter bekommen. Du hast eine Schwester.“

„Oh“, sagte Anna. Sie wußte nicht, was sie fühlen oder denken sollte. Es war schwierig, sich vorzustellen, daß ihre Mutter mit einer Schwester für sie nach Hause kommen sollte. „Wann kommt sie nach Hause?“

„Vielleicht schon morgen, mein Schatz“, sagte ihre Oma. „Und was möchtest du jetzt zum Frühstück haben?“

Anna vermißte ihre Mutter. Ihre Mutter mußte nicht fragen, was sie zum Frühstück haben wollte. Ihre Mutter wußte das.

Am nächsten Tag kam ihr Vater von einem Besuch bei ihrer Mutter aus dem Krankenhaus zurück. Er hatte ein Foto mitgebracht. „Sieh mal“, sagte er zu Anna. „Möchtest du ein Foto von deiner Schwester sehen?“

Anna schaute es sich an. Auf dem Foto sah man ein weißes Bündel, aus dem ein kleines rotes Gesicht herausguckte. Mama war auch auf dem Foto. Sie lächelte das Baby an, als wäre das Baby das Schönste, was es auf der Welt gab. Anna fühlte sich richtig beiseitegeschoben.

Am nächsten Morgen verkündete Annas Vater beim Frühstück: „Mama kommt heute nach Hause.“ Anna war ganz aufgeregt. Nun würde alles wieder so werden, wie es war, dachte sie.[24] Sie umarmte ihre Oma ganz fest, um ihr zu zeigen, daß nicht sie der Grund für ihre Traurigkeit gewesen war. Sie war bloß so beunruhigt gewesen, weil ihre Mutter fort war.

Anna setzte sich hin und malte ein besonders schönes Bild für ihre Mutter. Mama liebte ihre Bilder. Sie hängte sie an die Wand, und wenn manchmal Leute zu Besuch kamen, dann sagten sie, wie hübsch die Bilder wären und was für ein kluges Mädchen Anna doch sei.

Anna dachte, daß ihre Mutter erkennen würde, was für ein besonderes Mädchen Anna war, wenn sie ihr ein ganz besonderes Bild malte, und daß ihre Mutter und ihr Vater sie dann auf dieselbe Weise ansehen würden wie das Baby. Die Leute, die zu ihnen ins Haus kamen, würden dann auch sehen, was für ein besonderes und kluges Mädchen Anna war.

Anna wartete gespannt auf das Motorengeräusch vom Wagen ihres

---

[24] Kinder können sich schwer im voraus vorstellen, welche Veränderungen ein neues Baby tatsächlich ins Haus bringt. Sie haben oft die Phantasie, daß alles sich wie von Zauberhand wieder so einrichtet, wie es vorher gewesen war, wenn die Mutter erst einmal zu Hause ist.

Vaters. Er war vor einer Stunde losgefahren, um Mama abzuholen, und Oma hatte gesagt, er müsse jeden Augenblick wiederkommen. Sie war sich sicher, daß ihre Mutter von dem Bild begeistert sein würde. Sie würde es in der Küche aufhängen, wie sie das immer tat, und wenn Freunde kamen, würde sie es ihnen zeigen und sehr stolz auf ihre Tochter sein.

Plötzlich hörte sie das Geräusch eines Autos. Mama war wieder zu Hause! Anna sah aus dem Fenster. Mama und Papa kamen den Weg hoch. Mama trug das Baby. Anna flitzte zur Tür.

„Hallo, Mami!" rief sie. „Sieh mal, was ich für dich gemacht habe!" und sie streckte ihrer Mutter das Bild entgegen.

„Anna!" sagte ihre Mutter. „Ich habe dich so sehr vermißt! Es ist so schön, wieder zu Hause zu sein." Und sie beugte sich herunter und gab Anna einen Kuß. Sie konnte sie nicht umarmen, weil sie in den Armen das Baby hielt. Sie konnte aber auch das Bild nicht nehmen, weil sie die Hände nicht frei hatte. Papa nahm statt dessen das Bild.

„Sieh dir nur deine Schwester an, Liebling", sagte sie. „Sag ihr Guten Tag."

Anna beugte sich vor und schaute sie an. Sie sah runzlig aus und häßlich, dachte Anna. Warum wollte nur irgend jemand so etwas haben?

Im Haus legte Papa Annas Bild auf den Tisch. Ihre Mutter warf noch nicht einmal einen Blick darauf. „Laß uns Conny ins Bett bringen", sagte sie. „Möchtest du gerne helfen, Anna?"

Annas Miene hellte sich auf. Sie half ihrer Mutter gern.

„Leg doch die Bettdecke in Connys Wiege zurecht", sagte ihre Mutter. „Und dann kannst du mir helfen, ihre Windeln zu wechseln."[25]

Annas Mutter legte Conny auf den Wickeltisch. „Ich werde sie sauberwischen", sagte sie. „Und du kannst mir helfen, die Watte feucht zu machen und sie mir geben. Das wäre eine große Hilfe für mich."

Es war ein gutes Gefühl, so eine große Hilfe für ihre Mutter zu sein.

Conny hatte ihre Augen geöffnet und schaute sich um. Sie hatte sehr große Augen, und es schien ihr insbesondere zu gefallen, Anna anzusehen. Sie wedelte mit ihren kleinen Armen in der Luft herum, während sie sich umschaute.

Sie hatte die kleinsten Hände, die Anna je gesehen hatte. Anna berührte

[25] Es ist eine sehr positive Maßnahme, dem Kind zu erlauben, Ihnen mit dem neuen Baby zu helfen. Ihr Kind fühlt sich dann nützlich und wichtig statt als Außenstehender. Es hilft ihm außerdem, eine Beziehung zu dem Baby zu entwickeln.

die eine. Sie war erstaunlich zart und seidig. Anna hatte noch nie Hände wie diese angefaßt. Conny schloß ihre Finger über Annas Finger, so als ob sie schon sehr lange darauf gewartet hätte, ihn festzuhalten. Sie trat mit den Füßen und gluckste vor Freude. Sie sah richtig glücklich aus.

Später sagte Annas Mutter: „Vielen Dank, Anna. Du warst mir eine große Hilfe." Dann klatschte sie in die Hände und sagte: „Oh, das hätte ich beinah vergessen. Ich habe doch ein Geschenk für dich!"

„Oh, Klasse!" sagte Anna. Sie war ganz aufgeregt. „Was ist es denn?"

„Hier ist es", sagte ihre Mutter und gab ihr einen großen Karton.

Anna wickelte das Geschenk aus. Es war eine große Babypuppe.[26] Sie hatte Windeln und ein Fläschchen, ein kleines Stück Seife, ein Lätzchen und eine Babydecke.

„Das ist ja toll!" sagte Anna. „Ich werde sie Veronika nennen!" Das war der Name, den Anna anstelle von Conny ausgewählt hätte. „Ich werde jetzt ihre Windel wechseln", sagte sie und lief mit Veronika ins Badezimmer.

Anna hatte gedacht, daß alles wieder normal sein würde, wenn ihre Mutter erst einmal aus dem Krankenhaus zurück war. Aber so war es nicht.

Der Grund dafür war – Conny. Wenn bei Conny nicht die Windeln gewechselt werden mußten, dann mußte sie gefüttert werden. Wenn man sie nicht füttern mußte, dann mußte sie zu Bett gebracht werden. Wenn man sie nicht ins Bett bringen mußte, dann mußte man mit ihr spielen usw., usw. Zu den seltenen Zeiten, in denen ihre Mutter nicht mit Conny beschäftigt war, war sie so müde, daß sie nicht mehr die Energie hatte, mit Anna so wie früher zu spielen. Anna haßte Conny.[27]

„Warum bringt ihr sie nicht zurück ins Krankenhaus?"[28] fragte Anna. „Sie bringt alles durcheinander. Keiner hat mehr für irgend etwas Zeit." Was sie aber eigentlich meinte, war: „Niemand hat mehr Zeit, sich um mich zu kümmern. Ich bin furchtbar unglücklich. Wenn Conny nicht wäre, würden mich alle wieder so lieben wie früher."

„Komm mal her, Anna", sagte ihre Mutter. Sie streckte ihre Arme aus und setze Anna auf ihre Knie. „Ich weiß, daß du manches Mal sehr böse auf Conny bist.[29] Ich weiß auch, daß du manchmal meinst, du würdest sie hassen. Vielen Jungen und Mädchen geht es ähnlich, wenn sie das erste

---

[26] Eine Babypuppe ist ein ganz hervorragendes Geschenk zu einer solchen Zeit. Es ist für das Kind ein Mittel, seine Gefühle und Phantasien dem Baby gegenüber auszuagieren und zu verarbeiten.

[27] Verwenden Sie dies nur, wenn Ihr Kind wirklich solche Gefühle hat.

[28] Das ist eine weitverbreitete Reaktion auf ein neues Baby.

[29] Lassen Sie das Kind wissen, daß Sie seine Gefühle verstehen und akzeptieren.

Mal einen Bruder oder eine Schwester bekommen. Sie denken, daß ihre Mutter und ihr Vater sie wegen des neuen Babys nicht mehr lieben würden."

Anna nickte.

„Erinnerst du dich noch, was ich dir über Liebe erzählt habe?" fragte ihre Mutter. „Daß Liebe kein Stück Kuchen ist und daß es mehr als genug Liebe für jeden in der Familie gibt?"

Anna nickte wieder.

„Nun, Papa und ich lieben dich immer noch genauso wie früher.[30] In der letzten Zeit habe ich nicht mehr so viel Zeit mit dir verbracht wie sonst, aber das bedeutet nicht, daß ich dich weniger lieben würde. Es ist nur einfach so, daß Babys sehr hilflos sind, und sich um sie zu kümmern braucht seine Zeit. Aber immer wenn du das Gefühl hast, du bräuchtest eine Extraportion Liebe und Aufmerksamkeit, dann solltest du zu uns kommen und es uns sagen, und dann bekommst du sie."[31]

Anna fühlte sich ein wenig besser, als sie das hörte.

„Und weißt du", fuhr ihre Mutter fort, „manche Kinder meinen, die einzige Möglichkeit, um wieder beachtet zu werden, wäre, böse oder frech zu sein oder sich selbst wie ein Baby aufzuführen. Aber das brauchst du nicht. Alles, was du tun mußt, ist, uns zu sagen, daß du ein bißchen mehr Liebe und Aufmerksamkeit brauchst."

An diesem Nachmittag, als ihre Mutter Conny fütterte, fühlte sich Anna ein wenig alleingelassen. „Du hast gesagt, ich soll dir sagen, wenn ich mehr Aufmerksamkeit möchte, Mami", sagte sie und versuchte, auf den Schoß ihrer Mutter zu klettern.

Ihre Mutter küßte sie. „Fühlst du dich ein wenig vernachlässigt?" fragte sie. „Na, gleich wenn ich Conny zu Ende gefüttert habe, kannst du mir helfen, ihre Windel zu wechseln, und dann können wir zusammen spielen, okay?"

Anna nickte. Ihr ging es schon besser.

„Warum fütterst du nicht auch Veronika?" schlug ihre Mutter vor. „Und wenn wir beide fertig sind mit Füttern, wird es Zeit sein, die Windeln zu wechseln."

„Gut", sagte Anna und lief, um Veronika zu holen.

Manchmal wurde Anna richtig böse auf Conny. Einmal war sie so

---

[30] Kinder müssen das bestätigt bekommen.

[31] Sagen Sie Ihren Kindern, daß sie, wenn sie sich vernachlässigt oder zurückgesetzt fühlen, einfach um verstärkte liebevolle Aufemerksamkeit bitten sollen – sie sollten nicht „auffällig" werden müssen, um dies zu erreichen.

wütend, daß sie ihr einen Klaps gab.[32] Ihre Mutter fuhr sofort dazwischen. „Ich weiß, daß du sauer auf Conny bist", sagte sie, „aber du darfst sie nicht schlagen. Wenn du so wütend bist, daß du Dampf ablassen mußt, dann kannst du in dein Kissen boxen oder dein Stehaufmännchen herumschubsen. Papa und ich würden es nicht zulassen, daß dir jemand etwas tut, und genauso werden wir das bei Conny auch nicht zulassen. Deshalb darfst du Conny nicht boxen, schütteln, ihr keinen Klaps geben oder irgend etwas anderes tun, was ihr weh tun könnte. Ich weiß, daß du manches Mal so böse auf sie sein wirst, daß du ihr gern weh tun möchtest, aber du mußt dich selbst bremsen und statt dessen etwas anderes tun."

„Was kann ich denn sonst tun?" fragte Anna.[33] Das interessierte sie.

„Du kannst zu mir oder Papa kommen und uns sagen, daß du wütend bist", sagte ihre Mutter. „Manchmal hilft das schon, um sich besser zu fühlen. Du könntest im Garten hoch- und runterlaufen oder deinen Ball durch die Gegend schießen. Laufen oder gegen einen Ball treten kann helfen, seine Wut loszuwerden. Es ist in Ordnung, Bälle wegzutreten oder Kissen oder Blätter auf dem Bürgersteig. Es ist nicht in Ordnung, Haustiere, Babys oder andere Leute zu treten."

„Was kann ich sonst noch tun?" fragte Anna.

„Du kannst Tennisbälle gegen die Hauswand werfen oder Wasserbomben aus Papiertüten machen und zuschauen, wie sie im Garten zerplatzen."[34]

„Das gefällt mir am besten", sagte Anna.

„Das dachte ich mir", sagte Annas Mutter und drückte sie.

„Du könntest auch ein Bild von deiner Wut malen", sagte ihre Mutter. „Oder du kannst Familien aus Knete machen und mit ihnen böse sein."

„Ich kann gut Figuren aus Knete machen", sagte Anna. Sie hatte Spaß am Malen, Zeichnen und Spielen mit Knete.

Conny fing an zu weinen. Die Mutter nahm sie hoch. „Ich glaube, es ist Zeit, sie zu füttern", meinte sie.

Anna ging in ihr Zimmer und nahm Veronika hoch. Sie schrie sie an: „Böses Baby! Immer schreist du und klaust den Leuten ihre Zeit. Böses Baby!" und sie setzte Veronika in eine Ecke, damit sie selbst sehen konnte, wie es war, wenn man sich allein fühlte.

---

[32]Machen Sie Ihrem Kind unmißverständlich klar, daß Sie zwar akzeptieren können, daß es wütend auf das Baby sein kann, aber das Baby nicht verletzen darf.

[33]Sie können Ihrem Kind zeigen, daß es andere Methoden gibt, seinen Aggressionen freien Lauf zu lassen.

[34]Denken Sie sich einige Möglichkeiten aus, die in Ihrer Umgebung anwendbar sind.

Später am Tage nahm sie Veronika in die Arme und drückte sie. „Ich werde mich jetzt um dich kümmern", sagte sie. Und sie badete Veronika und brachte sie ins Bett. Sie kam sich wie eine sehr liebe Mutter vor.

Eines Tages hatte Annas Mutter in der Küche zu tun, als Conny zu schreien anfing. „Könntest du nicht mit ihr spielen, Anna?" fragte sie. „Sieh doch mal zu, ob du sie beruhigen kannst."

Anna ging hoch zu Conny. Sie lag in ihrer Babywippe und sah ganz aufgelöst aus. Sie zappelte mit Armen und Beinen und war schon ganz rot im Gesicht.

Anna kam näher und lächelte sie so an, wie sie es bei ihrer Mutter gesehen hatte. Sie nahm die Rassel und hielt sie hoch. Conny hörte sofort zu schreien auf und lachte Anna an. Anna lächelte noch freundlicher zurück. Conny sah sie an, als ob Anna der wunderbarste Mensch der Welt wäre. Anna schüttelte die Rassel, und Conny gluckste vor Freude.

„Weißt du was, Mama?" sagte Anna.[35] Sie hatte gerade eine Entdeckung gemacht. „Ich glaube, Conny mag mich."

„Hast du das nicht gewußt?" fragte ihre Mutter. „Conny findet dich ganz toll. Du bist ihre große Schwester. Sie ist von dir fasziniert. Du bist keine Erwachsene, aber du kannst alles viel besser als sie, und du kannst auch so viel mehr als sie. Sie würde gern so viel können wie du."

„Wirklich?" fragte Anna. „Meinst du, wie mein Cousin Peter?"

„Ja", sagte ihre Mutter. „Genauso wie Peter."

„Ach", sagte Anna. „Das habe ich gar nicht gewußt." Das freute sie. Conny tat ihr auch ein bißchen leid, weil sie wußte, daß Conny immer jünger sein würde als sie. Deshalb würde sie immer mehr wissen und mehr können als Conny. Arme Conny. Vielleicht könnte sie ihr sogar einiges beibringen, so wie sie auch Peter mache Dinge beibrachte. Sie brachte anderen Kindern gern etwas bei. Vielleicht würde sie sogar Lehrerin werden, wenn sie groß war.

„Vielleicht werde ich dir etwas beibringen", sagte Anna zu Conny und schüttelte wieder die Rassel.[36] Conny gurrte vor Vergnügen und lächelte. Anna lächelte zurück. Conny konnte wirklich eine Pest sein, aber manchmal machte es auch Spaß mit ihr. Vielleicht war es doch gar nicht so schlecht, eine Schwester zu haben.

---

[35] Das ist eine sehr positive Feststellung für ältere Geschwister. Babys halten ihre größeren Geschwister meistens für absolut großartig.

[36] Durch dieses positive Ende wird vermittelt, daß es an der Situation auch positive Aspekte gibt, die sie wertvoll machen, trotz der gelegentlichen Schattenseiten.

Die ersten Tage im Kindergarten

In den Kindergarten oder in die Schule zu kommen ist für die meisten Kinder ein bedeutsames Ereignis, der Schritt in eine völlig neue Welt. Wie bei allen anderen Dingen auch, werden Kinder darauf ganz individuell reagieren, je nach ihrer Persönlichkeit und den besonderen Umständen. Es ist schon viel darüber geschrieben worden, wie man die Anspannung der ersten Tage in der Schule oder im Kindergarten lösen kann. In solchen Empfehlungen wird implizit oft davon ausgegangen, daß der Schul- oder Kindergartenbeginn notwendigerweise qualvoll sein muß und die Eltern diesem Ereignis mit Furcht und Zittern entgegensehen müssen, da sie ihrem Kind einen dauerhaften Schaden zufügen könnten, wenn sie in dieser Situation versagen. Solche Vorhersagen eines drohenden Unheils sind natürlich völlig unzutreffend.

Für die meisten Kinder ist der Beginn des Kindergartens ein seit langem ersehntes Ereignis. Natürlich bringt es Streß mit sich, aber nur in dem Sinne, wie es auch Streß bedeutet, in den Zirkus zu gehen. Es ist sehr aufregend für sie und erfordert eine Menge emotionaler Energie, ohne dabei besondere Angst auszulösen. Solche Kinder reagieren auf neue Situationen meist mit Begeisterung und Neugier, sind selbstbewußt und offen. Wenn wir sie zu behutsam auf den Kindergarten vorbereiten und beispielsweise sehr betonen, wir würden am Anfang noch eine Weile bei ihnen bleiben, dann werden die Kinder sich fragen, wo der Haken an der Sache ist und warum man sie so zu behüten sucht. Es reicht bei diesen Kindern, sie in den neuen Gruppenraum zu bringen, sie ihrer Erzieherin vorzustellen und ihnen zum Abschied fröhlich zuzuwinken.

Wenn Sie aber im Gegensatz dazu ein Kind haben, das sich nur langsam an neue Situationen gewöhnt, kann eine andere Strategie angebracht sein. Das Kind, das langsam „warm wird", braucht seine Zeit, um sich in einer neuen Situation sicher zu fühlen, und wird gewöhnlich am besten reagieren, wenn man es schrittweise daran gewöhnt. Daher kann ein Programm die beste Strategie sein, bei dem man am ersten Tag eine bestimmte Zeitspanne bei ihm bleibt, am zweiten ein wenig kürzer, am dritten noch ein wenig kürzer usw. Das erlaubt Ihrem Kind, sich langsam und, da Sie bei ihm sind, sicher zu orientieren. Wenn Sie es schließlich allein lassen, ist ihm die Umgebung schon vertraut, und es kann daher sehr viel besser mit Ihrer Abwesenheit fertigwerden.

Einige Kindergärtnerinnen oder Erzieherinnen ermutigen die Eltern, die ersten Tage bei ihren Kindern zu bleiben. Es gibt aber Kinder, für die das problematisch ist. Das sind die Kinder, die neue Abläufe so aufnehmen wie weicher Zement Fußabdrücke. Wenn sie erst einmal ihre Spuren angenommen haben, kostet es sehr viel Mühe, sie wieder zu entfernen. Solch ein Kind würde vielleicht recht gern alleine in den Kindergarten gehen, aber wenn die Mutter die ersten Tage mit dableibt, könnte es den Kindergarten schnell als etwas betrachten, das eine Angelegenheit für Mutter und Kind ist, und dann nichts anderes mehr akzeptieren! Es ist am besten, diese Kinder auf genau die Weise beginnen zu lassen, an die sie sich gewöhnen müssen, nämlich allein. Das kann auch auf ein Kind zutreffen, das sehr schüchtern Neuem gegenüber ist. Wenn Ihr Kind zu dem Typ gehört, der sich mit der Hartnäckigkeit einer Klette an Gewohnheiten klammert, dann kann der unausweichliche Schmerz der Trennung durch Herauszögern nur vergrößert werden, wenn Sie mehrere Tage bei ihm bleiben.

Wenn Sie berufstätig sind und deshalb am ersten Tag nicht bei Ihrem Kind bleiben können, sollten Sie es rechtzeitig darauf vorbereiten. Erzählen Sie dazu die Anna-Geschichte und reden Sie über die tägliche Kindergartenroutine.

Wenn Ihr Kind schon einmal bei Freunden oder Verwandten war oder mehrere Stunden mit einem Babysitter allein gelassen wurde, ist es gut auf den ersten Abschied im Kindergarten vorbereitet. Der erste Tag kann für ein Kind sehr viel traumatischer sein, wenn es noch niemals zuvor von Ihnen getrennt war. Das bedeutet nicht, daß Sie das Kind eine Woche lang irgendwo abgeben müssen, um es daran zu gewöhnen, sondern daß Sie es eher daran gewöhnen sollen, für eine kürzere Zeit voneinander getrennt zu sein.

Die Kinder werden auch auf unterschiedliche Art den neuen Ablauf annehmen. Wenn Ihr Kind die anderen eine Zeitlang beobachtet und sich ihnen nicht gleich anschließt, so heißt das nicht, daß Sie mit ihm zu einem Psychologen gehen müssen. Vielleicht wird es erst langsam warm, ist aber vollkommen glücklich und gut angepaßt. Es braucht einfach nur ein wenig Zeit, um die neue Situation einzuschätzen. Auch wenn Sie selbst nicht glücklich darüber wären, tagelang am Rand zu sitzen, so muß es

Ihrem Kind nicht ebenso gehen. Es gibt eine Tendenz, Geselligkeit und energiegeladenes Spielen als „gute Anpassung" zu bewerten, aber davor sollten wir uns hüten. Ein stilleres Kind, dem Einzelaktivitäten mehr liegen, kann genauso gut angepaßt sein wie der extravertierte gesellige Typ.

Für die meisten Kinder ist der Kindergarten die erste große Arena, in der sie ständig mit einer großen Gruppe ihrer Altersgenossen konfrontiert sind. Sie haben möglicherweise vorher auch mit anderen Kinder gespielt, z. B. in Spielgruppen, aber nun sind sie mit immer derselben, relativ großen Gruppe von Kindern desselben Alters für längere Zeitabschnitte tagein, tagaus zusammen. Setzen Sie eine beliebige Gruppe von Tieren dieser Situation aus, und Sie werden nach kurzer Zeit sehen, wie sich soziale Strukturen und bestimmte Untergruppen bilden. Kinder sind da nicht anders.

Einigen Kindern fällt es leicht, eine begünstigte oder angesehene Position in der Gruppe einzunehmen. Für andere ist das schwieriger. Vielleicht ist der wichtigste Aspekt hierbei,, daß ein Kind mit seiner Position in der peer group zufrieden ist. Das bedeutet nicht notwendigerweise, daß es das beliebteste Kind sein muß oder das klügste oder der geborene Anführer. Viele Eltern drängen ihre Kinder, „Häuptling" zu werden, und beklagen sich über den mangelnden Erfolg ihres Sprößlings, während die Kinder selbst vollkommen glücklich damit sind, einfache Indianer zu sein.

Einige Kinder möchten gern viele Freunde haben, andere werden mit wenigen zufrieden sein. Das verdammt sie nicht zu einem Leben als unglückliche Außenseiter. Es heißt nur, daß sie mehr Freude an Einzelbeschäftigung haben und nicht so sehr von der Gemeinschaft mit anderen abhängig sind. Wenn sie glücklich sind, so wie sie sind, dann erlauben Sie ihnen, den Weg, den sie gewählt haben, weiterzugehen.

Viele Kinder sind aber auch unglücklich mit der Position, die sie im Vergleich zu ihren Kameraden einnehmen. Solche Kinder haben oft den Eindruck, daß kaum einer oder sogar kein einziger in der Gruppe sie mag. Die Illustration meiner Tochter zeigt, wie bedrückend dieses Gefühl sein kann. Manchmal werden diese Kinder tatsächlich abgelehnt, aber manchmal ist diese Ablehnung auch nur eingebildet. Wie auch immer dies sein mag, man sollte dem nachgehen. Fragen Sie die Kindergärtnerinnen, ob Ihr Kind wirklich abgelehnt wird. Finden Sie heraus, wie Ihr Kind auf andere zugeht. Ist es zu aggressiv? Ist es zu schüchtern? Laden Sie vielleicht mehrere Altersgenossen aus der Schule oder dem Kindergarten zu sich nach Hause ein. Erzählen Sie Ihrem Kind Anna-Geschichten, die zu seiner Situation passen. Wenn Ihr Kind beispielsweise Freunde verliert, weil alles immer nur nach seinem Kopf gehen darf, lassen Sie Anna neue

„Ich mag dich nicht“, sagte der kleine Junge.
„Du bist doof“, sagte das kleine Mädchen.

und positivere Wege finden, wie sie sich den anderen Kindern gegenüber verhalten kann. Spielen Sie diese Geschichten mit dem Kind durch, mit Ihnen als Anna und Ihrem Kind als Klassenkameraden. Dann tauschen Sie die Rollen. All das bietet ihm positive Rollenmodelle, denen es nacheifern kann, und auch hilfreiche Übung in sozialen Skills.

Wenn Sie über den Kindergarten mit Ihrem Kind sprechen, tun Sie dies möglichst auf positive Weise, damit es Interesse bekommt und sich darauf freut, statt sich davor zu fürchten.

Teilen Sie Ihrem Kind mit, was es zu erwarten hat, indem Sie ihm beschreiben, was es dort wahrscheinlich tun wird. Wenn es möglich ist, sollten Sie den Kindergarten vorher besuchen, um Ihr Kind mit der Einrichtung vertraut zu machen. Zeigen Sie ihm auf jeden Fall die Toiletten. Wenn Sie ihm Essen in einer Box mitgeben, vergewissern Sie sich vorher, daß das Kind die Box auch selbst öffnen und schließen kann. Lassen Sie das Kind passende Kleidung wählen, so daß es sich nicht zu sehr von den anderen Kindern unterscheidet. Kinder können sehr grausam zu jemandem sein, der „anders“ ist, und Sie möchten doch, daß die ersten Tage so problemlos wie möglich werden.

Achten Sie auf Ihre eigenen Gefühle, wenn Sie sich von Ihrem Kind trennen. Schule oder Kindergarten ist ein großer Meilenstein sowohl für die Mütter als auch für die Kinder. Manche Kinder lehnen die Schule nur ab, weil sie das Gefühl haben, von ihrer Mutter ständig gebraucht zu werden.

Anna-Geschichte

Es war einmal ein kleines Mädchen. Es hieß Anna und lebte mit seiner Mutter, seinem Vater und einem großen schwarzen Hund in einem roten Backsteinhaus.[1] Anna war fünf Jahre alt, und manchmal kam sie sich wie ein sehr großes, wichtiges und erwachsenes Mädchen vor, das schon alle möglichen Dinge allein tun konnte: sich die Schuhe zubinden, sich selbst ihre Kleidung aussuchen und anziehen. Aber manchmal fühlte sie sich auch wie ein ganz kleines Mädchen, das sich vor bestimmten Sachen fürchtete, sich am liebsten sicher in den Schoß ihrer Mutter kuschelte und sie niemals verlassen wollte, wie ein Babykänguruh im Beutel der Mama.[2]

Das Gefühl, groß, stark und erwachsen zu sein, gab ihr zum Beispiel die Tatsache, daß sie sich morgens ganz allein anzog und auch genau die richtigen Kleidungsstücke aussuchte, die sie tragen wollte.[3] Und wenn sie mit Freunden spielte, die kleinere Geschwister hatten, die vielleicht noch nicht einmal richtig stehen oder gehen konnten, fühlte sie sich auch sehr groß und erwachsen.

Aber manchmal, wenn sie an einen fremden Ort mußte oder gleich mit einem ganzen Haufen unbekannter Kinder zusammenkam, dann wurde sie schüchtern und hatte Angst, daß die anderen Kinder sie nicht mögen würden oder nicht mit ihr spielen wollten oder daß sie über sie lachen oder ihr gar weh tun würden. Und dann wäre sie allein und niemand wäre da, der ihr helfen könnte.

---

[1]Wenn Sie die Geschichte beginnen, sollte die Umgebung soweit wie möglich der Ihres Kindes entsprechen.

[2]Versuchen Sie, die Heldin oder den Helden die Gefühle Ihres Kindes widerspiegeln zu lassen. Wenn Ihr Kind wegen des bevorstehenden Ereignisses nervös ist, lassen Sie die Heldin ebenfalls nervös sein und dann im Verlaufe der Geschichte Selbstvertrauen gewinnen.

[3]Obgleich die Heldin sich fürchtet und nervös ist, bemühen Sie sich darum, auch ein paar Stärken von ihr herauszustellen. Wenn Leute unsicher sind, vergessen sie häufig, daß sie überhaupt Stärken besitzen.

Da wirst du dir vorstellen können, daß sie sehr, sehr ängstlich wurde, als ihr Vater ihr beim Frühstück verkündete (sie aß gern Cornflakes mit Milch und ein weichgekochtes Ei in einem lustigen Haseneierbecher, der Beine hatte und so aussah, als ob er gleich vom Tisch hüpfen würde): „Na, Anna, nächste Woche geht der Kindergarten los."

Wenn Anna Angst bekam, dann bekamen alle Teile ihres Körpers auch Angst. Manchmal bekam auch ihr Kopf so viel Angst, daß sie Kopfschmerzen kriegte, die bumm, bumm, bumm machten, als ob ein Hase darin herumsprang oder jemand ein ganz festes Gummiband drumherum zog. Manchmal fühlte sich auch Annas Bauch so an, als ob er vor Angst einen ganz dicken Knoten hätte. Annas Vater sah, daß sie ängstlich war, und er sagte ihr, daß der Kindergarten ihr richtig Spaß machen würde und daß die Kinder mit ihr spielen würden. Es würde dort sehr schön für sie sein. Aber Anna wußte, daß ihr Vater so groß und stark war und so vieles konnte, daß er niemals Angst vor kleinen Kindern zu haben brauchte, und deshalb wäre der Kindergarten für ihn natürlich ein Vergnügen gewesen. Anna war aber ganz anders. Sie war klein und schüchtern und hatte vor vielen Sachen Angst. Und sie dachte traurig, daß ihr Papa einfach nicht verstand, wieviel Angst man vor dem Kindergarten haben konnte.

Annas Bauch tat weh und fürchtete sich, daher ging sie zu ihrer Mutter, um ihr davon zu erzählen. Annas Mutter rieb ihr ein wenig den Bauch und sagte: „Ich glaube, dein Bauch hat wahrscheinlich Angst davor, in den Kindergarten zu gehen." Anna dachte, daß das wohl stimmte, und ihre Mutter sagte: „Komm, wir setzen uns hin und machen ein Bilderbuch über ein Mädchen, das in den Kindergarten kommt." Und so setzten sie sich an den Tisch und malten dazu ein paar Bilder.[4] Anna malte Kinder und Kindergärtnerinnen und Spielzeug. Sie interessierte sich sehr für Spielzeug und liebte es über alles. Wenn sie später groß war, wollte sie einen Spielzeugladen haben, größer als der größte Spielzeugladen, den du je gesehen hast. Daher sprachen Anna und ihre Mutter über die Spielsachen, die es wahrscheinlich im Kindergarten gab, und sie malten Bilder von Puzzles, Bauklötzen und Bilderbüchern.

Anna malte auch ein Bild von einem Mädchen, das traurig und allein im Kindergarten dastand und dem dicke Tränen die Wangen herunterliefen. Aber sie malte auch ein Bild von einem Mädchen, das mit einem breiten Lächeln auf ihrem Gesicht puzzelte. Annas Mutter erklärte ihr, daß sie am ersten Tag noch eine lange Zeit bei ihr bleiben würde, damit Anna sich

---

[4] Malen und Modellieren sind sehr hilfreiche Methoden, durch die ein Kind seine Ängste ausdrücken und verarbeiten kann.

im Kindergarten nicht alleine fühlen müßte. Da ging es Anna ein wenig besser.[5] Ihre Mutter erzählte ihr außerdem, was alles im Kindergarten so vor sich geht – was sie dort spielen, wie die Kinder zusammen mit Milch und Obst frühstücken und noch viele andere Dinge.[6]

Als der große Tag kam, zog Anna sich an und band sich die Schuhe zu, aber im Innern fühlte sie sich immer noch sehr klein und fürchtete sich vor dem Kindergarten und vor dem, was ihr dort vielleicht passieren würde.

Die Mutter hielt Anna bei der Hand und stellte sie der Kindergärtnerin vor. Es gab so viele neue Gesichter – Anna verbarg ihr Gesicht am Rock ihrer Mutter und tat so, als wären die anderen gar nicht da.

„Sieh mal, ein Puzzle", sagte Annas Mutter, und Anna schaute hervor, weil sie sehr gern puzzelte und auch sehr gut darin war. Anna wünschte sich, es gäbe Wettbewerbe im Puzzeln mit Spielsachen als Preise, denn dann würde sie die alle gewinnen und hätte schon viele Spielsachen, um ihren Spielzeugladen damit auszustatten.

Während sie dasaßen und das Puzzle ausprobierten, sagte Annas Mutter: „Sieh mal das kleine Mädchen da drüben, sie sieht so schüchtern und allein aus.[7] Meinst du, wir sollten sie fragen, ob sie uns hilft, das Puzzle zu Ende zu bringen?" So fragten sie das kleine Mädchen, ob sie mit ihnen spielen wolle. Ihr Name war Lisa, und Lisa und Anna waren sehr mit dem Puzzle beschäftigt. Nach einer Weile sagte Annas Mutter: „Hättest du etwas dagegen, wenn ich mal kurz für eine Viertelstunde in den Laden an der Ecke gehe? Ich werde um zwölf Uhr zurück sein", und sie zeigte auf die Armbanduhr, denn Anna war schon ein großes Mädchen und konnte die Uhr lesen.[8] Anna war mit Lisa zusammen so sehr mit dem Puzzle beschäftigt, daß sie dachte, das ginge schon in Ordnung. Nach einer Weile sah sie zur Uhr und bemerkte, daß es fast zwölf war. „Mama müßte

---

[5]Passen Sie dies der Zeitspanne an, die Sie bei Ihrem Kind bleiben wollen. Wenn Sie nicht bei Ihrem Kind bleiben können, konzentrieren Sie sich auf den Punkt, daß sich Anna nach dem Weggehen ihrer Mutter gern mit anderen Dingen im Kindergarten beschäftigt.

[6]Je mehr Ihr Kind weiß, was es erwartet, desto weniger ängstlich wird es sein.

[7]Jemanden herauszupicken, der auch ein wenig schüchtern aussieht, wird Ihrem Kind das Gefühl geben, nicht allein in dieser Lage zu sein, eine Erfahrung, die für jeden ein Trost ist.

[8]Wenn Ihr Kind noch nicht die Uhrzeit ablesen kann, machen Sie Ihre Rückkehr an Aktivitäten fest, die die Gruppe dann ausführen wird. Zum Beispiel: „Ich werde zurück sein, wenn das Geschichtenerzählen zu Ende ist." Stimmen Sie sich dabei mit der Kindergärtnerin ab, um herauszufinden, welcher Plan für die Gruppe besteht.

bald zurück sein", dachte sie, und tatsächlich, da kam ihre Mutter durch die Tür.[9] Anna freute sich, daß sie schon groß genug war, ganz allein zu bleiben, zumindest im Kindergarten ohne ihre Mutter.

„Ich bin sehr stolz auf dich", sagte ihre Mutter, gab ihr einen dicken Kuß und nahm sie in den Arm.

Anna konnte es gar nicht abwarten, bis ihr Vater an diesem Abend nach Hause kam.

„Ich war ganz allein im Kindergarten!" Sie hüpfte herum und versuchte, sich an seinem Arm hin- und herzuschwingen, wie ein kleiner Affe. Ihr Vater mußte sehr stolz auf sie sein, denn er wurde nicht mal böse, als sie zu sehr an seinem Arm zog und ihm dabei weh tat. „Das freut mich aber sehr", meinte er, hob sie hoch, drückte sie und gab ihr einen dicken Kuß.

Sogar der Hund Blacky wurde ganz aufgeregt und wedelte so stark mit seinem Schwanz, daß Anna meinte, er müsse gleich abheben und in die Luft gehen, wie ein großer schwarzer Hubschrauber. „Dann könnte Blacky Mama und mich in den Kindergarten fliegen", dachte sie.[10] Sie hatte Bilder gesehen von Leuten, die in großen Weidenkörben mit einem riesigen Ballon darüber in die Luft aufstiegen. Ein fliegender Hund wäre besser als ein Ballon, dachte sie, weil man ihm sagen konnte, wo er hinfliegen soll. Papa verbrachte sonntags mehrere Stunden mit Blacky auf dem Hunde-Abrichteplatz, um Blacky beizubringen, wie er sich verhalten sollte. Deshalb glaubte sie, daß Blacky bestimmt schon sehr gut darin sein müßte. Sie stellte sich vor, wie die anderen Kinder gucken würden und sogar die Kindergärtnerinnen, wenn sie und ihre Mutter mit ihrem großen Korb auf dem Rasen vor dem Kindergarten landen würden. Alle Kinder würden denken, daß sie selbst auch gern einen fliegenden Hund hätten und einen großen Reisekorb. Anna würde sich bestimmt sehr wichtig vorkommen. Sie würde aus dem Korb steigen, ihrer Mutter einen Abschiedskuß geben und ihr zuwinken, wenn sie wieder in den Himmel aufstieg und wegflog, bis es Zeit war, zurückzukehren und sie wieder abzuholen. Anna mußte lächeln, als sie sich das vorstellte.

Aber am nächsten Morgen, als Anna aufwachte, war sie nicht mehr so fröhlich. Sie war im Gegenteil wieder ein wenig ängstlich geworden. So wie gestern, nur nicht ganz so schlimm. Sie erinnerte sich, wie schlecht es ihr ging, wenn sie irgendwo ohne ihre Mutter sein mußte, und sie konnte

---

[9]Es ist sehr wichtig, daß Sie zurückkommen, wenn Sie dies versprochen haben. Verspätung kann in dieser Situation zu unnötiger Panik und Furcht vor dem Verlassenwerden führen.

[10]Humor befähigt uns, Dinge von einem anderen Standpunkt aus zu betrachten, der weniger angstbesetzt ist.

wieder fühlen, wie sich ihr Bauch zusammenzog.

Ihr Vater hatte gerade sein Frühstück beendet, als Anna in die Küche kam. Sie gab ihm einen Kuß, sagte ihm aber nichts davon, wie es ihr ging. Sie schämte sich ein bißchen deswegen, weil sie ihm doch schon erzählt hatte, wie mutig sie gestern gewesen war, und er war doch so stolz auf sie gewesen.

Anna fühlte sich noch unglücklicher, als sie daran dachte. Sie manschte mit ihren Cornflakes herum und wünschte, sie wäre selbst ein Cornflake. Die brauchten wenigstens nicht in den Kindergarten. Dann dachte sie daran, daß sie aufgegessen werden. Sie überlegte, was wohl schlimmer war, aufgegessen zu werden oder in den Kindergarten zu müssen. Und dann dachte sie daran, was ihr Vater ihr über das Essen gesagt hatte. Er hatte gesagt, daß man es in den Mund steckt und daß es dann, nachdem man es hinuntergeschluckt hat, in den Bauch wandert und schließlich in der Toilette endet. Huh, dachte Anna, in den Kindergarten zu gehen war doch wahrscheinlich besser.

Annas Mutter bemerkte, daß Anna ein bißchen still war. „Machst du dir noch Sorgen wegen des Kindergartens?" fragte sie.

Anna nickte und stocherte in ihren Cornflakes herum.

„Ich hatte auch Angst vor dem Kindergarten, als ich klein war", sagte Annas Vater.[11]

Anna war so erstaunt, daß sie sich kerzengerade hinsetzte und fast aufgeschrien hätte. Man stelle sich nur mal ihren großen, starken Vater vor, wie er Angst vor dem Kindergarten hat! Das interessierte sie. „Was hast du da gemacht?" fragte sie.

„Ich bin weiter hingegangen, und nach einer Weile ging es mir besser, und dann gefiel es mir sogar."

„Viele Kinder haben Angst vor dem Kindergarten", sagte ihre Mutter.[12]

„Auch am zweiten Tag?" Anna fing schon an, sich besser zu fühlen. Es war gut zu wissen, daß sie nicht die einzige war, die Angst hatte.

„Auch am zweiten Tag. Manchmal dauert es mehrere Tage, bis man sich daran gewöhnt hat. Und weißt du, ich werde heute noch ein wenig bei dir bleiben."[13]

---

[11]Wenn Sie Ihr Kind wissen lassen, daß Sie, das Sinnbild für Stärke und Erfolg für Ihr Kind, auch schon Angst hatten, helfen Sie ihm zu erkennen, daß es ein Leben nach dem Kindergarten gibt. Auch wenn man sich fürchtet, kann man doch stark und mutig werden.

[12]Kinder brauchen die Versicherung, daß ihre Furcht von vielen anderen Kindern geteilt wird.

[13]Schließen Sie dies nur an, wenn Sie tatsächlich am zweiten Tag bleiben können.

Das munterte Anna etwas auf. Jetzt erinnerte sie sich auch daran, daß sie gestern zum Teil auch wirklich Spaß gehabt hatte. Zum Beispiel, als sie mit Lisa spielte.

Als sie dann zum Kindergartengelände kamen, wurde Anna ein wenig nervös. Es gab dort so viele Kinder. Sie spürte, wie sich ihr Bauch wieder aufregte. Sie waren gerade auf dem Weg zur Eingangstür, als sie plötzlich an Blacky, den fliegenden Hund, denken mußte, der mit ihr und ihrer Mutter zur Landung ansetzte. Der Gedanke war so lustig, daß sie lachen mußte. „Worüber lachst du denn?“ fragte ihre Mutter.

Anna erzählte es ihr, und beide fanden das so lustig, daß sie gar nicht aufhören konnten zu lachen.

Anna ging es schon viel besser.

Drinnen sah sie Lisa, die mit irgend etwas spielte. Lisa sah Anna auch und winkte ihr zu. Anna winkte zurück. Anna und ihre Mutter gingen zu Lisa hinüber. Sie hatte einen Legobaukasten und baute Türme. „Kann ich mitspielen?“ fragte Anna.

Lisa und Anna spielten fröhlich zusammen. Sie wollten immer höhere Türme bauen, was sehr aufregend war, weil sie immer wackeliger wurden und man niemals wußte, wann sie zusammenbrachen. Wenn sie dann umkippten, klapperten sie laut und verteilten sich im Umkreis.

Annas Mutter tippte ihr auf die Schulter. „Ich werde jetzt gehen“, sagte sie. „Deine Gruppe fängt jetzt gleich an zu malen, und ich denke, das wird dir gefallen. Ich komme um zwölf Uhr zurück, genau wie gestern.“

„Gut“, sagte Anna, und dann sagte sie zu Lisa: „Laß uns versuchen, noch einen Turm zu bauen, ehe das Malen anfängt.“

Anna malte zu gern. Sie war so mit dem Malen beschäftigt, daß sie es gar nicht merkte, als ihre Mutter zurückkam.

„Heute hat es unheimlich viel Spaß gemacht“, verkündete sie, als sie zum Auto gingen. „Wir haben gesungen und gemalt und Zahlenspiele gemacht. Und ich habe einen eigenen Haken, wo ich meine Jacke aufhängen kann.“

„Das hört sich ja toll an“, sagte ihre Mutter.

„Ja, das ist es auch“, sagte Anna. Sie war sehr glücklich.

Am nächsten Morgen ging Anna schon viel lieber zum Kindergarten. Sie bemerkte, daß an diesem Tag viele Kinder nicht mehr ihre Mütter dabei hatten.

Ihre Mutter sagte zu ihr: „Soll ich hierbleiben, bis ihr mit dem Singen anfangt?“ Das kam immer vor dem Malen.

„In Ordnung“, sagte Anna, „und dann kannst du mich wieder um zwölf abholen.“

„Genau", meinte ihre Mutter. „Ich glaube, du wirst ein richtig großes, erwachsenes Mädchen. Ich bin sehr stolz auf dich."

Anna fühlte sich großartig, als ihre Mutter das sagte.

Am nächsten Tag sagte die Mutter zu Anna: „Wenn ich dich heute in den Kindergarten bringe, bleibe ich nur zehn Minuten."

„Ist gut", antwortete Anna. Ihr gefiel der Kindergarten tatsächlich. Es war komisch, daß sie überhaupt keine Angst mehr hatte. Es gab dort so viel zu tun und so viel Spaß, daß sie ihre Mutter gar nicht vermißte. Es war an diesem Tag kaum noch eine Mutter da.

Anna war gern in der Gruppe. Sie kam sich ziemlich groß und erwachsen vor, wenn sie in den Kindergarten ging. Und sie wußte, daß sich die Kindergärtnerin um sie kümmern würde, wenn sie sich vor irgend etwas fürchtete.

Als Annas Mutter am nächsten Morgen sagte: „Ich glaube, du bist jetzt so weit, daß du ohne mich im Kindergarten bleiben kannst", nickte Anna nur und sagte: „Das glaube ich auch."

Nachdem also die Mutter Anna zum Kindergarten gebracht hatte, gab sie ihr einen Kuß und winkte zum Abschied.

Für einen Moment fühlte sich Anna ein wenig unsicher und begann schon, unruhig zu werden, weil ihre Mutter weggegangen war, als ihre Kindergärtnerin kam und sagte: „Würdest du mir helfen, die Legosteine zusammenzusammeln, Anna?"[14] Anna freute sich, denn sie half der Kindergärtnerin gern. Sie war so eifrig damit beschäftigt, der Kindergärtnerin zu helfen und mit den anderen Kindern zu spielen, daß sie ganz vergaß, sich zu fürchten. Sie hatte im Gegenteil richtig Spaß.

Am Abend fühlte sich Anna ganz großartig.

„Ich bin so stolz auf dich", sagte Mama.

„Ich bin so stolz auf dich", sagte Papa.

„Ich bin so stolz auf dich", wedelte Blacky.

Und Anna war selbst stolz auf sich.

Der Kindergarten macht wirklich Spaß, dachte sie, als sie sich in ihr Bett kuschelte.[15] Sie freute sich wirklich auf morgen.

---

[14]Teilen Sie der Kindergärtnerin mit, daß Ihr Kind schüchtern oder nervös ist, damit sie ein besonders wachsames Auge darauf haben kann, wenn das Kind Anzeichen von Unruhe zeigt.

[15]Das Ende bietet Hoffnung, eine positive Lösung und die erfreuliche Aussicht auf den nächsten Tag.

Scheidung

Scheidung ist ein außerordentlich kompliziertes Thema. Jede Scheidung verläuft anders, und dennoch: Wenn Sie einen Raum voller Leute haben, um Erfahrungen über die Auswirkungen einer Scheidung auszutauschen, werden Sie feststellen, daß sehr viele im Raum zustimmend mit dem Kopf nicken und damit sagen: „Genauso geht es mir auch!“

Es wäre unmöglich, eine therapeutische Geschichte zu schreiben, die alle Variationen zu diesem Thema umfaßt. Statt dessen habe ich etwas zusätzlichen Platz reserviert, um Informationen über die Scheidung und die Reaktion der Kinder darauf zusammenzustellen, damit Sie darauf zurückgreifen können, wenn Sie Ihre eigene Anna-Geschichte machen.

Scheidung ist ein immer häufigeres Phänomen in unserer Gesellschaft. Obwohl sie einige der alten Schock- und Horroraspekte verloren hat, zieht sie immer noch viel Kummer und Sorgen nach sich.

Eine Scheidung bringt allen Betroffenen großen Streß. Menschen reagieren darauf mit einer Vielzahl an Emotionen – Wut, Schuldgefühl, Trauer, Furcht, Erleichterung, Sehnsucht usw. Obwohl Scheidung für die meisten Kinder ein höchst traumatisches Erlebnis ist, haben Untersuchungen gezeigt, daß dies auf lange Sicht nicht zu einem dauernden emotionalen Schaden führen muß. Es ist der Hintergrund der Scheidung, der darüber entscheidet, wie gut ein Kind dieses schmerzliche Ereignis verkraftet. Ich werde die Faktoren, die diesen Hintergrund ausmachen, in den folgenden Abschnitten weiter ausführen.

Die Reaktion der Kinder auf eine Scheidung

Die meisten Kinder zeigen Anzeichen von Streß im ersten Jahr nach einer Scheidung oder Trennung. Wut, Trauer und Konfusion sind die wichtigsten Emotionen, die sie erleben.

Kinder können auf beide Elternteile böse sein, weil sie die Familie nicht zusammengehalten haben. Sie können auch auf sich selbst böse sein, weil sie den Eindruck haben, ihre Ungezogenheit hätte Mama und Papa auseinandergebracht, oder weil sie es versäumt zu haben glauben, etwas für den Zusammenhalt ihrer Eltern zu tun. Diese Gefühle von Wut sind für das Kind schwer zu handhaben und auszudrücken. Es könnte zum Beispiel fürchten, seine Wut dem Elternteil zu zeigen, bei dem es nicht lebt, aus Angst, von diesem völlig abgelehnt und nicht mehr zu Besuchen abgeholt zu werden. In ähnlicher Weise mag es sich vorstellen, daß der Elternteil, bei dem es lebt, auf seine Wut mit Zurückweisung reagieren könnte. Die Intensität seiner Wut erschreckt das Kind vielleicht: Selbst wenn es nur wenig davon herauskommen läßt, könnte sie unkontrollierbar sein.

Wut auf den einen Elternteil kann auch auf den anderen Elternteil übertragen werden, weil das Kind sich dort sicherer fühlt und Wut zu zeigen wagt. Das tun wir alle manchmal. Denken Sie an die Augenblicke, in denen wir Wutausbrüche hatten gegenüber alten Freunden oder Verwandten, von denen wir wissen, daß sie uns nicht verlassen werden. Bei neuen Freunden oder distanzierten Verwandten werden wir den Ärger zurückhalten, weil wir Angst davor haben, etwas Falsches zu tun und sie damit zu vertreiben. Es ist ein Kompliment an einen Menschen, wenn wir uns bei ihm sicher genug fühlen, um Wut zu zeigen. Natürlich ist dies ein schwacher Trost, wenn Sie der Teil sind, der die Wut abbekommt.

Manchmal kann sich die Wut der Kinder auch über Schulfreunde und Lehrer ergießen oder sie kann sich in destruktivem, ausagierendem Verhalten ausdrücken. Dies ist das Phänomen, das wir „die Katze treten“ nennen: Eine Frau kommt wütend nach Hause, nachdem sie von ihrem Chef zur Schnecke gemacht wurde. Da sie ihren Chef nicht treten kann, weil sie sonst ihren Job verlöre, läßt sie ihren Ärger am ersten lebendigen Objekt aus, das ihr über den Weg läuft – der unglücklichen Katze.

Trauer ist eine fast generelle Begleiterscheinung einer Scheidung. Es ist natürlich, über einen so schmerzhaften Verlust traurig zu sein. Kinder wie Erwachsene müssen den Prozeß der Trauer über die Trennung der Familie durchleben.

Die Trauer kann mit Gefühlen von Unzulänglichkeit und schwachem Selbstwertgefühl gekoppelt sein. Das Kind hat vielleicht den Eindruck, es sei wertlos, schlecht oder nicht liebenswert. Es denkt vielleicht, daß es alles falsch macht.

Manchmal kann die Trauer eines Kindes die Form eines passiven Rückzugs vom Leben annehmen. Das Kind ist niedergeschlagen und uninteressiert an der Schule, seinen Freunden und all den anderen Dingen, die es früher gern mochte. Hin und wieder gibt es einen Anfall von aufgeregter Überaktivität, als ob das Kind versuchte, vor den traurigen Gefühlen davonzulaufen.

Das Kind kann leicht in Tränen ausbrechen und über Dinge weinen, die es früher nie bewegt haben. Es kann Ängste von neuem durchleben, wie Angst vor Dunkelheit, die es früher schon überwunden hatte, oder neue Ängste entwickeln. Wenn es schon sauber ist, kann es anfangen, wieder einzunässen. Es kann zusätzliche Aufmerksamkeit beanspruchen und die normalen, alltäglichen Trennungen, wie z. B. den Gang zur Schule, schwer erträglich finden. Es kann auch körperliche Symptome, wie z. B. Bauchschmerzen, entwickeln oder Konzentrationsprobleme in der Schule bekommen.

In dem Chaos einer Scheidung mag sich ein Kind häufig vergessen und verloren vorkommen. Oftmals ist es für die Eltern schwer, mit ihren eigenen überwältigenden Gefühlen umzugehen, so daß sie nur wenig emotionale Energie für ihr Kind übrighaben. Das ist sehr beängstigend für das Kind, und es verdoppelt dann vielleicht krampfhaft seine Versuche, Aufmerksamkeit zu erwecken, was dazu führt, daß es für nörgelig oder ungezogen gehalten wird.

Oft ist es auch verwirrt und seinen widerstreitenden Gefühlen ausgeliefert. Manchmal wird es sich erleichtert darüber fühlen, daß die Streitereien enden, wenn Papa auszieht, aber gleichzeitig wünscht es sich verzweifelt, daß er bleiben möge. Es ist schwierig für das Kind, in die Zukunft zu schauen und die Endgültigkeit der Scheidung zu begreifen. Kleine Kinder haben schon Schwierigkeiten, die nächste Woche zu erfassen, ganz zu schweigen vom nächsten Monat oder dem nächsten Jahr. Es kann im unklaren darüber sein, was zu der Scheidung geführt hat und wie sich die neuen Beziehungen zu beiden Eltern entwickeln werden. Zwischen den Eltern hin- und hergerissen, ist es abwechselnd böse und flehend, nicht sicher, welcher von beiden die Schuld trägt. Es macht sich vielleicht darüber Gedanken, wie oder ob es überhaupt seinen Freunden, Lehrern oder anderen Menschen aus seinem Leben davon erzählen soll. Und was am schwersten wiegt: Es wird sich schmerzlich und beängstigend hilflos fühlen. Das ist vielleicht das qualvollste und überwältigendste Erlebnis seines Lebens, und es gibt nichts, was es dagegen tun könnte.

Die Ängste und Phantasien der Kinder

Vielleicht ist die schlimmste Furcht, die das Kind während einer Scheidung erlebt, die Furcht, verlassen zu werden. Wenn wir an unsere Kindheit zurückdenken, erinnern wir uns, daß wir in bestimmten Situationen diese Furcht durchlitten haben, wenn wir beispielsweise unsere Mutter im Einkaufsgedränge aus den Augen verloren hatten. Wir standen da, angefüllt mit blankem, kaltem Entsetzen und dem schrecklichen Bewußtsein, klein, verloren und entsetzlich allein zu sein. Die Furcht vor dem Verlassenwerden ist sogar in intakten Familien verbreitet. Dies hängt mit der natürlichen Hilflosigkeit und Abhängigkeit des Kindes von den Eltern zusammen. Märchen aus aller Welt stellen das Thema des Verlassenwerdens dar; „Hänsel und Gretel" ist das beste Beispiel dafür.

Bei einer Scheidung werden alle Phantasien des Kindes vom Verlassenwerden scheinbar Wirklichkeit. Es ist sehr wichtig, dem Kind zu versichern, daß es nicht verlassen wird. Diese Beruhigung wird wahrscheinlich von Zeit zu Zeit wiederholt werden müssen. So alltägliche Situationen, wie zum Beispiel mit einem Babysitter allein gelassen zu werden, kann die Furcht wachrufen, Sie könnten niemals wiederkommen. Manchmal hilft es schon, wenn Sie Ihrem Kind sagen, wohin Sie gehen, und eine Telefonnummer hinterlassen, wo es Sie erreichen kann.

Kinder denken manchmal auch, daß sie für die Scheidung der Eltern die Verantwortung tragen. Ein Kind kann auf den Gedanken kommen, seine Ungezogenheit habe den Vater aus dem Haus getrieben. Oder es denkt, Mama und Papa hätten sich getrennt, weil sie so sehr über sein schlechtes Verhalten gestritten hätten. Die Überzeugung, daß die Geschehnisse von ihm verursacht wurden, spiegelt das Gefühl von Omnipotenz des Kindes. Wenn wir klein sind, denken wir, daß sich die Welt nur um uns dreht und daß alle Dinge, die passieren, von uns ausgehen. Wenn wir erwachsen werden, sind die meisten von uns ziemlich schmerzhaft dazu gezwungen, diese königliche Weltanschauung aufzugeben und sich mit ihrem bescheidenen Platz in der Welt zufriedenzugeben.

In einigen Familien wird die Furcht des Kindes, der Grund für die Scheidung zu sein, natürlich dadurch schrecklich verstärkt, daß ein Elternteil das Kind oder die Kinder tatsächlich für die Scheidung verantwortlich macht. Einem Kind zu sagen, es trage die Schuld an einer Scheidung, ist eine unerträgliche Belastung für das Kind; es sollte niemals geschehen.

Kleine Kinder entfalten auch etwas, was Psychologen „magisches Denken“ nennen. Dies beinhaltet den Glauben, daß Gedanken oder Gefühle tatsächlich Dinge im realen Leben ins Rollen bringen können. Ein Kind, das wütend auf einen Elternteil war, nachdem es von ihm bestraft wurde, kann zum Beispiel davon überzeugt sein, daß seine wütenden Gedanken Vater oder Mutter auf der Treppe haben ausrutschen, krank werden oder sich von der Familie trennen lassen.

„Wie dumm!“ mögen Sie ausrufen, die Sie sich im Wissen eines Erwachsenen sicher fühlen können. Aber denken Sie nächstes Mal daran, wenn Sie am Freitag, dem 13., einen Termin haben oder auf Holz klopfen. Wir alle sind vom magischen Denken nicht sehr weit entfernt.

Mit dem Gefühl, irgendwas getan zu haben, was die Eltern auseinandergebracht hat, ist bei vielen Kindern die Vorstellung verbunden, etwas tun zu können, um die Eltern wieder zusammenzubringen. Sehr viele Kinder probieren alle möglichen Taktiken aus, um ihre Familie wieder zu vereinen. Ein kleines Mädchen mag denken, daß ihr Papa wieder nach Hause kommen wird, wenn es sich sehr gut benimmt. Oder, wenn sie sich sehr schlecht benimmt, daß dann ihre Eltern zusammenkommen müssen, um über ihr Verhalten zu beratschlagen. Sie mag denken, daß ihr Vater nach Hause zurückkommt, wenn sie krank wird.

Kinder halten fast ausnahmslos lange an der Vorstellung fest, daß Mutter und Vater wieder zueinander finden werden, und zwar noch lange über den Zeitpunkt der endgültigen Scheidung hinaus.

Kinder machen sich aber nicht nur Sorgen um ihr eigenes Wohlergehen, sondern auch um das ihrer Eltern. Sie können sich Gedanken um ihren „armen Papi“ ganz allein in seiner Wohnung machen, der nun selbst für sich sorgen muß. Oder sie machen sich Sorgen um die Mami, die so traurig und müde aussieht. Sie können sich auch Sorgen um finanzielle Angelegenheiten machen. Solche Ängste werden durch Kommentare der Eltern genährt, wie „Sie hat mir den letzten Pfennig aus der Tasche geholt“, und „Wir werden niemals von dem Geld leben können, das er uns gibt“.

Kinder haben oft Phantasien über den Elternteil, der nicht da ist. Sie können ein idealisiertes Bild von dem Elternteil aufbauen, den sie nur gelegentlich sehen, so daß die Realität zu einer verheerenden Enttäuschung werden kann.

Manchmal idealisiert ein Kind einen Elternteil um so mehr, je schwächer und unzulänglicher er ist. Das liegt daran, daß es für das Kind zu schmerzhaft sein würde zuzugeben, wie bedauernswert oder unzulänglich sein Vater/seine Mutter ist; statt dessen baut es eine Phantasiegestalt auf. Auf der anderen Seite ist es einfach, die Fehler eines kompetenten Elternteils zu sehen, weil das Kind weiß, daß auch mit ein paar Fehlern dieser Elternteil noch gut und stark genug ist, um ihn lieben, zu ihm aufsehen und sich auf ihn verlassen zu können.

Diese Ängste und Phantasien sind bei vielen Kindern sehr verbreitet, aber es ist gut, wenn Sie Ihr Kind fragen, welche Ängste es bezüglich Ihrer Scheidung hat. Auch wenn es dies nicht sofort in Worte fassen kann, vielleicht kann es etwas davon zeichnen oder malen.

Wie man es den Kindern sagt

Wenn nur irgend möglich, sollten Sie Ihrem Kind von der bevorstehenden Trennung berichten, bevor einer von Ihnen tatsächlich ausgezogen ist. Das gibt dem Kind ein wenig Zeit, darüber nachzudenken, den Anfangsschock etwas zu überwinden und mit Ihnen beiden darüber zu sprechen, was dies für es selbst bedeutet. Kinder brauchen wiederholt Gelegenheit, um beiden Elternteilen Fragen stellen und mit beiden über ihre Gefühle sprechen zu können. Sie brauchen Zeit, um die neue Situation zu verdauen und immer wieder darauf zurückzukommen. Erwarten Sie nicht, daß ein einziges Gespräch unter vier Augen alles abdecken kann.

Manchmal ist es für das Kind schwierig, seine Gefühle in Worte zu fassen. Ermuntern Sie es, seine Gedanken und Gefühle künstlerisch auszudrücken, durch Puppenspiel oder Geschichtenerzählen. Künstlerische Arbeiten von Kindern geben einen wundervollen Einblick in ihre innersten Gedanken und Gefühle. Die Zeichnung meiner Tochter illustriert beispielsweise, wie unglücklich und hilflos sich das Kind fühlt. Beachten Sie die aufrechten Klappen um das Bett herum, die als Schutzpuffer zu dienen scheinen vor den streitenden Stimmen der Eltern. Und ganz spontan hat sie eine altmodische Waage auf dem Tisch gemalt – ein Symbol des ständigen Abwägens und Ausbalancierens, dem das Kind, das zwischen den Eltern steht, ausgesetzt ist.

Wenn Sie Ihrem Kind die Scheidung erklären, achten Sie darauf, Ihre Worte so zu wählen, daß sie verständlich sind. Untersuchungen haben gezeigt, daß vielen Kindern entweder gar keine Erklärung für die Scheidung gegeben wurde oder eine, die über ihre Köpfe hinwegging. Kindern, die eine ihnen verständliche Erklärung bekommen hatten, ging es emotional viel besser als denen, die nicht aufgeklärt wurden. Kinder, die man über die Scheidung im dunkeln läßt, werden dadurch oft in eine ver

„Ich hasse dich", schrien sich ihre Eltern gegenseitig an.

zweifelte Suche nach Anhaltspunkten und Erklärungen getrieben, um der Welt, in der sie sich nun wiederfinden, einen Sinn zu geben.

Es ist auch wichtig, daß die Erklärungen, die Sie Ihrem Kind geben, zu seinem Alter passen. Beispielsweise wäre es nicht angemessen, eine Achtjährige mit den Details über die Affären ihres Vaters zu überschütten.

Seien Sie sich bewußt, daß Kinder mehr Informationen brauchen, wenn sie älter werden. Eine Zwölfjährige versteht zum Beispiel besser, wie Beziehungen zwischen Erwachsenen funktionieren, und will mehr über die komplexen Einzelheiten Ihrer Scheidung wissen als eine Zehnjährige. Es ist wichtig, daran zu denken, daß Scheidung ein Prozeß im Familienleben ist, kein einzelner, getrennter Vorgang.

Wenn Sie mit Ihrem Kind über die Scheidung sprechen, betonen Sie, daß Ehepartner sich zwar scheiden lassen können, daß aber Eltern sich nicht von ihren Kindern lossagen können. Machen Sie ihm klar, daß Sie immer seine Mutter oder sein Vater bleiben und für den Sohn oder die Tochter sorgen werden. Wenn das Kind nicht bei Ihnen leben wird, Sie aber Besuchsrecht haben, ist es wichtig zu betonen, daß Sie es lieben und auch weiter seine Mutter oder sein Vater bleiben werden, daß das Kind immer ein Teil Ihres Lebens sein wird, selbst wenn Sie nicht mehr mit ihm zusammenleben. Geben Sie dieses Versprechen aber nicht, wenn Sie es nicht vollständig halten wollen. Gebrochene Versprechungen dieser Art brechen dem Kind buchstäblich das Herz.

Wenn ein Elternteil einfach gegangen ist und keinen Kontakt mehr zu dem Kind haben will, ist es wichtig, dem Kind mitzuteilen, daß das Problem auf seiten dieses Elternteils liegt. Kinder denken oft, daß ihre Schlechtigkeit oder Wertlosigkeit der Grund dafür ist, daß ein Elternteil sie verlassen hat. Betonen Sie, daß der weggegangene Elternteil einfach nicht erwachsen genug war, um Vater oder Mutter zu sein, und daher viele Schwierigkeiten hatte, die Rolle eines richtigen Vaters oder einer richtigen Mutter zu spielen. Bauen Sie das Selbstwertgefühl Ihres Kindes wieder auf und versichern Sie ihm, daß es wertvoll und liebenswert ist.

Wenn Sie Ihrem Kind die anstehende Trennung oder Scheidung mitteilen, sollten Sie es unbedingt wissen lassen, daß es keine Schuld daran trägt. Es hat nichts getan, um die Trennung zu verursachen, es hätte nichts tun können, um sie zu verhindern, und es kann Sie beide nicht wieder zusammenführen. Scheidung ist eine Entscheidung von Erwachsenen, nicht von Kindern. Unterstreichen Sie auch das Endgültige der Scheidung. Kinder glauben oft noch lange nach der Scheidung, daß die Eltern wieder zueinander finden können. Es ist besser, sie in dieser Phantasie nicht zu bestärken.

Wenn Sie mit Ihrem Kind über Scheidung sprechen, merken Sie an, daß es ein schwieriger Weg ist, der vor Ihnen liegt, aber daß sie es schaffen werden. Zu häufig versprechen Eltern ihren Kindern: „Es wird alles besser nach der Scheidung.“ In Wirklichkeit aber muß einige Zeit vergehen, bevor die erwartete Besserung eintritt. Kinder werden dadurch verwirrt und mißtrauisch, wenn sie sehen, daß sich die Dinge nach der Scheidung zunächst verschlechtern.

Stellen Sie schließlich sicher, daß Ihr Kind Ihre Erklärungen versteht. Nur weil Ihr Kind Ihnen wie ein Papagei nachplappern kann „Mama und Papa lassen sich scheiden“, bedeutet dies noch lange nicht, daß es die Bedeutung der Scheidung begreift. Machen Sie sich auf wiederholte Fragen gefaßt. Kinder müssen von Zeit zu Zeit auf dieses Thema zurückkommen können. Sie können unterschiedliche Fragen stellen oder dieselben Fragen viele Male wiederholen. Sie wollen nicht lästig sein; sie versuchen nur, einen enormen Umbruch in ihrem Leben zu verarbeiten, und dafür brauchen sie Zeit, Nachdenken, Informationen und wiederholte Bestätigung.

Probleme und Fallen

Scheidungskinder müssen mit dem Problem fertigwerden, daß die Zeit der Scheidung für die Eltern eine so überwältigende und schmerzhafte Zeit ist, daß sie wenig emotionale Energie für ihr Kind übrighaben. Das Kind mag sich von beiden Elternteilen verlassen fühlen, nicht nur von demjenigen, der das Zuhause verläßt. Dazu kommt noch, daß der Elternteil, bei dem das Kind lebt, aus finanziellen Gründen vielleicht noch zusätzlich arbeiten muß, was noch weniger Zeit und Energie für das Kind übrigläßt.

Geschiedene Eltern tappen häufig in die verlockende, aber tödliche Falle, um die Liebe und Loyalität des Kindes zu kämpfen. Das kann dazu führen, daß das Kind in einen Streit hineingezogen wird, in dem es zwischen Vater und Mutter wählen soll. Rivalität kann aus dem Wunsch entstehen, die eigene Selbstachtung wieder aufzubauen; oder dem Verlangen nach Rache am Partner. Sie entspringt dem Bedürfnis, den Ehepartner als schlechten Menschen zu sehen, oder der Hoffnung, daß das Kind die Notwendigkeit der Scheidung bestätigt, indem es sich vom ehemaligen Partner zurückzieht. Es gibt viele Gründe, warum Eltern auf diesem Felde miteinander konkurrieren, aber es gibt nur ein unausweichliches Resultat: Das Kind wird schwer beeinträchtigt und durch diesen schrecklichen Kampf traumatisiert.

Manchmal überschüttet der Elternteil, bei dem das Kind nicht lebt, im Bemühen um seine Gunst das Kind mit Geschenken und versucht, die Besuchstage zu aufregenden, mit Spiel und Spaß vollgepfropften Sondervorstellungen zu machen. Hinter dieser Orgie an Spaß und Geschenken verbirgt sich häufig die Furcht dieses Elternteils, ohne solche Anstrengungen zurückgewiesen zu werden. Manchmal überdeckt es die Tatsache, daß dieser Elternteil sich unfähig fühlt, mit seinem Kind ganz einfach zu sprechen, und so verfällt er in hektische Aktivität, statt einfach dazusein. Auch wenn Kinder Geschenke und Zirkus lieben, am Ende ist doch das, was sie am meisten schätzen werden, einfach die normale Zeit mit Ihnen zu verbringen. Eine Zeit, in der sie erzählen können, was in der Schule passiert ist, wenn Sie zum Beispiel zusammen den Abwasch machen.

Zwei quälende Rollen, die den Kindern oft während und nach einer Scheidung aufgezwungen werden, sind die des Spions und des Boten. Sie werden nach der Rückkehr vom Besuch beim anderen Elternteil regelrecht verhört, werden dazu aufgefordert, die Geheimnisse des einen Elternteils vor dem anderen zu bewahren, oder man trägt ihnen Botschaften auf, die die Eltern sich besser direkt übermitteln sollten. Diese Rollen sind für das Kind eine Qual. Am Anfang wird die verstärkte Intimität eines Geheimnisträgers oder die Macht eines Boten für das Kind interessant sein, aber schließlich kann das ständige Wechseln der Loyalität zu einer unerträglich schmerzhaften Situation führen. Es wäre schon für einen gesunden Erwachsenen eine zu große Last, wieviel mehr ist es das für ein verletzliches Kind.

Kinder versuchen manchmal auch, ihre Eltern zu manipulieren, indem sie sie gegeneinander ausspielen oder indem sie mit konstantem Sticheln und Bohren herausfinden wollen, wie weit sie bei dem einen oder anderen Elternteil gehen können. Dies ist für gewöhnlich der Test, mit dem das Kind seine Grenzen auslotet. Wie weit kann es sich hervorwagen, ehe es in seine Grenzen verwiesen wird? Obwohl Kinder ihre Macht als erfolgreicher Manipulator manchmal genießen, so kann sie ihnen auch ein Gefühl von Unsicherheit vermitteln. Wenn die Eltern nicht stark genug sind, sie zu kontrollieren, wie können sie dann stark genug sein, um als Führer, Vorbilder und Beschützer in der harten Welt der Erwachsenen akzeptiert zu werden? Kinder fühlen sich viel sicherer, wenn ihnen fest und vernünftig Grenzen gesetzt werden. Sie sind noch keine Erwachsenen, sie brauchen Eltern, die angemessene Regeln aufstellen und darauf achten, daß diese eingehalten werden. Wenn es auch so aussehen mag, daß ihr Herz sich wünscht, in einem anarchischen Paradies zu leben, wenn sie Regel auf Regel brechen, so suchen die meisten Kinder doch nur nach der Beruhigung einer festen, erwachsenen Macht, die sie erhält und beschützt. Disziplin ist ein verbreitetes Problem nach einer Scheidung.

Kinder mögen Schwierigkeit haben, während dieser Phase einige ihrer Gefühle zu äußern. Wie schon vorher angedeutet, wird ihre Wut auf den einen Elternteil manchmal auf den anderen übertragen oder auf eine Person, die mit diesem Ereignis gar nichts zu tun hat. Besuchszeiten bringen auch häufig konfliktreiche Gefühle mit sich, und der Übergang von dem einen zum anderen Elternteil ist eine besonders heikle Phase für das Kind. Es mag sich auf diesen Besuch schon Tage im voraus gefreut haben, hat sich darauf eingestellt und war vielleicht sogar schmerzlich aufgeregt. Aber wenn dann der Tag kommt, hat es vielleicht Angst, den Elternteil zu verlassen, bei dem es lebt. Was ist, wenn Mama nicht da ist, wenn es zurückkommt? Was ist, wenn Mama krank wird oder traurig und einsam ist, während es weg ist? Was ist, wenn es in der unbekannten Umgebung von Vaters neuer Wohnung Angst bekommt? usw. Eltern haben auch häufig gemischte Gefühle. Der Elternteil, bei dem das Kind lebt, kann froh sein, einmal der Sorge um das Kind enthoben zu sein, aber gleichzeitig traurig sein oder besorgt, das Kind weggehen zu sehen. Der andere Elternteil könnte verwirrt oder verletzt sein, wenn er sieht, wie das Kind zögert und offensichtlich, in seinen Augen zumindest, sich vor dem Besuch fürchtet.

Manchmal werden aus den Kindern im Verlauf der Scheidung kleine Eltern gemacht. Das Kind wird zum wichtigsten Vertrauten und zur Quelle emotionaler Unterstützung für Mutter oder Vater. Das ist keine angemessene Rolle für ein Kind und hilft ihm überhaupt nicht. Manchmal kommt es dazu, daß das Kind zu viel Verantwortung für den Haushalt oder jüngeren Geschwistern gegenüber die Rolle eines Elternteils übernimmt. Auch wenn es in einem Haushalt, wo nur ein Elternteil lebt, wirklich sehr viel mehr Arbeit und mehr Verantwortung gibt, die geteilt werden muß, ist es wichtig, Kindern genug Zeit zu geben, Kinder zu sein.

Eine der Fallen, die die Zeit nach einer Scheidung bereithält, scheint sich gegen kleine Jungen zu richten. Alle Kinder werden während dieser Zeit verstärkt Schutzbedürfnisse haben. Sie brauchen vielleicht mehr Zeit zum Anlehnen und Schmusen, sind weinerlich oder übermäßig anhänglich. Untersuchungen haben gezeigt, daß Mädchen ihre Schutzbedürfnisse besser befriedigen können als Jungen. Eltern schmusen meist nicht so häufig mit ihrem Sohn und gehen auf seine Zeichen von Schutzbedürfnis weniger bereitwillig ein. Seien Sie unbesorgt, Sie verderben Ihr Kind nicht, wenn Sie seine Bedürfnisse nach zusätzlicher Aufmerksamkeit während dieser Phase befriedigen. Sie geben ihm einfach das Gefühl einer größeren Sicherheit und machen es ihm dadurch leichter, diese schwierige Zeit zu überstehen.

Was Sie tun können, um es leichter zu machen

Das Wichtigste, was Sie während dieser Zeit für Ihr Kind tun können, ist vielleicht, daß Sie ihm erlauben, beiden Elternteilen nahe zu sein. Zwingen Sie es nicht, sich zwischen Ihnen beiden zu entscheiden, oder geben Sie ihm nicht das Gefühl, es wäre unloyal, wenn es positiv auf den anderen Elternteil reagiert. Die meisten Kinder wünschen sich eine beständige, nahe Beziehung zu Vater und Mutter. Die meisten Kinder lieben ihre Eltern trotz ihrer Fehler. Das größte Zeichen von Liebe, das Sie Ihrem Kind geben können, ist, zu erkennen, daß es seine eigenen Gefühle gegenüber Ihrem Ex-Partner hat und daß diese sich von Ihren Empfindungen unterscheiden können.

Väter fühlen sich während dieser Zeit oft im Abseits, wenn das Kind nicht bei ihnen lebt. Sie mögen denken, daß die wöchentlichen Besuche im Vergleich zu den vielen Stunden, die das Kind mit der Mutter verbringt, nicht von großer Bedeutung sind. Untersuchungen haben jedoch gezeigt, daß gerade diese Besuche und damit der fortgesetzte Kontakt zum Vater für das Kind extrem wertvoll sind und zu einer gesunden emotionalen Entwicklung wesentlich beitragen. Es ist traurig, daß nach einigen Jahren die Häufigkeit und Kontinuität der Besuche nachläßt. Kinder reagieren auf diesen Verlust im allgemeinen mit heftigem Schmerz und Trauer, die oft durch eine Pose von Gleichgültigkeit oder Wut verdeckt wird.

Die Übergangszeit vor und nach den Besuchen ist häufig eine Zeit von verstärktem Streß für das Kind. Lassen Sie es wissen, daß es seine Zeit mit dem Vater genießen kann, ohne daß Sie dadurch verletzt oder aufgebracht sind. Fordern Sie es nicht auf zu spionieren oder Geheimnisse vor Ihrem Ex-Partner zu bewahren. Veranstalten Sie keine Spanische Inquisition, wenn das Kind von einem Besuch nach Hause kommt. Beruhigen Sie es, indem Sie ihm zeigen, daß es Ihnen gutgeht, solange es nicht da ist, und daß Sie dasein werden, wenn es wieder nach Hause zurückkommt. Planen Sie einen ruhigen Tag nach dem Besuch. Das Kind könnte Zeit und Raum brauchen, damit sich die Erlebnisse setzen können und der Übergang in Ruhe stattfinden kann.

Die normalen, alltäglichen Trennungen wie zur Schule gehen, einen Freund besuchen könnten in dieser Zeit für Ihr Kind schwierig werden. Dies spiegelt seine versteckte Unsicherheit und die Angst, verlassen zu werden, die mit diesen Krisen gewöhnlich an die Oberfläche kommt. Beruhigen Sie Ihr Kind, indem Sie ihm immer wieder versichern, daß Sie es niemals verlassen werden, daß Sie immer dasein werden, um es abzuholen usw. Manchmal ist es hilfreich, dem Kind einen besonderen Gegenstand von Ihnen zu geben, auf den es aufpassen soll, während Sie weg sind. Er stellt eine Verbindung zu Ihnen dar und ist außerdem eine konkrete Versicherung, daß Sie wiederkommen werden.

Während einer Scheidung werden Kinder wahrscheinlich Anzeichen von Streß zeigen. Vielleicht haben sie Konzentrationsschwierigkeiten in der Schule; vielleicht werden sie auf dem Sportplatz ungeschickt und verlieren ihren Platz in der Mannschaft; sie können grantig gegen ihre Freunde werden oder Ängste und Phobien entwickeln. Wenn das passiert, helfen Sie Ihrem Kind, indem Sie mit ihm darüber sprechen, wie Streß unsere Konzentrationsfähigkeit beeinflußt, so daß wir uns nicht mehr kraftvoll und selbstsicher fühlen. Beruhigen Sie das Kind, indem Sie ihm erklären, daß die nachlassende Konzentration nicht bedeutet, daß es dumm wäre, daß seine Ungeschicklichkeit nicht heißt, daß es ein Klotz ist, und daß seine Ängste es nicht zum Baby machen.

Lassen Sie das Kind wissen, daß es anderen Kindern in Zeiten von Streß ebenso geht. Die meisten von uns können sich an Zeiten von Streß erinnern, wo unser Verhalten so aus dem üblichen Rahmen fiel, daß wir dachten, wir würden „verrückt". Welch eine Erleichterung war es herauszufinden, daß es nur Streßsignale waren und nicht Verrücktheit oder irgendeine eigenartige, degenerative Krankheit.

Es kann auch hilfreich sein, Ihrem Kind beizubringen, sich zu entspannen, wenn es angespannt ist. Mehr Informationen über Entspannung finden Sie im letzten Kapitel.

Erzählen Sie den Lehrern Ihres Kindes von der Scheidung, dann können diese es leichter verstehen, wenn sich das Verhalten Ihres Kindes in der Schule ändern sollte. Die Lehrer können Ihrem Kind während dieser Zeit zusätzliche Hilfestellung geben.

Während und nach einer Scheidung gerät der Elternteil, bei dem das Kind lebt, häufig in einen Strudel von zusätzlicher Arbeit. Die Mutter muß vielleicht zusätzliche Arbeit oder überhaupt Arbeit aufnehmen, um sich finanziell abzusichern. Zu ihrer zusätzlichen Arbeit kommen dann noch die Sorgen, die Anspannung und die allgemeine emotionale Belastung durch die Scheidung. Das heißt, daß Ihr Kind zu einer Zeit, wo es Sie mehr als sonst braucht, tatsächlich weniger von Ihnen bekommt. Es mag so scheinen, daß jedesmal, wenn Sie ein bißchen Atem holen können, Ihr Kind etwas von Ihnen möchte. Während Sie versuchen, mehrere Dutzend Dinge gleichzeitig zu tun und die Bitte Ihres Kindes nach Aufmerksamkeit erfüllen wollen, passiert es leicht, daß Sie sich in eine Art böse Hexe aus dem Märchen verwandeln. Um dies zu vermeiden, ist es praktisch, eine bestimmte Zeit für Sie und Ihr Kind festzulegen, vielleicht eine halbe Stunde jeden Abend. Dies ist die Zeit, in der Sie mit Ihrem Kind zusammensitzen, Geschichten erzählen, spielen können, über den Tag sprechen und, was am wichtigsten ist, das Selbstwertgefühl des Kindes aufbauen. Umarmen Sie es, küssen Sie es, reden Sie mit ihm über seine besonderen Fähigkeiten, wie stolz Sie auf Sohn oder Tochter sind usw. Lassen Sie dies die Zeit sein, in der sich Ihr Kind wirklich geliebt und geschätzt fühlt.

Diese Zeit ist für die Kinder sehr wichtig – stellen Sie sich nur vor, wie gut Sie sich fühlen würden, täte das jemand mit Ihnen jeden Tag! Und weil es dieses besondere Geschenk einer ungeteilten, liebevollen Aufmerksamkeit von Ihnen bekommt, wird es sich viel geschützter und sicherer fühlen und daher zu anderen Tageszeiten Ihre ständige Aufmerksamkeit kaum brauchen.

In dieser emotional chaotischen Zeit ihres Lebens werden Kinder eine sichere, vorhersagbare Routine zu Hause besonders schätzen. Versuchen Sie, so wenig wie möglich im Leben der Kinder zu ändern. Wenn es geht, lassen Sie sie auf derselben Schule, in derselben Nachbarschaft, im selben Haus usw. Lassen Sie sie frühzeitig wissen, wann sie den Vater besuchen können und für wie lange. Eine strukturierte, bekannte Routine wird den Kindern ein zusätzliches Gefühl von Sicherheit geben.

Wenn Sie umziehen, dann nehmen Sie vertraute Möbelstücke mit, um sie im neuen Heim aufzustellen. Wenn es möglich ist, sollten Sie dem Kind erlauben, etwas für das neue Heim mit auszusuchen – vielleicht ein Möbelstück, einen Raumschmuck oder die Gardinen für sein Schlafzimmer.

Dieser Rat richtet sich auch an den Elternteil, bei dem das Kind nicht lebt. Ihr neues Zuhause wird Ihrem Kind zuerst sehr fremd sein. Wenn Sie es helfen lassen, sein Zimmer oder seine Ecke einzurichten, wird dies dazu beitragen, daß das Kind sich eher zu Hause fühlen wird.

Nach einer Scheidung gerät häufig auch die Disziplin durcheinander. Leider ist Disziplin in ihrer gerechten, gleichmäßigen und beständigen Form etwas, was Kinder, und insbesondere Kinder im Chaos, am meisten brauchen. Es gibt viele Gründe, warum Disziplin sich in Scheidungsfamilien häufig aufzulösen beginnt. Manchmal liegt es daran, daß der Vater in der Familie die Disziplin überwachte. Jetzt, wo er abwesend ist, muß die Mutter mit einer neuen und unbekannten Rolle kämpfen. Manchmal diszipliniert der Vater das Kind nicht mehr, wenn es nicht bei ihm lebt, weil er fürchtet, es würde ihn dann ablehnen, oder er versucht so, die Gunst des Kindes zu gewinnen.

Oftmals sind die Eltern so mit ihren eigenen Problemen beschäftigt, daß die Disziplin ihnen aus dem Blick gerät. Manchmal werden dem Kind Dinge erlaubt, die es früher nicht tun durfte, als Kompensation für die Scheidung oder weil die Eltern die Enttäuschung des Kindes oder seine Tränen nicht ertragen können.

Kinder versuchen in diesem Stadium scheinbar, jegliche Form von Disziplin zu unterlaufen – sie brechen Regeln, sind ungezogen, frech, herausfordernd. Manchmal ist es für das Kind ein Ventil, um seine Wut über die Scheidung auszudrücken. Oft ist es ein Weg, die Grenzen auszuloten – zu sehen, wie weit es gehen kann, bevor es von Vater oder Mutter ernsthaft zurechtgewiesen wird, oder um herauszufinden, wie stark die Eltern wirklich sind. Das beste, was Sie tun können ist, Ihrem Kind zu versichern, daß Sie es lieben und für es sorgen werden, egal wie ungezogen es manchmal auch sein mag. Manches Kind ist insgeheim davon überzeugt, daß ein weiterer Streit Sie dazu veranlassen wird, sich auch von ihm scheiden zu lassen. Es kann sich dazu getrieben fühlen, dies auf sehr praktische Art und Weise zu testen, indem es die Sache auf die Spitze treibt. Dieses Motiv kann das Kind aber selten verbal ausdrücken oder bewußt begreifen.

Es ist absolut notwendig, daß Sie Ihrem Kind Ihre Bindung und Ihre Liebe zu ihm versichern, ihm aber klarmachen, daß Sie es nicht außer Rand und Band geraten lassen werden und daß Regeln eingehalten werden müssen. Eine gleichmäßige, vernünftige und umsorgende Disziplin ist ein wundervolles Geschenk für Kinder. Es gibt ihm ein großes Gefühl von Sicherheit, befähigt es aber auch, Fertigkeiten zu lernen wie Selbstkontrolle, die ihm auf seinem Weg zum Erwachsenwerden helfen werden. Die Extreme von Disziplin – der strenge, autoritäre Stil und der zu weiche oder ungleichmäßige Laissez-faire-Stil – haben sich als nicht so wirksam herausgestellt wie der Mittelweg, ein Stil, der auf Autorität basiert, liebevoll ist und vernünftige und beständige Regeln hat. Im Rahmen dieses Stils können die Eltern die Gründe für Familienregeln erklären, dem Kind aber auch erlauben, seine Meinung zu Angemessenheit oder Gerechtigkeit dieser Regeln auszusprechen. Wenn jedoch erst einmal Regeln aufgestellt sind, sollten sie beständig und fest sein.

Wenn sich Ihr Stil von Disziplin von dem dem Ihres Ehepartners oder Ihrer Eltern unterscheidet, seien Sie nicht zu besorgt. Kinder können sich darauf einstellen, in welchem Haushalt sie gerade sind, auch wenn offensichtlich der Haushalt, in dem sie die meiste Zeit verbringen, den größten Einfluß auf sie hat.

Manchmal ergibt sich aus der „Alltags-Mutter“ und dem „Wochenend-Vater“ eine Rollenverteilung der Eltern in die „Guten“ und die „Bösen“. Mama bekommt das Etikett der nörgelnden Nein-Sagerin, während Papa der Ferienspaß-Vater wird. Wenn Sie sich in dieser Kluft wiederfinden, in der die Wochentage ein ständiges Karussell von Nörgeleien, Geschrei und Verboten sind, dann sollte man die Situation überdenken. Stellen Sie sicher, daß es in Ihrer wöchentlichen Routine noch Platz für Liebe und Spaß gibt. Betrachten Sie die Art, in der Sie mit Disziplin umgehen, und, wenn nötig, suchen Sie Hilfe.

Es gibt einige exzellente Bücher zu diesem Thema, oder wenn Sie das Gefühl haben, Sie brauchen mehr als das, sprechen Sie mit einem Berater oder Familientherapeuten. Sprechen Sie mit Ihren Kindern über das, was vor sich geht. Erzählen Sie ihnen, wie Sie sich fühlen, und finden Sie heraus, wie die Kinder sich fühlen. Schauen Sie, ob Sie zusammen einen

Weg finden, um kooperativ zusammenleben und einander besser unterstützen zu können. Denken Sie daran, die Kinder zu loben, wenn sie etwas richtig gemacht haben.

Zu oft konzentrieren wir uns auf das negative Verhalten unserer Kinder und vergessen darüber das Positive. Denken Sie über Ihren eigenen emotionalen Zustand und den Ihrer Kinder nach: Ist einer oder sind mehrere beispielsweise depressiv? Wenn das so ist, suchen Sie professionelle Hilfe; Sie müssen nicht alles allein auskämpfen.

Zum Schluß solten Sie erkennen, daß die Erholung von einer Scheidung einige Zeit in Anspruch nimmt. Es wäre töricht zu glauben, daß sich jeder vom Tage eins an auf die neue Situation vollständig umstellt. Jedes Familienmitglied wird während einiger Zeit durch emotionale Höhen und Tiefen gehen, während er oder sie das Trauma, den Schmerz und die Konfusion bis zu einer endgültigen Klärung verarbeitet.

Anna-Geschichte

Anna war ein kleines Mädchen. Sie wohnte in einem roten Backsteinhaus zusammen mit ihrer Mutter, ihrem Vater und einem großen schwarzen Hund.[1]

Anna liebte ihre Mutter und ihren Vater sehr. Ihr Vater arbeitete in einer Bank, fuhr jeden Morgen um 8.30 Uhr zur Arbeit und kehrte abends um 18.00 Uhr zurück. Anna hörte immer als erste, wie sein Auto draußen vor dem Haus anhielt und wie seine Schritte sich der Tür näherten. Sie lief dann los, um ihn zu begrüßen, und der Hund Blacky lief mit. Manchmal wurden sie beim Begrüßen zu einem großen Knäuel. Wenn ihr Vater die Tür öffnete, sah es aus, als ob ein langes, zottiges kleines Mädchen ihn begrüßen würde.

Annas Mutter war Krankenschwester. Sie arbeitete in einem Kranken-

[1] Verändern Sie diesen Teil so, daß er zu den Lebensumständen Ihres Kindes paßt.

haus in Teilzeitarbeit, so daß sie zu Hause sein konnte, wenn Anna zu Hause war. Sie arbeitete, wenn Anna in der Schule war. Sie machte Anna jeden Morgen das Frühstück, fuhr sie zur Schule und kam dann gegen halb zwei, wenn die Schule aus war.

Wenn sie nach Hause kamen, plauderten sie miteinander, während die Mutter ein paar Dinge im Haushalt erledigte. Manchmal gingen sie spazieren oder Anna hatte Freundinnen zum Spielen bei sich.

Wenn Anna Freundinnen bei sich hatte, tranken sie Orangensaft und aßen Milchbrötchen mit Butter und Honig. Anna schmierte sich gern selbst die Butter und den Honig darauf. Dann spielten sie. Manchmal spielten sie Verkleiden oder Verstecken. Manchmal spielten sie Kriegen mit dem Hund.

Annas Freundinnen gingen meistens gegen halb sechs. Dann wartete Anna sehnsüchtig darauf, daß ihr Vater nach Hause kam, um ihm alles erzählen zu können, was ihr am Tage so passiert war.

Für gewöhnlich aßen sie alle zusammen um halb sieben Abendbrot. Bisher hatte Anna das gemeinsame Abendbrot mit Mutter und Vater geliebt, aber in letzter Zeit gefiel es ihr immer weniger. Es schien so, als könnten sich Mutter und Vater über nichts mehr einig sein. Wenn ihrer Mutter etwas gefiel, dann gefiel es ihrem Vater nicht. Wenn ihrem Vater etwas gefiel, dann gefiel es ihrer Mutter nicht. Manchmal war es schön gewesen, zusammen zu sein, aber zuletzt hatten Mutter und Vater sich meistens gestritten oder einfach stumm am Tisch gesessen.[2] Anna gefiel das überhaupt nicht. Sie versuchte ihnen von all den guten Sachen, die sie in der Schule gemacht hatte, zu berichten. Dabei hoffte sie, sie würden dann stolz auf sie sein und darüber vergessen, sich zu streiten. Manchmal hatte sie Angst, daß die Eltern böse aufeinander werden könnten wegen etwas, das sie getan hatte. Einmal, als sie ihre Spielsachen auf dem Fußboden hatte liegenlassen, kam ihr Vater nach Hause und schrie ihre Mutter an wegen der Unordnung im Haus. Und ihre Mutter schrie zurück und Anna fühlte sich sehr schlecht dabei.

Am meisten haßte es Anna, wenn sich ihre Mutter und ihr Vater über sie stritten.[3] Manchmal meinte ihre Mutter, daß Anna irgendwas tun sollte, aber ihr Vater sagte dann, sie solle es nicht tun. Manchmal beschwerte sich ihr Vater, daß ihre Mutter sie verziehen würde, und ihre Mutter

---

[2] Fügen Sie auch hier Ihre eigenen Details ein. In manchen Familien gehen der Scheidung lautstarke, wütende Streitereien voraus, in anderen herrscht langanhaltendes Schweigen.

[3] Kinder können sich in solchen Situationen wie die Wurst zwischen zwei Brotscheiben fühlen. Es verstärkt ihr Schuldgefühl wegen der Trennung.

beschwerte sich, daß ihr Vater zu streng wäre. Sie fingen immer auf die gleiche Weise an, mit leisen, harten Stimmen, als wollten sie nicht, daß Anna sie hörte. Und dann wurden ihre Stimmen lauter und lauter und wurden immer böser. Anna wollte dann am liebsten die Treppe hochlaufen, sich unter ihrem Bett verstecken und sich die Ohren zuhalten, damit sie nicht mehr zuhören mußte.

Manchmal konnte sie auch nachts ihre Eltern streiten hören.[4] Am Anfang versuchte sie sich einzureden, daß es der Fernseher war, weil sie es haßte, sie streiten zu hören. Als sie sich nicht mehr einreden konnte, daß es der Fernseher war, versteckte sie sich unter der Bettdecke, preßte die Hände auf ihre Ohren und versuchte, an etwas anderes zu denken, um ihre Stimmen nicht mehr zu hören.

Sie haßte die Tonlage ihrer Stimmen, wenn sie sich stritten. Sie hörten sich dann häßlich, böse und haßerfüllt an. Es war schwer, sich vorzustellen, daß diese Stimmen ihrer geliebten Mama und ihrem geliebten Papa gehörten. Sie war sehr traurig und fühlte sich allein, wenn sie in ihrem Zimmer lag und die Stimmen hörte, die die Treppe heraufschallten und durch die Tür drangen.

Wenn sie morgens aufwachte, war es, als sei nichts passiert. Ihre Mutter machte ihr das Frühstück auf ihrem besonderen Biene-Maja-Teller. Ihr Vater lächelte sie über seine Zeitung hinweg an und sagte: „Wie geht's meiner Lieblingstochter heute morgen?“ Anna hoffte, daß die ganze Wut und der Streit für immer vorbei waren.

Meistens ging es dann für ein paar Tage gut, aber dann fingen die Streitereien wieder an. Anna haßte die Streitereien, aber sie dachte bei sich, daß wohl alle Eltern so wären. Sie hatte nie andere Eltern gehabt, woher konnnte sie es also wissen? Manchmal betrachtete sie die Eltern ihrer Freunde, die glücklich zusammen schienen, und stellte sich dann vor, wie sie abends, wenn es dunkel wäre, unten im Wohnzimmer streiten würden.

In der letzten Zeit stritten sich Annas Mutter und Vater immer häufiger. Die Mutter schien stiller als sonst, wenn sie mit ihr zusammen war, und ihr Vater war auch nicht sehr oft zu Hause. Er kam immer später von der Arbeit nach Hause, so daß Anna ihn an manchen Tagen überhaupt nicht sah.

Manchmal, wenn die Mutter still und traurig war, fragte Anna, ob etwas

---

[4] Eltern, die sich nur streiten, wenn ihre Kinder im Bett sind, stellen sich vielleicht vor, daß ihr Streit und ihre Feindseligkeit unbemerkt bleiben. Das ist aber selten der Fall.

nicht stimmte. Ihre Mutter lächelte dann und sagte etwas wie: „Nein, mein Herz, es ist nur so, daß ich über einiges nachdenke."

Manchmal hatte Anna Angst, daß sie etwas getan hatte, das ihre Mutter traurig machte und ihren Vater so lange wegbleiben ließ, aber meistens versuchte sie, nicht darüber nachzudenken und so zu tun, als ob nichts passiert wäre und es bald besser würde.[5]

Eines Tages sagte Annas Mutter nach dem Abendbrot: „Dein Vater und ich müssen mit dir über etwas sprechen."[6] Anna fühlte, wie ihr ein schrecklicher Schauer von oben bis unten durch den ganzen Körper lief. Sie wußte nicht, was es war, aber es ging ihr ganz miserabel.

Mutter und Vater setzten sich neben sie, und die Mutter begann zu sprechen.

„Liebling", sagte sie, „dein Papa und ich haben entschieden, daß wir unglücklich miteinander sind und uns deshalb scheiden lassen wollen."

„Das bedeutet, daß wir nicht mehr verheiratet sind", sagte ihr Vater. „Und wir werden in verschiedenen Häusern leben."

Anna öffnete den Mund. Ihr kam es so vor, als ob all ihr ganzes Inneres plötzlich nach draußen vor ihre Füße geplumpst wäre. „Aber das könnt ihr nicht", sagte sie. „Ihr könnt euch nicht scheiden lassen, ihr seid Mama und Papa." Und sie begann zu weinen.

„Anna, Liebling", sagte ihre Mutter, und sie sah aus, als ob sie auch gleich weinen würde, „wir haben versucht zusammenzubleiben, aber es macht uns nur unglücklich."

„Aber warum denn?" fragte Anna. „Warum könnt ihr nicht zusammenbleiben?"

„Meine Süße", sagte ihr Vater, „als wir uns kennenlernten, lange bevor du geboren wurdest, haben wir uns geliebt, und deshalb haben wir geheiratet. Dann ist viel Zeit vergangen und wir haben angefangen, uns zu verändern. Wir haben beide angefangen, verschiedene Dinge zu mögen oder nicht zu mögen. Wir fingen an, nicht mehr miteinander auszukommen, und wir haben uns gegenseitig unglücklich gemacht. Wir können nicht

---

[5]Kinder befürchten oft, daß sie an den Stimmungen ihrer Eltern schuld sein könnten. Es ist wichtig, sie in diesem Punkt zu beruhigen.

[6]Am besten teilen beide Eltern die Nachricht gemeinsam mit. Dies verhindert, daß die Information einseitig wird, und es erlaubt dem Kind, Fragen an beide Eltern zu stellen. Wenn mehr als ein Kind in der Familie ist, sollte man es ihnen allen gleichzeitig sagen. Dadurch können sich die Geschwistern gegenseitig unterstützen, und sie müssen dann kein Geheimnis vor den anderen bewahren. Es verhindert auch, daß ein Kind die Nachricht an Bruder oder Schwester weitergibt, bevor die Eltern dies selbst tun können.

mehr glücklich zusammenleben, deshalb ist es das beste, wenn wir getrennt leben und uns scheiden lassen."[7]

Annas Vater fuhr fort: „Eine Scheidung bedeutet, daß wir nicht mehr miteinander verheiratet sein werden, aber ich bleibe auch weiterhin dein Papa, und deine Mutter wird auch weiterhin deine Mama bleiben. Das wird sich nicht ändern."[8]

„Aber wenn ihr euch vorher lieb gehabt habt", sagte Anna, „warum könnt ihr nicht einfach wieder anfangen, euch liebzuhaben?"

„Die Liebe ist sogar für Erwachsene sehr schwer zu verstehen", sagte ihre Mutter. „Wir haben versucht, uns weiter liebzuhaben, aber es hat einfach nicht funktioniert."

„Was passiert mit mir, wenn ihr nicht mehr zusammenlebt?" fragte Anna.[9] Sie hatte plötzlich schreckliche Angst. Was wäre, wenn sie auch nicht mehr mit ihr zusammenleben wollten? Was, wenn sie sich auch von ihr scheiden lassen wollten?

„Du bleibst hier bei Mama, mein Schatz", antwortete ihr Vater. „Ich werde bald aus diesem Haus ausziehen."[10]

„Aber wie werde ich dich dann wiedersehen?" fragte Anna. Sie konnte es nicht ertragen, daran zu denken, wie sie nicht mehr hören würde, wenn ihr Vater nach Hause kommt.

„Du kannst zu mir zu Besuch kommen", sagte ihr Vater, „wann immer du möchtest. Du kannst kommen und übers Wochenende bleiben."

„Warum kannst du nicht hierbleiben?" fragte Anna. Sie wollte ihren Vater nicht besuchen. Sie wollte weiter mit ihm zusammenleben.

„Ich kann nicht hierbleiben, Anna, weil ich nicht mehr länger hier leben werde", sagte ihr Vater. „Aber du kannst kommen und bei mir bleiben. Mama und ich werden regelmäßige Zeiten festlegen, an denen du mich besuchen kannst."[11]

„Aber ich will nicht zu Besuch kommen", rief Anna und fing wieder an

---

[7] Ihre Erklärungen müssen nicht komplex sein. Sie können so einfach sein wie diese.

[8] Es ist wichtig zu betonen, daß Sie sich auch im Falle einer Scheidung nicht von Ihrem Kind scheiden lassen werden. Wenn allerdings ein Elternteil keinen Kontakt mehr zu dem Kind haben möchte, ist eine andere Erklärung nötig – vergleichen Sie die Einleitung zu diesem Kapitel, wo Sie nähere Details dazu finden.

[9] Diese Frage ist für das Kind von höchster Wichtigkeit. Das Thema muß immer wieder berührt werden.

[10] Es ist hilfreich, wenn Sie dem Kind die Scheidung rechtzeitig ankündigen, so daß es Zeit hat, sich damit auseinanderzusetzen.

[11] Es wichtig für das Kind zu wissen, daß es regelmäßigen, guten Kontakt zu dem Elternteil haben wird, der auszieht.

zu weinen. Warum konnte ihr Vater nicht verstehen, daß sie ihn einfach bei sich haben wollte und mit ihm zusammen sein wollte? Wie konnte er sie liebhaben, wenn er weit weg von ihr leben wollte?[12]

Ihr Vater zuckte die Schultern und sah ihre Mutter an. Ihre Mutter legte die Arme um Anna und sagte: „Komm mit hoch ins Bett, mein Herz, und wir reden morgen früh noch mal darüber."

Als Anna am nächsten Morgen aufwachte, wußte sie, daß etwas Furchtbares passiert war. Ihr Körper fühlte sich schrecklich und schwer an, so als ob sie nicht aufwachen wollte, und sie fühlte sich ganz mies im Innern. Ihr Kopf brauchte ein paar Minuten, um sich genau zu erinnern, was passiert war.

Als sie sich erinnerte, rannte sie die Treppe runter, in panischer Angst, daß ihr Vater schon weg sein könnte.

Er war aber noch da, sah ein wenig müde aus, aber er aß sein Müsli wie immer. Für einen Moment dachte Anna, daß es vielleicht nicht wirklich passiert war. Dann kam ihre Mutter herein, und Anna sah, daß sie geweint hatte. Sie wußte nun, daß es wirklich passiert war.

„Bitte geh nicht", sagte sie zu ihrem Vater.

Ihr Vater sah sehr traurig hoch. „Ich muß, Anna", sagte er.

Vielleicht, dachte Anna, wenn sie sehr, sehr gut war, würden ihre Eltern erkennen, was für eine nette Familie sie tatsächlich hatten, und sich nicht mehr trennen. An diesem Tag und am nächsten und dem darauf folgenden tat sie jede kleine gute Tat, die sie sich nur ausdenken konnte. Es war schwer, so viele gute Dinge zu tun und so sehr gut die ganze Zeit über zu sein, aber Anna dachte, daß ihre Eltern zusammenbleiben würden, wenn sie nur damit durchhielt. Aber es funktionierte nicht.[13]

Am Samstag zog ihr Vater in sein neues Haus um. Anna war so traurig, daß sie nicht mal spechen konnte. Sie ging hoch zu ihrem Puppenhaus und nahm den Vater heraus. „Ich werde dich bestrafen", sagte sie. „Väter müssen für ihre Kinder sorgen." Dann nahm sie die Mutter heraus. „Mütter und Väter müssen zusammenbleiben", sagte sie. „Ihr wart böse, böse, böse."[14]

Am Nachmittag fühlte sie sich krank. Ihr Bauch tat weh, ihr Kopf und ihre Augen. Alles, alles schmerzte sie. „Ich glaube, ich bleibe heute nach-

---

[12] Kinder finden das oft schwer verständlich.

[13] Dies ist eine verbreitete Reaktion bei Kindern. Sie können andererseits sehr „böse" sein, um die Eltern wieder zusammenzubringen in dem gemeinsamen Ziel, das Kind unter Kontrolle zu bekommen oder ihm zu helfen.

[14] Spielen hilft Kindern, einige der intensiven Gefühle zu verarbeiten, die aufgewühlt werden. Meist ist Wut dabei.

mittag besser im Bett“, sagte sie zu ihrer Mutter. „Wirst du Papa anrufen und ihm sagen, daß ich sehr, sehr krank bin? Wenn ich krank bin, muß er nach Hause kommen und hierbleiben.“[15]

Annas Mutter gab ihr einen Kuß und strich ihr die Haare zurück. „Liebling, Papa hat dich noch lieb, aber er kann nicht zurückkommen und hierbleiben – er lebt jetzt woanders.“

„Wirst du ihn trotzdem anrufen?“ fragte Anna. Sie war sicher, wenn ihr Vater nur wußte, wie krank sie war, würde er zurückkommen und bleiben.

Später am Nachmittag kam ihr Vater die Treppe hoch. Er küßte sie und sagte: „Wie geht's dir, Liebling?“

Anna wurde so aufgeregt. „Ich wußte, du würdest zurückkommen und hierbleiben“, sagte sie zu ihm.

„Anna, ich bin nicht gekommen, um hierzubleiben“, sagte ihr Vater. „Mama und ich leben nicht mehr zusammen. Aber dich liebe ich immer noch und ich werde immer dein Papa bleiben, und wir werden uns auch weiter sehen.“

„Wenn du mich lieb hättest, würdest du nicht weggehen“, sagte Anna.

„Ich weiß, daß es schwer für dich zu verstehen ist“, meinte ihr Vater, „aber ich verspreche dir, daß ich dich immer noch liebe und nie aufhören werde, dich zu lieben. Du wirst immer meine Tochter sein, und ich werde immer dein Papa sein.“ Er umarmte sie ganz fest.

Aber Anna schloß die Augen und tat so, als würde sie nichts sehen oder hören. Sie wollte keinen Papa, der weit weg von ihr wohnte. Sie wollte einen Papa, der mit ihr zusammenlebte. Sie hörte ihren Vater leise die Treppe runtergehen und fing an zu weinen.

Wenn Anna manchmal über die Scheidung nachdachte, hatte sie Angst, selbst etwas Schlimmes getan zu haben, etwas, weswegen ihr Vater von Zuhause wegziehen wollte.[16] Sie erinnerte sich an Momente, in denen sie sehr ungezogen gewesen war und ihre Eltern sich darüber gestritten hatten. Sie wünschte sich, diese Frechheiten zurücknehmen zu können und einfach die ganze Zeit ein supergutes Mädchen gewesen zu sein, so daß sich ihre Eltern nicht ihretwegen hätten streiten müssen. Vielleicht hätten sie sich nicht scheiden lassen, wenn sie sich nicht so oft gestritten hätten.

Anna fürchtete sich, ihre Mutter danach zu fragen. Denn sie fühlte sich

[15] Kinder denken bisweilen, daß der andere Elternteil nach Hause kommen wird, um sich um sie zu kümmern, wenn sie nur krank und hilflos genug sind.

[16] Kinder denken dies häufig. Sie müssen darüber aufgeklärt werden, daß die Scheidung nicht ihre Schuld war.

schlecht bei dem Gedanken, daß ihre Eltern sich vielleicht nicht getrennt hätten, wenn sie ein lieberes Mädchen gewesen wäre. Aber eines Tages, als sie spazieren gingen, sagte ihre Mutter zu ihr: „Weißt du, Anna, wenn Eltern sich scheiden lassen, dann denken viele Kinder, daß das ihre Schuld ist und daß ihre Eltern sich nicht getrennt hätten, wenn sie bessere Kinder gewesen wären."

„Wirklich!" sagte Anna. Sie war erstaunt, daß es vielen Kindern ähnlich ging.

„Ich möchte, daß du etwas weißt, mein Herz", fuhr ihre Mutter fort, „daß dein Vater und ich uns getrennt haben, hat nichts mit dir zu tun. Du bist eine wunderbare Tochter und bist es immer gewesen. Wir beide haben dich sehr, sehr lieb und werden dich immer liebhaben. Wir haben uns scheiden lassen, weil wir nicht mehr miteinander auskamen; es hat nichts mit dir zu tun."

„Wessen Schuld war es denn, Mami?" fragte Anna.[17] Sie hatte oft darüber nachgedacht. Manchmal dachte sie, daß es die Schuld ihres Vaters war, weil er ausgezogen war und sie alleingelassen hatte; manchmal dachte sie, es war die Schuld ihrer Mutter – daß sie ihren Vater so unglücklich gemacht hatte, daß er wegzog. Sie dachte oft darüber nach, aber sie haßte es, darüber nachzudenken. Wenn sie auf ihren Vater böse war, weil sie dachte, es wäre seine Schuld, dann war sie traurig wegen ihrer Mutter. Dann war sie aber auch traurig wegen ihres Vaters, weil er ja ganz allein war und weil sie ihn lieb hatte. Wenn sie auf ihre Mutter böse war und dachte, es wäre ihre Schuld, dann war es genau das gleiche: Sie wußte einfach nicht, auf wessen Seite sie stand. Sie wünschte sich, sie müßte auf keiner Seite stehen. Sie fühlte sich dann, als wäre sie in zwei Teile gespalten, und keiner der beiden Teile war glücklich.

„Niemand hat Schuld, Liebling", sagte ihre Mutter. „Keinen kann man verantwortlich machen. Wir haben uns beide einfach verändert, und es war nicht richtig für uns, weiter verheiratet zu sein. Wir beide waren sehr traurig, daß es so zu Ende gegangen ist. Es ist nicht wie beim Fußball, wo man eine Seite anfeuern muß und die andere ausbuht. Und es ist auch nicht so, daß einer von uns dem anderen sehr weh getan hat – es ist nicht wie im Fernsehen, wo es die Guten und die Bösen gibt. Wir beide haben

[17] Kindern wird oft erzählt, daß ein Elternteil die Schuld an der Scheidung trägt. Die Schuld dem einen oder anderen Elternteil zuzuweisen, ruft bei dem Kind das quälende Gefühl von Zerrissenheit und Untreue hervor. Sie müssen nicht vorgeben, mit allen Handlungen Ihres Ehepartner einverstanden zu sein – die Kinder wissen, daß Sie es nicht sind, denn schließlich haben Sie sich scheiden lassen –, aber es wäre falsch, die Kinder zu veranlassen, für eine Seite Partei zu ergreifen.

böse, wütende Dinge zum anderen gesagt, wenn wir aufgeregt waren, aber wir haben versucht, uns zu versöhnen. Wir haben nur herausgefunden, daß wir nicht mehr miteinander auskamen und wir getrennt glücklicher wären."[18]

„Und was ist mit mir?" fragte Anna. „Wenn ich jemals böse, wütende Dinge zu dir sagen sollte, würdest du dich von mir scheiden lassen?" Sie hatte sich darüber viele Sorgen gemacht. Wenn Eltern sich scheiden ließen, warum konnten sie sich dann nicht auch von ihren Kindern scheiden lassen?[19]

„Wir würden uns nie von dir scheiden lassen, Anna", sagte ihre Mutter. „Bei Kindern geht das nicht. Ich werde immer deine Mutter sein, und Papa wird immer dein Vater sein. Es hat nichts damit zu tun, wie böse oder gemein wir zueinander sind, ich werde deine Mama bleiben und für dich sorgen, und ich werde dich nie verlassen. Ich werde immer für dich da sein, mein Liebling."[20] Und sie gab Anna einen dicken Kuß.

An diesem Wochenende war ihr Papa an der Reihe, Anna zu sich zu holen. Sie besuchte ihn jedes zweite Wochenende in seinem neuen Haus, und er rief sie in der Woche an, um Hallo zu sagen. Anna hatte auch seine Telefonnummer, so daß sie ihn immer anrufen konnte, wenn sie wollte.

Zuerst hatte sie es gehaßt, zu ihm nach Hause zu kommen. Alles war neu und fremd, und es schien nicht richtig zu sein, ihren Vater hier zu sehen, wenn er eigentlich zu ihrem Haus gehörte. Aber nun hatte sie sich daran gewöhnt.

Anna erinnerte sich an das erste Mal, als sie ihren Papa in seinem neuen Haus besuchen kam. Es war wirklich komisch gewesen. Es war ihr erster Wochenendbesuch bei ihm, und sie hatte sich seit Tagen darauf gefreut. In ihrem Bauch kribbelte es, und sie hatte Mühe stillzusitzen, wenn sie daran dachte. Sie war an jenem Morgen früh aufgewacht, hatte immer auf ihre Uhr geschaut und versucht, die Zeiger schneller laufen zu lassen, so daß ihr Vater eher da wäre. Plötzlich war er da. Mama hatte ihm Annas

---

[18] Es ist wichtig, den Kindern zu vermitteln, daß Scheidung nicht eine „schwarzweiße" Angelegenheit ist.

[19] Es ist wichtig, die Kinder in diesen Punkt zu beruhigen: Auch wenn sie frech oder wütend sind, Sie würden sich nie von ihnen „scheiden" lassen.

[20] Diese Erklärung muß verändert werden, wenn ein Elternteil sich weigert, das Kind zu sehen. Es entspräche nicht der Realität und würde das Kind verwirren, wenn man ihm immer wieder versicherte, der betreffende Elternteil würde es immer noch und auch weiterhin lieben. Dadurch würde ein verzerrtes Bild von Elternliebe vermittelt.

kleine Reisetasche zum Runtertragen gegeben. Es war wirklich Zeit zu gehen.

Anna hatte plötzlich große Angst. Was war, wenn es ihr in Papas neuem Haus nicht gefiel? Was, wenn ihr Papa sich verändert hatte und nicht mehr so war wie früher? Was war, wenn er nicht ordentlich für sie sorgen konnte? Und dann sah sie ihre Mutter, die bereit war, ihr zum Abschied zuzuwinken. Was war, wenn ihre Mutter nicht mehr da war, wenn sie zurückkam? Was, wenn ihre Mutter sich schrecklich einsam fühlte, wenn sie fort war?[21]

Annas Unterlippe hatte angefangen zu zittern, und ihre Augen wurden heiß, so als wenn sie gleich weinen mußte. Sie drehte sich zu ihrer Mutter um.

„Anna", hatte ihre Mutter zu ihr gesagt und sie in den Arm genommen. „Es wird alles in Ordnung sein. Papas neues Haus wird anfangs ein bißchen fremd aussehen, aber er wird gut für dich sorgen. Und mir wird es hier gutgehen. Wenn du morgen wiederkommst, werde ich hier auf dich warten." Und sie drückte Anna noch einmal ganz fest.

Die ersten Male, die Anna bei ihrem Vater zu Besuch war, schien er anders zu sein als früher. Zum Beispiel kaufte er ihr etwas. Alle möglichen Sachen. Fast alles, was sie sich anschaute, kaufte er für sie. Anfangs machte es Spaß, aber dann kam es ihr doch komisch vor. Es war irgendwie nicht normal. Aber Anna wollte sich vor allem normal fühlen. Außerdem ging ihr Vater mit ihr weg – in den Zoo, in den Zirkus, zum Freizeitpark, fast überall hin, wo es laut war, Menschenmassen gab und man viele Dinge tun konnte. Zuerst machte auch das Spaß, aber dann wurde Anna all dieser Aufregungen, Fahrten und Zuckerstangen müde. Wenn sie müde wurde, wurde sie mürrisch. Oft wurde dann auch ihr Vater mürrisch.[22]

Eines Tages sagte sie zu ihrem Vater: „Vielleicht können wir heute einfach mal zu Hause bleiben. Wir könnten Mensch-ärgere-dich-nicht spielen oder ich kann dir beim Autowaschen helfen."

„Natürlich", sagte ihr Vater. Er schien froh darüber zu sein. „Natürlich können wir das machen. Das wäre schön."

Im Haus ihres Vaters hatte Anna ein Zimmer, das ihr gehörte. Ihr Vater

---

[21] Die Übergangsphasen zwischen den Besuchen, d. h. das Zuhause verlassen oder zurückzukommen, erzeugen beim Kind häufig Ängste. Sie brauchen in dieser Zeit vielleicht besonders viel Beruhigung. Lassen Sie es wissen, daß es Ihnen gutgehen wird, daß Sie auf Ihr Kind warten und sich freuen, daß es eine schöne Zeit bei dem anderen Elternteil haben wird.

[22] Dieses Verhaltensmuster ist sehr verbreitet, hilft Kindern aber wenig. Vergleichen Sie dazu die Einleitung dieses Kapitels.

hatte sie gebeten, mit ihm zu kommen und Sachen auszusuchen, um es einzurichten. Anna suchte sich ein paar Sachen aus, die ihr gefielen, und das gab ihr das Gefühl, daß ihr das Zimmer wirklich gehörte.[23]

„Was hast du den Kindern in der Schule über die Scheidung erzählt?" fragte ihr Vater eines Tages.[24] Sie trockneten zusammen das Geschirr ab und er wußte, daß Anna sich Sorgen gemachte hatte, wie sie ihren Freunden in der Schule das beibringen sollte.[25]

„Ich habe das gesagt, was Mama und du vorgeschlagen habt", antwortete Anna. „Ich habe gesagt, daß meine Mama und mein Papa sich scheiden lassen und in verschiedenen Häusern leben. Es war nicht so schlimm, wie ich gedacht hatte. Einige von den Kindern haben auch Eltern, die geschieden sind, weißt du."

„Ja, das weiß ich", sagte der Vater. „Scheidung ist sehr verbreitet, und Tausende von Kindern haben Eltern, die geschieden sind."[26]

„Wirklich?" fragte Anna. Sie hatte gar nicht gewußt, daß es so viele waren. „Die Eltern meiner Freundin Beate haben sich letztes Jahr scheiden lassen", sagte sie. „Beate hat erzählt, daß ihre Mutter immer schlechte Sachen über ihren Vater sagt und möchte, daß Beate auch schlecht über ihn spricht. Sie haßt das."[27]

„Ja, es ist schrecklich für Kinder, wenn ihre Eltern so was tun", sagte ihr Vater.

„Sie sagt, daß immer, wenn sie zu einem nach Hause kommt, der andere sie Stunden und Stunden ausquetscht über das kleinste bißchen, was dort gesagt und getan wurde. Sie sagt, sie möchte dann schreien und eine ganze Woche überhaupt nichts mehr sagen."[28]

„Das hört sich schlimm an", sagte ihr Vater. „Manchmal ist es schwer für Eltern, weil sie so böse aufeinander sind und sich so schlecht fühlen, daß

---

[23] Es hilft, wenn das Kind das Gefühl hat, wenigstens ein Teil des neuen Hauses, und sei es nur ein Eckchen, gehöre ihm.

[24] Kinder sind häufig besorgt, wie sie so etwas ihren Freunden erzählen sollen. Sie können ihnen dabei helfen, passende Erklärungen auszudenken und zu üben, und sie auf eventuelle Fragen vorbereiten.

[25] In einer normalen Situation im Haushalt Gehör zu finden, hilft dem Kind mehr als eine ständige Abfolge von Vergnügungen, Geschenken usw.

[26] Es hilft den Kindern zu wissen, daß Scheidung sehr verbreitet ist und daß viele, viele Kinder in der gleichen Lage sind.

[27] Das ist eine Qual für Kinder. Sie fühlen sich genötigt, für eine Seite Partei zu ergreifen und müssen mit Gefühlen von Treulosigkeit, Schuld, Verrat usw. fertigwerden.

[28] Dies setzt die Kinder einem enormen Druck aus, sie fühlen sich oft wie gefangengenommene Spione.

sie nicht immer das richtige tun. Du weißt doch, wie das ist, wenn du wütend bist."[29]

„Ja", sagte Anna. Sie wußte, wenn sie wütend war, tat sie manchmal wirklich blöde Sachen.

„Werden du und Mama jemals wieder zusammenkommen?" fragte Anna.[30]

„Nein", sagte ihr Vater. „Wir werden immer deine Eltern sein, aber wir werden nie mehr zusammenleben oder wieder heiraten."[31]

Anna wußte das im Grunde. Anfangs nach der Trennung hatte sie gehofft, sie würden wieder zueinanderziehen. Ihre Eltern hatten ihr immer erzählt, daß sie es nicht tun würden, sie hatte es weiter gehofft. Jetzt war sie irgendwie daran gewöhnt, und irgendwo in ihrem Inneren wußte sie es wirklich, daß sie niemals mehr zusammenleben würden.

Annas Mutter mußte nach der Scheidung mehr Stunden arbeiten, weil sie das zusätzliche Geld brauchten. Sie brachte Anna morgens zur Schule und fuhr dann selbst zur Arbeit. Sie kam nicht vor fünf Uhr zurück. Frau Petersen vom unteren Ende der Straße holte Anna von der Schule ab und paßte auf sie auf, bis ihre Mutter nach Hause kam. Und ihre Mutter war nach der Arbeit müde und hatte auch nicht so viel Zeit zum Spielen wie früher.

Einmal, bald nachdem ihr Vater sie verlassen hatte, fand Anna ihre Mutter im Wohnzimmer sitzen und weinen. Anna bekam Angst. Es war furchtbar, einen Erwachsenen weinen zu sehen. Erwachsene waren dafür da, ein Kind zu trösten, wenn es weinte, aber sie durften nicht selbst weinen.

„Ist schon gut, Anna", hatte ihre Mutter gesagt. „Ich weiß, es macht dir Angst, mich weinen zu sehen. Aber alle Leute müssen manchmal weinen, wenn sehr traurige Dinge passieren. Sogar Erwachsene. Aber ich kann immer noch für dich sorgen, auch wenn ich traurig bin. Und nach einiger Zeit wird es mit dem Traurigsein besser werden."

Am Anfang, als Annas Mutter begonnen hatte, mehr zu arbeiten, ging es Anna sehr schlecht. Ihr kam es so vor, als ob sie ihre Mutter kaum noch sah. Sie vermißte ihren Vater und sie vermißte auch ihre Mutter. Sie wünschte, die Dinge würden sich wieder zurückverwandeln, wie sie mal

---

[29] Es ist hilfreich zu erklären, daß auch Eltern Kummer haben und sich irrational verhalten können.

[30] Kinder brauchen eine lange Zeit, bis sie die Hoffnung aufgeben, ihre Eltern könnten wieder zusammenkommen. Manchmal nähren die Kinder noch Jahre nach der endgültigen Scheidung diese Phantasie.

[31] Es ist wichtig, in diesem Punkt eindeutig zu sein und keine unrealistischen Hoffnungen zu wecken, die nur den Heilungsprozeß verzögern.

gewesen waren.

In der Schule konnte sie nicht aufpassen. Sie dachte immer über andere Sachen nach. Wenn sie sich auf das Buchstabieren konzentrierte, hüpften die Buchstaben heraus und kullerten über die ganze Seite. Sie bekam eine vier statt einer eins im Lesen in dieser Woche. Sie fühlte sich sehr mies.

„Ich bin richtig dumm geworden", sagte sie zu ihrer Mutter. „Ich konnte früher so viel in der Schule, aber nun nicht mehr. Ich komme mir so dumm vor."[32]

„Mein Liebes", sagte die Mutter und nahm sie in den Arm. „Du bist nicht dumm, du hast dir Sorgen gemacht und und fühlst dich mies wegen all der Sachen, die zu Hause vor sich gegangen sind. Wenn Menschen sich wirklich große Sorgen machen, dann ist ihnen häufig, als ob sie ein Brett vor dem Kopf hätten. Sie tun dumme Sachen, die sie normalerweise nie tun würden. Sie können nicht richtig arbeiten oder lassen Dinge fallen. Das passiert den meisten Menschen, das heißt aber nicht, daß sie dumm sind, nur, daß sie besorgt sind oder aufgeregt."

„Wirklich?" fragte Anna. Sie war erleichtert, daß sie nicht wirklich dumm war. Aber sie war noch mehr darüber erleichtert, daß es vielen Leuten so ging und nicht nur ihr.

„Arme Anna", sagte ihre Mutter und drückte sie noch einmal. „Du hattest wirklich eine schwere Zeit, nicht wahr? Ich konnte nicht so für dich da sein wie früher, und ich war wahrscheinlich ein wenig mürrisch, wenn ich zu Hause war. Ich bin einfach viel müder mit all dieser zusätzlichen Arbeit. Du weißt doch, wie es ist, wenn du müde bist – man wird viel eher mürrisch! Weißt du was", fuhr sie fort, „ich habe eine gute Idee – warum setzen wir nicht eine besondere Zeit jeden Tag für dich und mich fest? Wie wär's mit einer halben Stunde vor dem Schlafengehen? Wir können spielen oder Geschichten erzählen oder nur plaudern. Egal, wieviel ich am Abend zu tun habe, auf diese Weise weißt du immer, daß wir für uns zusammen Zeit haben werden."

„Das hört sich prima an!" sagte Anna. Sie fühlte sich schon besser. „Das ist wirklich eine gute Idee."[33]

---

[32] Die Kinder versagen vielleicht auf allen möglichen Gebieten aufgrund von Streß. Beruhigen Sie Ihr Kind, erklären Sie, daß es immer wertvoll und kompetent ist, daß manche Menschen aber so auf Streß reagieren. Sie könnten ihm auch zeigen, wie man sich entspannt. (Dies wird im letzten Kapitel erklärt.)

[33] Eine besondere Zeit für Sie und Ihr Kind zu finden in einer liebevollen, unterstützenden Atmosphäre ist eines der größten Geschenke, die Sie Ihrem Kind machen können.

Die Zeit verging, und Anna ging es tatsächlich besser. Es gab noch viele Tage, an denen sie sich wünschte, ihre Mutter und ihr Vater wären wieder zusammen, aber sie begann, sich immer besser an die Situation zu gewöhnen, wie sie nun einmal war.

Ihre Mutter arbeitete immer noch schwer, aber sie hatten noch ihre Zeit füreinander, bevor es ins Bett ging, und das war schön. Sie war jedes zweite Wochenende bei ihrem Vater. Sie war mittlerweile gern dort. Manchmal, nach einem ganzen Wochenende mit ihrem Vater, dachte sie, daß sie ihn nun öfter sah als vor der Scheidung. Eines Tages, als ihre Mutter sie bei der Schule absetzte, sagte sie: „Als besondere Belohnung werde ich heute auf dem Weg von der Arbeit nach Hause deinen Lieblingsschokoladenkuchen kaufen."

„Oh, prima!" sagte Anna. „Kann Esther heute bei uns Abendbrot essen?"

„Natürlich", sagte Annas Mutter. „Ich werde ihre Mutter anrufen und alles klarmachen."

Anna konnte es kaum erwarten, daß ihre Freundin Esther rüberkommen würde, aber als sie kam, war diese statt wie sonst gutgelaunt sehr, sehr traurig.

„Meine Mama und mein Papa werden sich scheiden lassen", sagte sie zu Anna.

„Als sich meine Mama und mein Papa scheiden ließen", erzählte ihr Anna, „war es einfach schrecklich."

„Es ist furchtbar, nicht?" sagte Esther.

„Ich war so traurig, ich dachte, ich müßte sterben", sagte Anna. „Ich wußte nicht, daß ich so traurig sein kann."

„Was ist passiert?" fragte Esther. „Was hast du gemacht?"

„Ich habe eigentlich gar nichts getan", sagte Anna. „Ich habe mich nur richtig traurig gefühlt. Ich habe mich ein wenig mit Mama und Papa unterhalten. Dann nach einiger Zeit habe ich, glaube ich jedenfalls, angefangen, mich an die Dinge zu gewöhnen. Es begann einfach, besser zu gehen. Ich bin manchmal immer noch traurig. Aber meistens denke ich nicht viel darüber nach. Ich bin die meiste Zeit fröhlich. Es passieren immer noch schöne Sachen, weißt du. Du denkst zwar, daß sie nicht mehr passieren werden – daß nichts Gutes mehr passieren wird. Aber so ist das nicht. Wie nach einem bösen Traum lösen sich die Dinge langsam in Luft auf und du fängst an, dich besser zu fühlen."[34]

---

[34] Das ist das positive Ende, das betont: Wenn auch die Geschehnisse schmerzlich und traumatisch sind, so kann man sie doch überwinden und zum Licht auf der anderen Seite des Tunnels gelangen.

„Oh." Esther schaute zweifelnd. „Glaubst du, daß es mir auch so gehen wird?"

Anna drückte ihre Hand. „Ganz sicher wird es das", sagte sie, und dann nahm sie Esthers Arm und führte sie hinaus in die Küche.

„Guck mal", sagte sie, „Mama hat einen Kuchen nur für uns gekauft."

Der Kuchen sah sehr fein aus. Er hatte eine glänzende Glasur überall oben und an den Seiten. Genau in der Mitte war eine große, saftige Erdbeere mit Schokoladenblättern. Sie ragte aus der braunen Glasur heraus und glänzte und schimmerte im Licht wie ein kleines rotes Herz.

„Hier", sagte Anna und nahm zwei Teller. „Ein Stück für mich und eins für dich."

Wenn jemand stirbt

Der Tod ist in unserer modernen Gesellschaft fast ebensosehr ein Tabuthema, wie dies im viktorianischen Zeitalter der Sex war. Es wird nicht darüber gesprochen, obwohl seine Anwesenheit nicht zu leugnen ist. Sein Name wird vermieden: Oma ist „von uns gegangen", wir haben den Onkel „verloren". Wir suchen unsere Kinder davor zu „schützen": „Sie ist noch zu jung dafür", oder „Er ist noch nicht alt genug, um an einem Begräbnis teilzunehmen." Wir versuchen im allgemeinen so zu tun, als ob der Tod etwas wäre, was nicht uns zustößt.

Sex ist in hohem Maße ein öffentliches Thema geworden. Dagegen wird es in vielen Familien immer noch tunlichst vermieden, über den Tod zu sprechen.

Der Tod ist ein natürlicher Teil des Lebens. Kinder begegnen dem Tod auf unterschiedliche Weise – ein totes Insekt oder ein toter Vogel am Wegesrand, der Tod eines Haustiers usw. Wir versuchen jedoch zu oft, die Kinder vor der Realität des Todes zu schützen. Viele Eltern eilen ins nächste Tiergeschäft, krampfhaft bemüht, rasch Ersatz für die weiße Maus zu schaffen, die zum „Großen Käse im Himmel" gegangen ist, bevor ihre Kinder den Verlust bemerken. Die Chance, etwas Bedeutungsvolles zu beobachten, etwas über den Tod zu lernen, um ihn zu verstehen, wird verspielt. Indem wir dies tun, schaffen wir für das Kind eine irreale Welt. Tod und Verlust sind immer schmerzhaft, aber vorzugeben, sie würden nicht existieren, macht sie nicht weniger schmerzhaft. Verleugnung nimmt uns den Trost des Vertrauten und des Verstehens, zum Beispiel das Wissen, daß so etwas passiert: Weiße Mäuse sterben nun einmal; man ist traurig darüber, man erholt sich wieder, und nach einiger Zeit fühlt man sich wieder in der Lage, für ein anderes Haustier zu sorgen. Bedenken Sie auch, daß einige Kinder über den Tod eines Haustieres unglücklicher sind als andere. Die Länge ihrer Trauerzeit wird variieren wie auch die Zeit, die sie brauchen, um wieder für ein neues Haustier bereit zu sein. Zwingen Sie ihnen nicht zu früh Ersatz auf.

Kinder durchlaufen verschiedene Stadien in ihrem Verständnis vom Tod.

Drei- bis Vierjährige betrachten den Tod nur als eine Übergangsphase. In ihren Augen ist er eine Abwesenheit, die man rückgängig machen kann. Wenn ein Dreijähriger wütend schreit: „Ich wünschte, du wärst tot", meint er tatsächlich: „Ich wünschte, du würdest eine Zeitlang verschwinden."

Mit fünf Jahren beginnen die Kinder zu verstehen, daß nichts zum Leben zurückkehren kann, was erst einmal tot ist.

Zwischen neun und zwölf Jahren entwickeln Kinder ein Verständnis vom Tod, wie es auch Erwachsene haben.

Wenn man kleinen Kindern den Tod erklärt, hilft es oft, wenn man auf die fehlenden, dem Kind bekannten Funktionen des Lebens hinweist, z. B. „Wenn du tot bist, kannst du dich nicht mehr bewegen, weder sehen noch fühlen oder atmen. Du kannst nicht denken und nimmst überhaupt nichts mehr wahr." Das sind Begriffe, die für ein Kind faßbar sind.

Vergleichen Sie den Tod nicht mit Schlafen. Kleine Kinder können Angst vor dem Einschlafen entwickeln, da es sein könnte, daß sie dann in den Tod hinübergleiten.

Wenn jemand, den Ihr Kind kennt, in einem Krankenhaus gestorben ist, betonen Sie, daß die meisten Menschen, die ins Krankenhaus gehen, gesund werden. Ins Krankenhaus zu müssen bedeutet nicht per se, daß man dort stirbt. Ein Satz wie: „Man hat sie ins Krankenhaus gebracht, damit sie dort sterben kann", kann furchtbare Phantasien über die Bedeutung und Funktion eines Krankenhauses hervorrufen.

Betonen Sie auch, daß Krankheit nicht automatisch zum Tode führt. Ein Satz wie: „Sie ist krank und wird sterben" kann ein leicht zu beeindruckendes Kind zu der Annahme verleiten, daß jede Krankheit zum Tode führen kann. Es könnte entsetzliche Angst davor bekommen, krank zu werden oder andere Menschen erkranken zu sehen.

Zu sagen, daß Gott Helga zu sich genommen hat, weil sie so gut war oder weil er sie besonders liebte, kann ein Kind sehr verwirren. Bedeutet dies, daß das Kind, das Gott nicht zu sich genommen hat, weder gut ist noch geliebt wird? Oder aber das Kind versucht böse oder nicht liebenswert zu sein, weil es noch nicht bereit ist, diese Welt zu verlassen. Es will Gott nicht in Versuchung führen, es zu sich zu nehmen.

Viele der Euphemismen, mit denen wir den Tod beschreiben, können kleine Kinder, die sie wörtlich nehmen, sehr verwirren. Manchmal sagen wir anstelle von: „Maria ist letzte Nacht gestorben" solche Dinge wie: „Wir haben Maria letzte Nacht verloren." Das ist für ein Kind, das dies wörtlich nimmt, sehr qualvoll. Wenn ihr Maria verloren habt, warum sucht ihr dann nicht nach ihr – wollt ihr sie nicht mehr wiederfinden? Ausdrücke wie „von uns gegangen", „nicht mehr bei uns" etc. können genauso verwirrend sein. Es ist am besten, klar und direkt im Sprachgebrauch zu sein, wenn man mit Kindern über den Tod spricht, und Euphemismen zu vermeiden.

Wenn Kinder mit einem Verlust konfrontiert werden, dann müssen sie genauso trauern wie Erwachsene. Es ist wichtig, daß man ihnen gestattet, ihre Gefühle auszudrücken, und daß ein mitfühlender Erwachsener in der Lage ist, ihnen Sicherheit, Trost und Verständnis zu geben, wenn sie den Verlust verarbeiten.

Künstlerische Betätigung und imaginatives Spiel spiegeln den inneren, emotionalen Zustand des Kindes wider. Ein Kind, das versucht, mit dem Tod einer Person fertigzuwerden, kann zum Beispiel völlig bestürzt über ein zerbrochenes Spielzeug sein und verzweifelt versuchen, es zu reparieren. Bilder von Kindern können sehr genau ihre Gefühle der Trauer wiedergeben. Im Bild meiner Tochter zum Beispiel, das sie für die anschließende Geschichte malte, wird der leere Platz, den der Tod hinterläßt, sehr deutlich durch das leere Zimmer dargestellt. Beachten Sie auch das zur Hälfte gelesene Buch, die Bälle, mit denen Pirat auf dem Fußboden gespielt haben muß, und die offene Tür. Darin drückt sich meiner Meinung nach das Empfinden aus, daß es für diese beiden geliebten Wesen zu früh zum Sterben war. Gleichzeitig könnte sich darin die Hoffnung zeigen, daß beide durch die geöffnete Tür eintreten werden, um das angefangene Buch und das Spiel zu beenden.

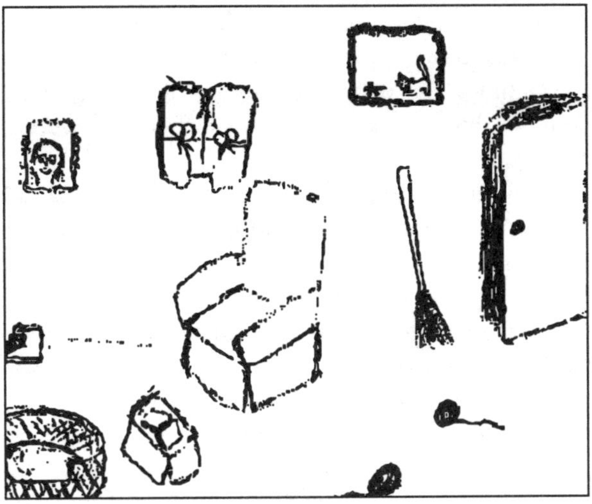

Manchmal können sich Kinder auch höchst schuldig am Tod eines Menschen fühlen. Wenn sie vorher einen Streit hatten oder böse über den Verstorbenen waren, können sie glauben, daß ihre Wut den Tod verursacht hat.

Sie können offen traurig sein und weinen, sie können sich auch still zurückziehen. Manchmal ist es schwierig für sie, ihr Gefühl der Leere nach einem Verlust in Worte zu fassen, und sie beschreiben dies vielleicht als Langeweile. Sie könnten ihren Kummer auch nonverbal durch Bettnässen, Alpträume, Verhaltensauffälligkeiten oder ähnliches ausdrücken.

Kinder können dem Verstorbenen sehr böse sein, weil er sie verlassen hat. Möglicherweise fürchten sie, von den wichtigen Personen in ihrem Leben ebenfalls verlassen zu werden. Sie werden extrem anhänglich und geraten schon bei dem Gedanken an eine Trennung in Panik. Man muß sie dann beruhigen, ihnen sagen, daß ihre Gefühle normal sind, und man sollte ihre Ängste und Schuldgefühle lindern.

Kinder können oft nur stoßweise mit Trauer umgehen, so daß Phasen, in denen sie sehr traurig sind, sich abwechseln mit Phasen, in denen sie scheinbar normal und fröhlich spielen. Das ist kein Zeichen von Herzlosigkeit, sondern zeigt nur, daß es für sie schwierig ist, sich mit einem derart quälenden Gefühl über einen langen Zeitraum ausschließlich auseinanderzusetzen.

Wenn jemand im Sterben liegt, der dem Kind sehr nahesteht, ist es hilfreich, wenn das Kind ihn oder sie noch einmal vorher sehen kann, um sich von ihm zu verabschieden. Wenn jemand sehr krank aussieht oder an Beatmungsgeräte angeschlossen ist, sollten Sie Ihr Kind darauf vorbereiten und den therapeutischen Sinn dieser Maschinen erklären.

Erklären Sie, wie krank diese Person ist und daß sie vermutlich bald sterben wird. Nehmen Sie dabei Ihr Kind in den Arm, streicheln Sie es oder schenken Sie ihm eine andere Art zärtlicher Zuwendung. Dies kann Ihrem Kind sehr helfen.

Den Sterbenden auf irgendeine Art zu umsorgen kann dem Kind helfen, liebevoll Abschied zu nehmen. Dann fühlt es, daß es der Person, die es liebt, noch etwas geben konnte.

Sich an die verstorbene Person zu erinnern, ist Teil der gesunden inneren Arbeit beim Trauerprozeß. Wir müssen meistens darüber reden, darüber nachdenken oder auch Schmerz empfinden, bevor wir bereit sind, einen Menschen wirklich „gehen zu lassen“.

Sie können Ihre Trauer auch mit dem Kind teilen. Es könnte verwirrt sein, wenn Sie keine offene Trauer zeigen über den Tod von jemandem, der Ihnen nahe stand. Aber machen Sie deutlich, daß Ihre Trauer mit dem

Verlust zusammenhängt und nicht durch etwas verursacht wurde, was Ihr Kind getan hat.

Im allgemeinen leugnen Kinder anfangs den Tod einer Person, die sie geliebt haben. Sehr kleine Kinder haben natürlich Schwierigkeiten, die Dauer des Todes zu begreifen, aber auch ältere Kinder können sich an die Vorstellung klammern, daß die geliebte Person zurückkehren wird. Die Teilnahme am Begräbnis und die Betrachtung des Toten können die Realität des Todes bestätigen und einen Abschluß dieses Ereignisses schaffen.

Viele Erwachsene erlauben Kindern die Teilnahme an einem Begräbnis nicht in der irrigen Annahme, daß sie ihrem Kind damit Schmerzen ersparen. Ein Begräbnis kann einem Kind jedoch helfen, sich der Realität des Todes zu stellen. Es kann ihnen auch die Erfahrung schenken, ihre Trauer mit anderen zu teilen. Es ist ein konkretes Zeichen für die Endgültigkeit des Todes. Man sollte es Kindern freistellen, ob sie an einem Begräbnis teilnehmen möchten oder nicht. Wenn sie daran teilnehmen, sollten sie immer in Begleitung eines liebevollen Erwachsenen sein, der ihnen Sicherheit vermitteln kann und sensibel auf ihre Bedürfnisse reagiert.

Die verschiedenen Teile der Begräbniszeremonie sollte man dem Kind vorher beschreiben. Manchmal können unkontrollierte Ausbrüche von Trauer das Kind sehr erschrecken. Meistens ist es für Kinder erschreckend, Erwachsene derart außer Kontrolle zu sehen. Wenn das Kind an einem Begräbnis teilnehmen möchte und solche Szenen vorhersehbar sind, sollten Sie dies Ihrem Kind im vorhinein erklären.

In dieser Geschichte habe ich das Begräbnis nicht im Detail beschrieben. Da es so viele Variationen bei Trauerfeiern gibt, überlasse ich es Ihnen, diese Lücken zu füllen, damit das Bild zu dem Begräbnis paßt, das Ihr Kind vielleicht besuchen wird.

Ich habe ebenfalls vermieden, religiöse und geistliche Erklärungen über den Tod zu geben, weil auch in diesem Fall jede Familie ihre eigene Überzeugung und ihren eigenen Glauben hat.

Wenn Sie mit Ihrem Kind über den Tod sprechen, ist es wichtig, daß Ihre Erklärungen darüber, was der Tod ist und ob die Seele weiterlebt, Ihrem eigenen Glauben entsprechen. Kinder sind verwirrt, wenn Sie ihnen erzählen, daß „Onkel Hans im Himmel ist“, während Ihre Körpersprache und andere Merkmale der Kommunikation zeigen, daß Sie nicht daran glauben, daß es solch einen Ort gibt.

Anna-Geschichte

Anna war ein kleines Mädchen. Sie lebte in einem roten Backsteinhaus zusammen mit ihrer Mutter, ihrem Vater und einem großen schwarzen Hund.[1]

Sie wohnten in einer belebten Straße, in der es den ganzen Tag viel Verkehr gab. Manchmal spielte Anna Auto-Raten mit ihren Freunden, die sie besuchten. Sie setzten sich dann auf den Zaun, der um das Haus von Anna lief, schaukelten mit den Beinen und rieten, wie viele grüne Autos zum Beispiel in den nächsten fünf Minuten vorbeifahren würden. Wer dieser Zahl am nächsten kam, durfte die Farbe für die nächste Runde bestimmen.

Hin und wieder wurden sie von Tante Gerdi entdeckt, die auf der anderen Straßenseite wohnte und ihnen von ihrem Garten aus zuwinkte. Oder sie kam über die Straße, setzte sich zu den Kindern, machte mit beim Raten oder brachte ihnen ein neues Spiel bei. Sie war sehr gut in verschiedenen Spielen – von ihr hatte Anna auch das Autofarbenraten.

Anna liebte Tante Gerdi. Ihr richtiger Name war Gerda, aber jeder nannte sie Gerdi. Als Anna das erstemal einen Jungen traf, der Gerdi gerufen wurde, war sie sehr verblüfft, weil sie gedacht hatte, Gerdi sei ein Mädchenname!

Gerdi war die Schwester von Annas Vater, aber sie sah ihm überhaupt nicht ähnlich. Er hatte schwarzes Haar und ein rundes Gesicht und war nicht so groß wie die meisten anderen Väter, die Anna kannte. Tante Gerdi hatte rotes Haar, das aussah, als ob ein Licht darin scheinen würde, und ein längliches, lebendiges Gesicht. Sie war größer als alle, die Anna kannte. Oder fast alle.

Ihr Papa sagte immer, daß Gerdi niemals still stände, und Anna glaubte das auch. Nicht mal wenn sie saß, konnte sie stillhalten. Ihre langen Hände bewegten sich, wenn sie redete, und sie verzog ihr Gesicht oder

[1] Verändern Sie hier die Details, damit sie zu der Umgebung Ihres Kindes passen.

legte es in Falten, je nachdem, was sie fühlte. Sie gab einem das Gefühl, daß alles aufregend war und man selbst auch.

Gerdi hatte keine Kinder. Sie war einmal verheiratet gewesen, aber ihr Mann lebte nicht mehr bei ihr. Annas Mutter sagte immer, daß Gerdi ihn abgenutzt hätte. Anna war davon ganz verwirrt. Sie hatte mal ein Strickjacke gehabt, die war abgenutzt gewesen und hatte Löcher in den Ärmeln. Sie versuchte sich vorzustellen, was mit Gerdis Mann passiert war. Hieß es, daß er Löcher bekommen hatte? Als sie ihre Mutter das fragte, mußte ihre Mutter lachen und sagte, daß das nur so eine Redensart wäre. Was sie gemeint hatte, erklärte sie dann. Gerdi hätte zu viel Energie für ihren Mann gehabt und er sei es müde geworden, mit ihr Schritt halten zu müssen.

Anna war gern in Gerdis Haus. Gerdi war ein bißchen unordentlich und warf niemals etwas fort. Deshalb hatte sie Schachteln und Kartons mit allen möglichen Sachen, die in einem besonderen Zimmer des Hauses waren. Gerdi ließ Anna in den Schachteln kramen, wenn sie da war, und Anna fand dann jede Menge faszinierender Dinge. Gerdi ließ sie Verkleiden spielen mit den alten Kleidungsstücken, die in einem Schrank im selben Zimmer waren, in dem sich all die Schachteln befanden. Anna spielte zu gern in dem Zimmer. Die meisten Dinge waren sehr alt und stammten aus der Zeit, bevor sie geboren war. Da waren Fotos von Leuten, die damals noch gelebt hatten, inzwischen aber schon gestorben waren. Anna fragte Gerdi nach ihnen, und ihr Gesicht hellte sich auf, wenn sie von ihnen erzählte. Anna sagte dann: „Ich wünschte, sie wären nicht tot, ich würde sie gerne kennenlernen." Und Gerdi sagte darauf: „Solange du dich an Menschen erinnerst, bleibt ein Teil von ihnen lebendig, selbst wenn ihre Körper tot sind. Man kann sie nicht anfassen und nicht mit ihnen reden, aber man kann sie noch im Geist treffen. Wenn ich dir von ihnen erzähle, wirst du das Gefühl haben, daß du sie auch kennst."

Gerdi unternahm auch gern Ausflüge mit Anna. Sie ging mit ihr in den Zoo, in den Vergnügungspark oder machte mit ihr Strandspaziergänge. Egal, wo sie hingingen, auch wenn es nur das Geschäft an der Ecke war, Anna hatte das Gefühl, daß es der lustigste, interessanteste und aufregendste Ort der Welt war. Als Anna dies einmal zu Gerdi sagte, meinte sie: „Aber das liegt nicht nur an mir. Es liegt auch an dir. Wenn du nicht neugierig wärst, würde dich nichts begeistern, und wenn du nicht die lustigen Seiten der Dinge sehen könntest, dann würde dich nichts zum Lachen bringen."

Anna dachte gern darüber nach. Es war schön zu denken, daß sie selbst Dinge interessant oder aufregend oder auch lustig machen konnte.

Eines Tages klopfte es an der Tür. Bevor Annas Mutter etwas sagen konnte, hörte Anna schon Gerdis Stimme: „Beeil dich! Sieh mal, was ich mitgebracht habe!" Sie rannte zur Tür. Gerdi stand da und hielt ein kleines eingerolltes Bündel Fell in den Händen. Es war ein Kätzchen. Es hatte langes, seidiges Fell und ein rosa Nase und war ganz weiß bis auf einen schwarzen Fleck um das eine Auge herum.

„Der Mann vom Laden hat es mir geschenkt", sagte sie. „Seine Katze hat Junge bekommen, und nun versucht er, für sie ein Zuhause zu finden. Und deshalb habe ich eins genommen."

Anna streckte eine Hand aus und streichelte das Kätzchen. Es schnurrte, als ob es einen kleinen Motor eingebaut hätte.

„Wie soll ich es nennen?" fragte Gerdi. „Ich dachte, du könntest mir helfen, einen Namen zu finden."

Anna sah das Kätzchen an. „Ich weiß, wie wir es nennen!" rief sie. „Wir werden es Pirat nennen, weil es einen Fleck um das eine Auge herum hat."

„Das gefällt mir", sagte Gerdi. „Dann soll es Pirat heißen."

Anna verbrachte viel Zeit damit, mit Pirat zu spielen. Sie machte Bälle aus zerknülltem Zeitungspapier und kullerte sie über den Fußboden. Pirat tat dann so, als ob es Mäuse wären, und jagte hinter ihnen her, um sie zu fangen. Manchmal band Anna einen Ball an einen Faden, und Pirat sprang dann hoch wie ein Tänzer und versuchte, sie zu fangen.

Manchmal kuschelte sich Pirat in Annas Schoß, und während Anna ihn streichelte, schnurrte und schnurrte er.

Gerdi hatte eine ganz kleine Klappe in die Küchentür für Pirat machen lassen. Sie war gerade groß genug, um eine Katze durchzulassen, und Pirat drückte mit seinem Kopf gegen die Klappe, bis sie aufging. So konnte er hinausgehen und hereinkommen. Das hieß, daß er immer hinauskonnte, wenn er es wollte.

„Katzen streunen gern herum", sagte Gerdi. „Man kann sie nicht drinnen einsperren."

Eines Tages, als Anna in der Küche spielte, hörte sie draußen ein schreckliches Geräusch. Es war ein Kreischen wie von einem schleudernden Auto oder einem Auto, das scharf bremste. Aber es war kein Aufprall zu hören. „Das ist wohl noch mal gutgegangen", dachte Anna und spielte weiter.

Eine Stunde später klopfte es an der Tür. Es war Gerdi, und sie sah sehr traurig aus.

„Ich habe schlechte Nachrichten, Anna", sagte sie. „Pirat ist von einem Auto überfahren worden, mein Liebling, und ich fürchte, er ist tot."[2]

---

[2] Der Tod eines Haustieres kann eine schmerzliche, aber wertvolle Erfahrung sein.

Anna hielt den Atem an. „Aber er kann nicht tot sein!" rief sie. „Ich habe doch noch heute morgen mit ihm gespielt!"

„Es ist später passiert, meine Süße", sagte Gerdi. „Es ist erst ein Stunde her. Der Fahrer hat ihn zu mir hereingebracht, aber er war schon tot."

Anna konnte es gar nicht glauben. „Aber ich habe doch noch heute morgen mit ihm gespielt", wiederholte sie.

„Ich weiß", sagte Gerdi und nahm sie in den Arm. „Das ist sehr traurig, nicht wahr?"

„Wie ist das denn passiert?" fragte Anna. Sie konnte es immer noch nicht glauben.

„Pirat ist einfach auf die Straße gelaufen, meine Kleine", sagte Gerdi. „Und dann kam ein Auto, und der Fahrer konnte nicht mehr bremsen. Das Auto hat ihn erfaßt und getötet." Und Gerdi drückte Anna noch einmal fest an sich.

„Kann ich Pirat sehen?" fragte Anna.[3]

„Ja, mein Herz", antwortete Gerdi. „Er ist bei mir zu Hause. Ich werde dich mitnehmen."

Pirat lag auf seiner Decke in Gerdis Küche. Seine Augen waren geschlossen, und um seinen Kopf herum war Blut zu sehen.

„Wird er aufwachen?" fragte Anna. Sie bildete sich ein zu sehen, daß Pirat atmete.[4]

„Nein, Liebling, er wacht nicht mehr auf", sagte Gerdi. „Er ist tot. Das heißt, er atmet nicht mehr, denkt nicht mehr, und er bewegt sich nicht und fühlt auch nichts.[5] Wenn jemand stirbt, dann ist es nicht, als ob er schliefe. Es ist ganz anders als Schlafen. Wenn man schläft, dann ist man lebendig und wacht wieder auf. Wenn man tot ist, heißt das, daß man nie mehr aufwacht oder aufsteht. Man kann nicht mehr ins Leben zurückkehren, wenn man tot ist."

Anna nickte.[6] Sie wußte das eigentlich. Als sie noch klein gewesen war, hatte sie gedacht, tot zu sein bedeute, daß man nur kurze Zeit fort ist und dann wiederkommt. Jetzt wußte sie, daß Tod bedeutete, daß man niemals zurückkehrt.

---

[3] Es kann Kindern und Erwachsenen helfen, den Körper der Person oder des Tieres noch einmal zu sehen. Es hilft, die Realität des Todes zu akzeptieren.

[4] Leugnen ist eine verbreitete, erste Reaktion auf die Nachricht von einem Todesfall.

[5] Das ist eine Erklärung von Tod, die ein Kind verstehen kann.

[6] Sehr kleine Kinder betrachten den Tod als nicht dauerhaft.

Sie war sehr traurig. „Ich hasse den Fahrer!“ sagte sie. „Ich hasse ihn!“[7]

„Ich weiß, daß du wütend bist“, sagte Gerdi, „aber es war wirklich nicht seine Schuld. Pirat lief auf die Straße, ohne zu schauen, und der Fahrer konnte einfach nicht mehr rechtzeitig bremsen.“

„Weißt du, ich habe es gehört“, sagte Anna. „Ich war in der Küche. Vielleicht hätte ich ihn retten können, wenn ich gleich rausgelaufen wäre.“

„Nein, mein Schatz“, sagte Gerdi.[8] „Du hättest gar nichts tun können. Es ist alles zu schnell passiert.“

„Was wird denn jetzt mit Pirat geschehen?“ fragte Anna.

„Ich werde ihn im Garten begraben“, antwortete Gerdi. „Möchtest du mir dabei helfen?“

Anna und Gerdi fanden einen Platz im Garten, wo sie Pirat begraben konnten,[9] im Schatten eines Rosenbusches. Gerdi grub ein Loch, und sie legten Pirat hinein und bedeckten seinen Körper mit Erde. Der Winterwind blies ihnen um die Ohren. Sie waren beide sehr traurig.

„Ich bin so unglücklich“, sagte Anna, und eine Träne tropfte von ihrer Nase.

„Ich weiß“, sagte Gerdi und nahm sie in den Arm. „Wir sind beide traurig wegen Pirat. Man fühlt sich einfach schrecklich. Aber nach einer Weile, weißt du, wenn mehr Zeit vergangen ist, wird es uns besser gehen. Wir werden uns immer an Pirat erinnern, aber wir werden dann nicht mehr traurig sein.“

„Macht es ihm nichts aus, unter all der Erde zu liegen?“ fragte Anna.[10]

„Nein“, sagte Gerdi. „Jetzt, wo er tot ist, kann er nichts mehr sehen oder fühlen.“

„Ich habe viel mit ihm gespielt“, sagte Anna. „Er mochte das so gern.“

„Ja“, sagte Gerdi. „Er hat wirklich gern mit dir gespielt. Du hast sehr viel Freude in sein Leben gebracht.“

Anna legte einige schöne Kieselsteine auf das Grab von Pirat, und sie standen beide eine Weile still davor. Dann gingen sie zusammen ins Haus.

Die Zeit verging. Der Winter ging und der Frühling kam, und schließlich

---

[7] Kinder empfinden häufig wegen des Todes einer geliebten Person oder eines Tieres sehr starke Wut.

[8] Kinder brauchen die Bestätigung, daß sie keine Schuld haben und daß sie nichts dagegen hätten tun können.

[9] Das Ritual des Begräbnisses und der Trauer kann für die Hinterbliebenen ein Trost sein.

[10] Das ist eine häufige Frage von Kindern, die Sie klären sollten.

wurde es Sommer. Anna mochte den Sommer, weil man dann schwimmen gehen konnte. Gerdi nahm Anna oft im Sommer mit zum Strand. Annas Mutter und ihr Vater waren nicht gern am Strand. Sie sagten, es sei dort zu heiß und sandig und es gäbe dort zu viele Fliegen, aber Gerdi war gern dort. An einem besonders heißen Tag zogen Gerdi und Anna ihre Badeanzüge an, sprangen ins Auto und fuhren los zum Strand. Sie plantschten in den Wellen herum und machten lange Spaziergänge. Dabei sammelten sie Muschelschalen und unterhielten sich. Es gab auch einen Kiosk dort, und Anna fiel es immer schwer, sich für eine Sorte Eiscreme zu entscheiden. Manchmal meinte sie, daß sie Schokoladeneis am liebsten mochte, manchmal dachte sie, es wäre Vanille.

Heute war der erste richtig heiße Sommertag, und Gerdi hatte Anna versprochen, sie mit an den Strand zu nehmen. Anna hatte schon seit einer Ewigkeit darauf gewartet. Sie zog sich ihren Badeanzug an, packte Handtuch, Sonnenhut und Sonnencreme ein, flitzte die Treppe hinunter und war überzeugt, daß ihre Mutter sehr stolz sein würde, daß sie beim Packen an alles gedacht hatte. Statt dessen sah ihre Mutter jedoch sehr beunruhigt aus.

„Liebling", sagte sie, als sie Anna sah, „ich wollte gerade zu dir gehen, um mit dir zu reden. Gerdi hat angerufen und gesagt, daß sie heute nicht mir dir an den Strand fahren kann."

„Aber warum denn nicht?" fragte Anna. Sie war sehr enttäuscht. Sie hatte sich doch so sehr darauf gefreut.

„Sie mußte in die Stadt", meinte Annas Mutter.

„Aber das ist gemein", sagte Anna. „Sie hat mir doch versprochen, daß sie mit mir zum Strand fährt. Warum muß sie denn ausgerechnet heute in die Stadt?"

„Sie muß zum Arzt", sagte ihre Mutter.

„Kann sie denn nicht ein anderes Mal zum Arzt fahren?" fragte Anna.

„Nein", antwortete ihre Mutter, „sie muß heute hinfahren."

Anna ging hinauf in ihr Zimmer. Sie war furchtbar unglücklich. Sie dachte, daß es nicht fair von Gerdi war, Dinge zu versprechen und sie dann nicht zu halten. Sie war richtig wütend auf Gerdi.

Später an diesem Tag klingelte das Telefon. Annas Mutter kam die Treppe hoch. „Es ist Tante Gerdi", sagte sie, „sie möchte mit dir sprechen."

„Ich will aber nicht mit ihr sprechen", sagte Anna. Sie war immer noch böse auf Tante Gerdi.

An diesem Abend waren Annas Mutter und ihr Vater beim Abendessen sehr still. Sie hatten über etwas gesprochen, als Anna die Treppe herunterkam, aber sie hatten ihr Gespräch unterbrochen, als sie Anna sahen.[11] Anna überlegte, ob ihre Eltern wohl über sie gesprochen hatten.

Am nächsten Morgen sagte Annas Mutter zu ihr: „Möchtest du hinüber zu Tante Gerdi gehen und sie besuchen?"

„Ja", sagte Anna. Sie wollte nach oben gehen und ihre neue Puppe holen, um sie Tante Gerdi zu zeigen.

„Sie ist sehr krank, weißt du", sagte Annas Mutter. „Deshalb mußte sie zum Arzt fahren."

„Oh", sagte Anna. „Geht es ihr denn jetzt besser?"

„Das wissen wir nicht", meinte ihre Mutter. „Die Ärzte tun ihr Bestes, um sie zu heilen."

Gerdi saß draußen im Garten, als sie kamen. Sie sah müde aus und war ein wenig blaß. Annas Mutter sah sehr traurig aus, als sie Gerdi ansah. „Kann ich irgend etwas für dich tun, Gerdi?" fragte sie und umarmte Gerdi. „Ich muß noch eine Besorgung machen. Kann ich etwas für dich einkaufen?"

Anna dachte, daß es sehr komisch war, daß ihre Mutter Gerdi fragte, ob sie für sie einkaufen solle, wo sie doch soviel Energie hatte. Gewöhnlich war es doch genau anders herum.

„Warum kann Gerdi das denn nicht allein machen?" fragte sie.

„Ich fühle mich nicht so gut", sagte Gerdi. „Der Arzt meint, ich muß mich viel ausruhen."

Anna und Gerdi spielten an diesem Tag ruhigere Spiele. Sie spielten Karten – Gerdi brachte Anna Maumau bei –, und Anna brachte Gerdi 17 und 4 bei. Das hatte sie gerade von ihrem Vater gelernt.

Die erste Hälfte des Sommers war vergangen und Anna wartete immer noch darauf, daß es Gerdi wieder besser ging. Sie wußte, daß Gerdi sie mit zum Strand nehmen würde, wenn es ihr besser ginge, und dann würden sie wieder ihre gewohnten Spaziergänge machen. Jeden Tag lief Anna zu Gerdi in der Hoffnung, daß Gerdi stärker und gesünder aussehen würde. Aber mit jedem Tag wurde Gerdi dünner, blasser und schwächer.

Eines Tages sagte Anna zu Gerdi: „Wie lange wird es denn dauern, bis es dir wieder besser geht?"

Gerdi seufzte und zog ihren Mantel aus. Sie war gerade vom Arzt zurückgekommen. „Der Arzt meint, daß es mir vielleicht nie mehr besser

---

[11] Wenn es viele „Geheimnisse" um Krankheit und Tod gibt, können Kinder furchtbare Phantasien darüber entwickeln, was für schreckliche Dinge die Erwachsenen vor ihnen zu verstecken versuchen.

gehen wird, mein Liebling", sagte sie.[12]

„Meinst du, du wirst immer krank bleiben?" fragte Anna.

„Ja, mein Schatz", sagte Gerdi. „Meine Krankheit wird nicht besser, sondern im Gegenteil immer schlimmer. Wenn sie sehr schlimm wird, dann stirbt man daran, weil der Körper nicht mehr am Leben bleiben kann, wenn er so krank ist."

„Oh", sagte Anna. Sie wußte nicht recht, was sie sagen sollte. „Aber Dr. Schneider ist ein sehr guter Arzt." Ihre Mutter hatte immer gesagt, daß Dr. Schneider einer der besten Ärzte in der Gegend sei. „Er wird das wieder hinkriegen und dich wieder gesund machen. Dafür sind Ärzte doch da, oder?"

Gerdi sah sehr traurig aus. „Auch Dr. Schneider kann mir nicht mehr helfen", sagte sie. „Er kann eine Menge Krankheiten heilen, aber diese nicht."

„Dann können wir dich doch ins Krankenhaus bringen", schlug Anna vor. „Da können sie dich operieren, und dann geht es dir wieder besser."

„Nein", sagte Gerdi. „Auch eine Operation würde mir nicht helfen."

„Ich will aber nicht, daß du stirbst", sagte Anna, und sie begann zu weinen.

Gerdi nahm sie in die Arme. „Ich weiß, mein Herz. Ich möchte auch nicht sterben, aber jeder von uns muß früher oder später sterben."

„Warum kannst du denn nicht später sterben?" fragte Anna. Sie schluchzte immer noch. „Warum kannst du nicht warten, bis ich alt bin und erwachsen, bevor du stirbst?"

„Ich wünschte, ich könnte es", sagte Gerdi, „aber wir können uns leider nicht aussuchen, wann wir sterben wollen." Und sie drückte Anna fest an sich.

Anna war furchtbar traurig. Sie haßte es, sich so zu fühlen. Es machte ihr Angst. Ihre Mutter und ihr Vater sahen auch so traurig aus, und das machte ihr noch mehr Angst.

Anna versuchte, sich selbst aufzuheitern, damit sie nicht mehr so traurig sein mußte. Sie rannte im Haus herum, lachte und kreischte und versuchte den Hund dazu zu bringen, sie zu jagen. Ihre Mutter fing sie im Korridor auf und nahm sie in die Arme.

---

[12] Soweit wie möglich sollten Sie Kindern gegenüber ehrlich sein. Normalerweise spüren sie, daß irgend etwas nicht stimmt. Im allgemeinen ist es schlimmer für sie, mit ihren Phantasien darüber, was los sein könnte, allein gelassen zu werden, als daß ein einfühlsamer und trostspendender Erwachsener ihnen dies in Worten erklärt, die sie verstehen.

Anna wurde ängstlich.

„Ist es nicht richtig, fröhlich zu sein?“ fragte sie.

„Doch, es ist richtig, fröhlich zu sein, mein Liebling“, sagte ihre Mutter. „Es ist nur so, daß wir vielleicht nicht alle zusammen zur gleichen Zeit fröhlich sind. Aber auch wenn wir traurig sind, darfst du gern fröhlich sein.“

„Es ist nicht einfach für mich, fröhlich zu sein, wenn ihr traurig seid“, meinte Anna.

„Ich weiß, Liebling“, sagte ihre Mutter und umarmte sie noch einmal.

„Werden wir irgendwann wieder fröhlich sein?“ fragte Anna.

„Ja, mein Herz, das werden wir“, sagte ihre Mutter. „Aber bis dahin wird es auch Zeiten geben, in denen wir sehr traurig sein werden.“

Am nächsten Morgen hatte Anna Angst davor, Gerdi zu besuchen. Sie fürchtete, daß sie zu traurig werden würde.

„Ich glaube, ich werde heute nicht zu Gerdi gehen“, sagte sie zu ihrer Mutter.

„Das ist in Ordnung“, antwortete ihre Mutter. „Du kannst dann gehen, wenn dir danach ist.“

Am Nachmittag sagte Annas Mutter aber zu ihr: „Ich gehe jetzt kurz zu Gerdi. Möchtest du vielleicht mitkommen?“

„Okay“, sagte Anna. Es war sicherer, wenn ihre Mutter mitkam.

Als sie dann Gerdi sah, war es gar nicht so schrecklich. Gerdi war immer noch Gerdi, sie lächelte und sprach und spielte mit Anna. Anna fühlte sich besser. Das nächste Mal konnte sie auch allein gehen und brauchte ihre Mutter nicht.

„Ich hatte heute morgen Angst davor, Gerdi zu besuchen“, sagte Anna zu ihrer Mutter, als sie auf dem Weg nach Hause waren.

„Ich weiß“, sagte ihre Mutter. „Manchmal kann es einen schon ängstigen, jemanden zu besuchen, von dem man weiß, daß er sterben muß. Es ist auch schrecklich für dich selbst, so traurig zu sein. Und du denkst, du weißt vielleicht nicht, was du sagen sollst, wenn du bei ihr bist. Aber weißt du, mein Schatz, noch ist Gerdi lebendig, und sie ist immer noch unsere Gerdi. Wir wissen nicht genau, wieviel Zeit ihr noch bleibt, aber wir sollten versuchen, das Beste daraus zu machen.“ Und sie umarmte Anna ganz fest.

„Ist die Krankheit, die Gerdi hat, ansteckend?“ fragte Anna. Sie hatte sich darüber Gedanken gemacht.

„Nein“, sagte ihre Mutter, „das ist sie nicht. Damit kann man sich bei niemandem anstecken, egal wieviel Zeit man mit einer solchen kranken Person verbringt oder wie nah du ihr kommst.“

„Das ist gut", sagte Anna. Sie fühlte sich etwas besser, als sie das hörte.[13]

Jeden Tag, wenn Anna Gerdi besuchte, achtete sie genau darauf, wie Gerdi aussah. Es konnte doch gar nicht sein, daß Gerdi sterben sollte. Anna dachte immer noch, daß es ihr eines Tages besser gehen würde.[14]

Eines Tages dachte Anna, daß Gott Gerdi vielleicht leben lassen und wieder gesund machen würde, wenn sie sich sehr gut benahm und alles richtig machte.[15]

Mehrere Wochen lang benahm sie sich sehr gut, doch Gerdi ging es immer schlechter. Anna war wütend auf Gott. „Das ist unfair", sagte sie zu ihrer Mutter. „Warum ist Gerdi krank geworden? Sie hat doch nie etwas Böses getan."

„Manchmal passieren Dinge, die nicht gerecht sind", sagte Annas Mutter und strich ihr über das Haar. „Manchmal werden gute Menschen krank und manchmal passieren guten Menschen schlimme Dinge."

„Warum soll man sich dann anstrengen!" sagte Anna. „Warum soll man sich dann anstrengen, gut zu sein, wenn einem trotzdem schlimme Dinge passieren können? Das ist nicht fair!" Sie war ganz aufgebracht.

„Wir sind nicht deshalb gut, um nicht krank zu werden", sagte ihre Mutter. „Wir sind gut, weil wir es für den besten Weg halten."

Anna war sehr traurig. Sie war auch beunruhigt, denn sie hatte ein schreckliches Geheimnis. Manchmal wollte sie es ihrer Mutter sagen, aber dann hatte sie Angst, daß es zu schrecklich sei, um es jemandem zu sagen.

Eines Tages schließlich, als sie von der Schule mit ihrer Mutter nach Hause kam, sah sie zu ihr hoch und sagte dann ziemlich nervös: „Mama, ich habe vor einiger Zeit etwas sehr Schlimmes gemacht."

„Was denn?" fragte ihre Mutter. „Du siehst so aus, als würdest du dir große Sorgen deswegen machen."

„Erinnerst du dich noch", sagte Anna, „als Tante Gerdi mich mit zum Strand nehmen wollte, aber statt dessen zum Arzt gefahren ist?"

„Ja", sagte ihre Mutter, „daran erinnere ich mich."

„Erinnerst du dich, daß ich furchtbar wütend auf sie war, weil sie ihr Versprechen gebrochen hatte?" sagte Anna.

Ihre Mutter nickte.

„Also, ich war so wütend auf sie, daß ich gewünscht habe, sie soll ganz

---

[13] Kinder brauchen häufig eine Bestätigung darüber, daß Krankheiten wie zum Beispiel Krebs nicht ansteckend sind.

[14] Kinder brauchen Zeit, um den bevorstehenden Tod einer Person wirklich aufzunehmen und zu akzeptieren.

[15] Diese Art „Handel" mit Gott kann oft bei Kindern beobachtet werden.

schlimm krank werden.[16] Das war aber nur an dem Tag so, und nachher hat es mir leid getan und ich habe es zurückgenommen, aber es war zu spät." Und Anna begann zu weinen. „Ich habe sie krank gemacht, Mami. Ich habe ihr gewünscht, daß sie krank wird."

Ihre Mutter legte ihr einen Arm um die Schulter und streichelte ihre Wange. „Du hast dir deshalb viele Sorgen gemacht, nicht?"

Anna nickte. Sie fühlte sich scheußlich.

„Aber so funktioniert das nicht, Anna", sagte ihre Mutter. „Man kann niemanden durch einen Wunsch krank machen. Tante Gerdi ist krank geworden, weil ihr Körper nicht mehr richtig gearbeitet hat. Es hat überhaupt nichts mit deinen Wünschen zu tun. Das kannst du mir wirklich glauben."

Anna sah sie durch ihre Tränen hindurch an. „Wirklich?" fragte sie. „Schwörst du das?"

„Ja", sagte ihre Mutter. „Das stimmt. Man kann niemanden krank machen, nur weil man sich das wünscht. Aber viele Kinder wissen das nicht. Sie denken, wenn sie auf jemanden böse waren und diese Person dann krank wird oder stirbt, daß sie dies verursacht haben."

„Wirklich?" sagte Anna. „Viele Kinder denken das?"

„Oh ja", sagte ihre Mutter. „Sehr, sehr viele Kinder."

„Ach je", sagte Anna. Es war eine Erleichterung zu wissen, daß sie nicht die einzige war, die dachte, sie hätte so etwas Furchtbares getan.

„Und außerdem", fuhr ihre Mutter fort, „ist es normal, daß man auf jemanden wütend wird, den man liebt.[17] Das bedeutet nicht, daß du ihn nicht liebst. Das heißt nur, daß man eine Weile böse auf ihn ist. Du bist ja auch manchmal wütend auf mich, aber du liebst mich trotzdem, nicht wahr? Und ich bin manchmal zornig auf dich, aber ich liebe dich immer noch."

„Ja", sagte Anna. So hatte sie das noch nicht gesehen.

„Auf jemanden böse zu sein, kann ihn nicht krank machen", sagte ihre Mutter. „Dafür sind die Menschen viel zu stark. Man kann ihre Gefühle verletzen, aber das macht sie nicht kaputt. Stell dir nur mal vor, ich würde jedesmal zu Staub zerfallen, wenn du wütend auf mich bist."

Anna mußte lachen. Das hörte sich komisch an.

„Wenn du böse auf mich bist, bin ich manchmal ein bißchen traurig

---

[16] Diese Furcht findet sich häufig bei Kindern. Sie glauben, daß ihre Wut und ihre bösen Wünsche tödlich sein können – daß sie tatsächlich den Tod von jemandem herbeiführen können. Man muß ihnen erklären, daß das nicht so ist.

[17] Es ist tröstlich für Kinder zu wissen, daß man auf jemanden böse sein, aber ihn dennoch lieben kann, ebenso, daß man wütend sein kann und trotzdem geliebt wird.

oder verletzt oder verstimmt. Doch das dauert nicht lange. Und die ganze Zeit weiß ich in meinem Innern, daß du mich wirklich liebst und daß sich das nicht geändert hat. Und ich weiß auch, daß ich dich wirklich liebe und dich immer lieben werde."

Anna antwortete nicht. Sie dachte nach.

„Und weißt du noch etwas?" fuhr ihre Mutter fort. „Wenn wir wütend werden und einer von uns beiden denkt, daß er etwas falsch gemacht hat, dann kommt er zum anderen und entschuldigt sich dafür."

„Das ist wahr", sagte Anna. „Wenn du mich ohne Grund ausgeschimpft hast, sagst du, daß es dir leid tut." Sie machte eine Pause. „Ich dachte gerade, ob ich vielleicht Tante Gerdi erzähle, wie wütend ich über sie war an dem Tag, und daß ich deswegen nicht mit ihr telefonieren wollte und daß ich mir Gedanken darüber gemacht habe und daß es mir leid tut, weil ich sie wirklich lieb habe."

„Ich bin sicher, Tante Gerdi wird das verstehen, wenn du es ihr sagst", sagte ihre Mutter. „Sie weiß auch, daß du sie liebst. Sie liebt dich auch, sogar sehr."

An diesem Tag ging Anna zu Tante Gerdi und erzählte ihr alles. Tante Gerdi nahm sie in den Arm und sagte: „Das ist schon in Ordnung, meine Kleine. Es hat wahrscheinlich auch Tage gegeben, an denen ich dich angefahren habe oder kaum mit dir gesprochen. Das liegt daran, daß ich mir solche Sorgen wegen meiner Krankheit gemacht habe."[18]

„Ich mache mir auch Sorgen", sagte Anna.

„Ich weiß", sagte Gerdi und drückte sie an sich.

„Mußt du wirklich sterben, Tante Gerdi?" fragte Anna. Sie wollte immer noch nicht glauben, daß Gerdi tatsächlich sterben könnte.

Gerdi sah sehr traurig aus. „Ja, mein Liebling", sagte sie. „Die Ärzte haben gesagt, es gibt nichts mehr, was sie für mich tun können."

„Und wann wird das sein?" fragte Anna und fühlte sich ganz schrecklich.

„Das weiß ich nicht", antwortete Gerdi. „Aber die Ärzte haben gesagt, daß meine Krankheit immer schlimmer wird."

Dann umarmten sich beide und weinten ein bißchen.[19]

Anna versuchte, Gerdi jeden Tag zu besuchen. Sie malte besonders hübsche Bilder für sie in ganz bunten Farben. Gerdi hängte sie in ihrem Zimmer auf.

---

[18]Manchmal können Kinder Schwäche oder Depressionen einer todkranken Person als Zeichen der Ablehnung deuten. Genauso können die pflegenden Personen so in ihrem Kummer verstrickt sein, daß auch sie ablehnend wirken.

[19]Gefühle der Trauer zu teilen, kann hilfreich sein.

„Ich danke dir für die Bilder", sagte sie. „Ich fühle mich schon besser, wenn ich sie nur ansehe. Und ich freue mich so sehr, wenn du mich besuchst."

Anna hörte das gern. Es war schön zu wissen, daß sie Gerdi auf eine gewisse Weise helfen konnte, auch wenn sie sie nicht gesund machen konnte.[20]

Jeden Tag schien Gerdi blasser und blasser zu werden. Die letzten Tage war sie im Bett geblieben. Anna setzte sich zu ihr aufs Bett und spielte Karten mit ihr. Anna blieb nicht sehr lange, weil Gerdi schnell müde wurde. Aber sie wußte, daß Gerdi sich über ihre Besuche freute, weil ihre Augen strahlten, wenn sie Anna sah, und sie nahm sie immer in den Arm und gab ihr einen Kuß.

In der letzten Zeit fühlte sich Gerdi beim Umarmen anders an. Sie war viel dünner und knochiger, und manchmal strömte sie einen komischen Geruch aus.[21] Anna mochte das anfangs nicht, aber Gerdi erklärte ihr, daß das alles mit ihrer Krankheit zusammenhing.

Manchmal bat Gerdi sie um einen besonderen Gefallen, wie zum Beispiel einen Brief für sie zum Briefkasten zu bringen. Anna war sehr stolz, wenn sie so etwas tat. Es war gut zu wissen, daß sie etwas für Gerdi tun konnte.

Eines Tages, gerade als Anna zur Schule wollte, klingelte das Telefon. Annas Mutter ging hin und Anna erkannte an dem entsetzten „Oh", daß etwas Schreckliches passiert sein mußte. Ihre Mutter kam aus der Küche. Ihre Augen waren rot. „Es ist Tante Gerdi", sagte sie. „Die Krankenschwester, die sie heute morgen besucht hat, sagte, daß es ihr viel schlechter gehe. Sie mußten sie ins Krankenhaus bringen." Sie ging zum Telefon zurück. „Ich rufe Papa an", meinte sie, „und wir werden dann zu ihr fahren. Du mußt heute nicht zur Schule gehen."[22]

Das Krankenhaus war sehr groß und voll. Sie gingen einen langen Gang entlang. Anna hatte Angst. Sie wollte nicht, daß Tante Gerdi im Krankenhaus war.

---

[20] Kindern und Erwachsenen fällt es leichter, mit solchen Situationen umzugehen, wenn sie erfahren, daß sie der sterbenden Person in gewisser Weise helfen können oder ihr etwas geben. Im allgemeinen erleben wir das Sterben einer Person mit einem Gefühl der schrecklichen Hilflosigkeit und Ohnmacht.

[21] Kinder haben oft Angst vor dem Aussehen, dem Geruch und anderen körperlichen Merkmalen eines ernstlich kranken Menschen.

[22] Wenn es in Ihrem Krankenhaus nicht möglich ist, Kinder mitzubringen, sollten Sie diesen Teil ändern. Erklären Sie aber trotzdem, was im Krankenhaus vor sich geht und was mit dem Patienten geschieht. Ohne deutliche Erklärungen bauen Kinder Phantasien auf, die meistens sehr viel schrecklicher als die Realität sind.

„Wann wird sie wieder aus dem Krankenhaus herauskommen?“ fragte sie ihre Mutter.

Ihre Mutter sah sehr traurig aus. „Meistens geht es Leuten, die ins Krankenhaus kommen, später besser, so daß sie es wieder verlassen können und nach Hause kommen.[23] Aber Tante Gerdi hat eine Art Krankheit, die nicht besser wird, sie wird immer schlimmer. Heute morgen konnte sie nicht richtig atmen, und deshalb hat man sie ins Krankenhaus gebracht. In Krankenhäusern gibt es Maschinen, die einem atmen helfen. Aber die Ärzte sagen, daß sie so krank ist, daß sie nicht mehr nach Hause kommen kann.“

„Wird sie sterben, Mami?“ fragte Anna. Ihre Stimme zitterte und war ganz leise.

„Ja, mein Liebling, sie wird sterben. Die Ärzte und das Krankenhaus werden alles tun, um ihr zu helfen, aber sie denken, daß sie schon bald sterben wird.“

Sie gingen den Korridor entlang und hielten sich dabei an den Händen.[24] Anna war sehr traurig.

Ihr Vater sagte: „Wenn du Gerdi sehen wirst, dann werden viele komische Geräte um sie herum stehen und sie wird mit Schläuchen verbunden sein.[25] Das sieht vielleicht ein bißchen furchterregend aus, aber sie helfen ihr, so gut es geht.“

Ihr Vater hatte recht. Es standen viele merkwürdige Maschinen um Gerdi herum, und manche von ihnen machten komische Geräusche. Sie war sehr weiß und sah unheimlich klein in dem großen Krankenhausbett aus, umgeben von den Geräten, Flaschen und Schläuchen. Sie hatte die Augen geschlossen, aber sie öffnete sie, als Anna hereinkam, und lächelte zart, als wäre sie sehr, sehr schwach.

Anna fühlte sich entsetzlich. Es war erschreckend, ihre Tante Gerdi so zu sehen. Sie wollte, daß sie so wie früher aussah, stark und voller Energie.

Gerdi winkte ihr, näherzukommen. „Es ist schon in Ordnung“, sagte sie. „Ich weiß, daß ich komisch aussehe, aber ich bin immer noch Gerdi.“

Anna küßte sie. „Ich habe dich lieb, Gerdi“, sagte sie. Sie war den

---

[23] Betonen Sie, daß ein Krankenhaus nicht nur ein Platz zum Sterben ist, sonst könnten die Kinder unnötige Angst vor dem Krankenhaus entwickeln.

[24] Nonverbaler Trost, wie zum Beispiel das Halten der Hand, ist eine Quelle der Sicherheit in solch einer Zeit.

[25] Kinder könnten wegen der Schläuche, Flaschen und anderen Geräte, die um den Patienten herum verteilt sind, Angst bekommen. Erzählen Sie ihnen vorher davon und betonen Sie, daß diese Geräte nützlich sind und dem Kranken helfen sollen.

Tränen nahe.

„Ich weiß, mein Schatz", sagte Gerdi. Sie sah auch sehr traurig aus. „Ich habe dich auch lieb, und du hast mich sehr glücklich gemacht. Du bist ein wundervolles kleines Mädchen, und ich bin so froh, daß ich das Glück hatte, deine Tante zu sein."

„Ich hatte auch Glück", sagte Anna, obwohl sie im Moment sehr, sehr unglücklich war.[26]

Sie hielten sich die Hand, bis die Krankenschwester hineinkam und sagte, Besucher müßten jetzt gehen.[27]

Anna fuhr mit ihrer Mutter und ihrem Vater nach Hause. Sie waren alle sehr traurig. Keiner sagte ein Wort.

Später am Abend ging das Telefon. Ihr Vater nahm den Hörer ab. Nach ein paar Minuten kam er wieder ins Zimmer. Er hatte Tränen in den Augen. „Gerdi ist gestorben", sagte er. „Das war eben das Krankenhaus."

Sie waren alle unendlich traurig. Anna blieb die ganze Zeit dicht bei ihrer Mutter. Sie hatte keine Lust, irgend etwas zu tun. All die Dinge, die sie sonst gern tat, machten ihr nun keinen Spaß mehr.

Das Begräbnis war einige Tage nach Gerdis Tod. Ihre Mutter sagte ihr, daß sie daran teilnehmen könnte, wenn sie es möchte. Aber wenn sie es nicht wolle, wäre das auch in Ordnung.

„Bei einem Begräbnis kommen die Leute zusammen, die jemanden begraben wollen, den sie gern gehabt haben", erklärte ihre Mutter.[28] „Sie graben nicht einfach ein Loch in die Erde, wo dann der Körper liegen soll. Sie treffen sich, reden über die Person, die gestorben ist, und lassen schließlich den Sarg in das Grab. Es ist eine Art, sich zu verabschieden. Manche Menschen tun dies gern in einer Gruppe, andere tun dies lieber für sich allein. Du kannst es selbst entscheiden. Bei einem Begräbnis weinen sehr viele Leute. Manche weinen sogar sehr viel, und es hört sich an, als ob sie furchtbare Schmerzen hätten. Es ist normal zu weinen, wenn man traurig ist, und es hilft über die Trauer hinweg. Manchmal kann es aber auch ein wenig erschreckend für Kinder sein, wenn sie die Erwach-

---

[26] Die Gelegenheit, auf Wiedersehen zu sagen, ist sehr wertvoll und kann uns im Trauerprozeß sehr helfen.

[27] Wenn Ihr Kind nicht zu Besuch ins Krankenhaus kommen darf, möchte es vielleicht einen liebevollen Brief schreiben oder ein kleines Bild als Geschenk mitgeben, um seine Gefühle auszudrücken und auf Wiedersehen zu sagen.

[28] Das ist eine Erklärung für Begräbnis, die ein Kind verstehen kann. Sie können die Details nach der Art des Begräbnisses wählen, an dem Sie teilnehmen werden. Es hilft den Kindern, wenn man sie ohne Zwang selbst entscheiden läßt, ob sie daran teilnehmen möchten oder nicht.

senen so schrecklich weinen sehen. Auf der anderen Seite kann es auch tröstlich sein, in einer Gruppe von Menschen Abschied zu nehmen, die genau dasselbe fühlen und die alle aus demselben Grund zusammengekommen sind."

Anna entschied, daß sie zu dem Begräbnis mitkommen wollte. Ihre Mutter und ihr Vater hatten vorher erzählt, was passieren würde. Sie saßen mit ihr zusammen und hielten sie die ganze Zeit bei der Hand.[29]

Nachher sagte sie zu ihrer Mutter und ihrem Vater: „Was wird mit mir passieren, wenn ihr sterben solltet? Wer sorgt dann für mich?"[30]

„Also zuallererst sind wir beide stark und gesund und werden noch eine lange, lange Zeit leben", sagte ihre Mutter.

„Und außerdem", meinte ihr Vater, „werde ich für dich sorgen, wenn Mama sterben sollte, und Mama wird für dich sorgen, wenn ich sterben sollte."

„Und wenn ihr beide sterbt?" fragte Anna.

„Wenn wir beide sterben sollten, dann werden Oma und Opa für dich sorgen", antwortete Annas Mutter.

„Oh", sagte Anna. Es war gut zu wissen, daß immer jemand für sie sorgen würde.

Noch eine ganze Zeit nach Gerdis Tod war Anna traurig.[31] Manchmal war sie wütend auf Gerdi, weil sie gestorben war und sie allein gelassen hatte. Manchmal dachte sie auch, daß das alles vielleicht gar nicht wirklich passiert war und daß Gerdi noch immer in ihrem Haus auf der anderen Straßenseite lebte. Aber manchmal, zwischendurch, fühlte sie sich auch gut, sah fern oder spielte mit ihren Freunden.[32] Hin und wieder, wenn sie bemerkte, daß sie fröhlich war, fühlte sie sich deswegen schlecht. Ihr schien, als ob ihre Fröhlichkeit bedeutete, daß sie Gerdi vergessen hätte.[33]

---

[29] Wenn das Kind zu einem Begräbnis geht, ist es wichtig, ihm sehr viel Unterstützung zu geben.

[30] Das ist eine Frage, die Kinder allgemein beschäftigt, wenn sie sich mit den Nachwirkungen eines Todesfalles aueinandersetzen. Man muß ihnen hier Sicherheit vermitteln.

[31] Dies sind normale, emotionale Reaktionen nach einem Todesfall. Es ist hilfreich, wenn Sie Ihrem Kind versichern, daß seine Gefühle schmerzhaft, aber natürlich sind.

[32] Kinder können für gewöhnlich nur eine begrenzte Zeit intensive Trauer ertragen. Ihre Trauer mag wie ein Hin und Her erscheinen – Phasen von Depression wechseln ab mit Phasen von Spiel. Das ist für sie ein normales Trauerverhalten.

[33] Es kommt vor, daß Kinder und Erwachsene glauben, Fröhlichkeit wäre eine Treulosigkeit gegenüber dem Andenken des geliebten Menschen.

Als sie dies ihrer Mutter erzählte, meinte sie: „Ich verstehe, was in dir vorgeht. Auch Erwachsenen geht es manchmal so. Aber es ist nichts Schlimmes dabei, fröhlich zu sein. Es heißt nicht, daß wir Gerdi vergessen haben, sondern es bedeutet nur, daß das Leben langsam wieder normal wird."

Anna sagte: „Als Gerdi gestorben ist, dachte ich, ich könnte nie wieder fröhlich sein."

„Ich weiß", meinte ihre Mutter. „Vielen Leuten geht es so, wenn jemand stirbt, den sie lieben. Es ist ungefähr so, als wenn man im Winter denkt, die Sonne würde nie mehr scheinen, oder daß es niemals mehr warm werden wird. Aber mit der Zeit geht der Winter vorbei und der Frühling kommt. Alles beginnt wieder zu sprießen und die Vögel singen. Die Sonne kommt heraus und es wird wärmer und wärmer. Machmal ist es mitten im Winter aber schwer, sich vorzustellen, daß der Frühling wiederkommt. Obwohl er das immer tut."

Anna, ihre Mutter und ihr Vater sprachen viel über Gerdi.[34] Sie erinnerten sich an ihre Späße und die Dinge, die sie gesagt und getan hatte. Anna sprach gern über Gerdi.

Eines Tages sprach sie mit ihrer Freundin Petra. Petras Großmutter war im letzten Jahr gestorben.

„Nachdem sie gestorben war", sagte Petra, „hat niemand mehr über sie gesprochen.[35] Es war so, als ob sie verschwunden wäre und niemals gelebt hätte. Ich fand es furchtbar."

Anna war froh, daß sie mit ihrer Mutter und ihrem Vater über Gerdi sprechen konnte.

Eines Tages, es war wieder Sommer, saß Anna mit ihrem neuen Freund Stephan auf dem Zaun.

„Ich kenne ein ganz tolles Spiel", sagte Anna. „Man muß raten, wie viele Autos von einer Farbe in einer bestimmten Anzahl Minuten hier vorbeifahren."

„Das hört sich lustig an", sagte Stephan.

„Meine Tante Gerdi hat mir das Spiel beigebracht", sagte Anna stolz, und sie begann, Stephan von Gerdi zu erzählen.

Es war schön, in der Sonne zu sitzen und ein Spiel zu spielen, das Gerdi ihr beigebracht hatte, und sich an all die schönen Sachen zu erinnern, die

---

[34] Erinnerungen sind ein wichtiger Teil des normalen, gesunden Trauerprozesses.

[35] Es kann für Kinder sehr quälend sein, wenn die Leute sich weigern, über den oder die Tote zu reden.

sie zusammen getan hatten.[36] Anna war immer noch traurig, wenn sie an Gerdis Tod dachte, und wünschte sich immer noch, daß sie da wäre und mit ihr spielte. Aber es war gut, mit einem Freund in der Sonne zu sitzen und so an Gerdi zu denken.

[36]Dies ist das positive Ende; es zeigt, daß auch nach einem großen Verlust oder großer Trauer das Leben weitergeht und man mit der Zeit wieder fröhlich wird.

Entspannung

Wir alle müssen uns entspannen. Einige von uns können das gut, andere finden es schwierig. Kindern geht es genauso. Entspannung gibt einem bei fast allen Dingen ein besseres Gefühl. Sie macht alles leichter. Wir fühlen weniger Schmerz, wenn wir entspannt sind, wir arbeiten besser, spielen fröhlicher, fühlen uns gesünder, schlafen ruhiger und können ganz allgemein alles besser genießen.

Kinder können von Entspannung profitieren, wenn sie unter Streß stehen, übermüdet, frustriert, verängstigt oder übermäßig erregt sind oder wenn ihnen einfach danach zumute ist. Genau wie Erwachsene müssen viele Kinder lernen, wie man sich entspannt, oder sie müssen daran erinnert werden, es zu tun.

Entspannung durch Erzählen von Geschichten zu vermitteln ist eine besonders angenehme Methode, sowohl für das Kind als auch für den Erzähler. Einige Kinder lieben aktive Imaginationen, in denen eine Menge passiert. Andere bevorzugen passivere, in denen sie an einem ruhigen Platz sitzen können und nicht viel drumherum vor sich geht. Die Bedürfnisse und Wünsche der Kinder differieren von Zeit zu Zeit, so wie von Kind zu Kind.

Vielleicht möchten Sie einige der Entspannungsbilder ausprobieren, zum Beispiel die Phantasie, sich in eine Stoffpuppe zu verwandeln oder einen Ausflug an den Strand oder aufs Land zu machen. Es gibt Unmengen anderer Entspannungsphantasien, die Sie mit Ihrem Kind ausprobieren oder die Sie in Ihre Geschichten einbauen können.

Wenn Sie diese Szenen beschreiben, gehen Sie soweit wie möglich ins Detail, damit die Vorstellung intensiv und lebendig wird. Wann immer es geht, beschreiben Sie Empfindungen, Geräusche, Gerüche und den Geschmack genauso, wie Sie Farben und Formen beschreiben. Diese zusätzlichen Elemente tragen zur Lebendigkeit und Intensität des Erlebnisses bei.

Wenn Sie die Geschichte vorlesen, in der es um einen fliegenden Teppich geht, wird Ihr Kind vielleicht spontan seine eigenen Phantasieerleb-

nisse mit dem Teppich beschreiben. Es ist hilfreich, es dazu zu ermuntern und gut zuzuhören, und diese vielleicht in die Geschichte oder in eine der folgenden Geschichten mit einzubauen. Erschrecken Sie nicht, wenn das Kind spricht – es kann immer noch entspannt sein, auch wenn es spricht, und es zeigt damit, daß es sich voll und ganz in die Geschichte hineinbegibt. Je gefesselter Ihr Kind ist, desto mehr wird es davon profitieren. Es kann positiv sein, wenn Sie Ihrem Kind vorschlagen, daß es mit geschlossenen Augen noch mehr Spaß haben wird, der Geschichte zuzuhören.

In der folgenden Geschichte erzählt Annas Mutter eine Geschichte über ein kleines Mädchen namens Andrea. Die Technik der Geschichte in der Geschichte, wobei sich die Grenzen der beiden verwischen, kann dazu dienen, das Kind noch mehr in die Geschichte einzubeziehen, und ihm beim Entspannungsprozeß helfen.

Anna-Geschichte

Anna war ein kleines Mädchen. Es wohnte in einem roten Backsteinhaus zusammen mit seiner Mutter, seinem Vater und einem großen schwarzen Hund.[1]

Normalerweise wachte sie jeden Morgen fröhlich und munter auf. Aber als sie eines Tages aufwachte, war sie mürrisch und mißgelaunt. Es war ein Gefühl, das sie nicht mochte.[2]

Sie stapfte in die Küche. „Wo ist mein Frühstück?“ fragte sie ihre Mutter.

„Ach du meine Güte“, sagte ihre Mutter. „Du siehst aus, als ob du heute mit dem linken Fuß zuerst aufgestanden wärest.“

„Ein großes scheußliches Motorrad röhrte die Straße runter, bevor ich richtig wach war. Ich wollte gar nicht aufwachen, aber es hat mich geweckt“, sagte Anna. Sie war sehr böse darüber. Sie dachte, daß alle Motorräder eingestampft und einem riesigen Motorrad-Monster zum Fressen vorgeworfen werden müßten.

„So, hier hast du deine Haferflocken, mein Herz“, sagte ihre Mutter. „Ich habe sie schon für dich fertig.“

„Ich will keine Haferflocken, ich will Cornflakes“, maulte Anna.

„Das tut mir leid, mein Schatz, aber ich habe die Haferflocken schon gekocht. Du kannst morgen Cornflakes haben.“

„Morgen will ich aber keine Cornflakes, ich will sie heute. Das ist gemein!“ rief Anna und stiefelte ins Wohnzimmer zum Fernseher. „Du hättest mich fragen sollen, bevor du sie kochst.“

Im Wohnzimmer sah sie sich die Fernsehzeitung an und schaute dann auf die Uhr. Verdammt! Sie hatte ihre Lieblingssendung verpaßt. Das war gemein.[3]

---

[1] Verändern Sie die Details entsprechend der Umgebung Ihres Kind.

[2] Dies ist Annas Motiv, Entspannung zu lernen; sie wird ihr helfen, sich besser zu fühlen und den Tag mehr zu genießen.

[3] Gestalten Sie die Ereignisse entsprechend der Situation Ihres Kindes, damit es sich identifizieren kann.

„Ich habe meine Fernsehsendung verpaßt", kam sie zeternd zu ihrer Mutter. „Du hättest mich wecken müssen. Das ist gemein!"

„Das tut mir leid, Liebling", sagte ihre Mutter und streichelte ihr die Wange. „Aber ich wußte doch nicht, daß du sie sehen wolltest. Warum spielst du statt dessen nicht mit deinem Puzzle?"

Anna sah sich um. Ihr neues Puzzle lag auf dem Eßtisch. Es war ein großes, glänzendes Puzzle mit Bildern von Hamstern drauf. Anna mochte Hamster gern.[4] Sie hatte noch niemals einen lebendigen Hamster gesehen, aber sie hatte im Fernsehen die Sendung „Harald Hamster und seine Freunde am Weizenfeld" gesehen. Daher wußte sie, daß sie einen Hamster lieben würde, wenn sie nur einen hätte. Gestern abend hatte sie ihre Eltern gefragt, ob sie ihr einen Hamster kaufen würden, aber ihr Vater hatte gesagt: „Nein, ein Hund in diesem Haus ist genug. Und außerdem, wer soll für ihn sorgen? Es gibt ganz bestimmt keinen Hamster, solange du nicht alt genug bist, um selbst für ihn zu sorgen." Das war gemein, dachte Anna. Sie wollte doch bloß einen einzigen kleinen Hamster.

„Warum ziehst du dich nicht erst an?" fragte ihre Mutter. „Es ist ein bißchen zu kalt hier nur mit dem Nachthemd an."

Anna ging in ihr Zimmer. Sie wußte schon, was sie heute anziehen wollte – den roten Jogginganzug, den sie am liebsten mochte. Sie sah in den Schrank.

„Mein Jogginganzug ist nicht da!" sagte sie zu ihrer Mutter.

„Der ist in der Wäsche", sagte ihre Mutter. „Warum ziehst du nicht was anderes an?"

„Ich will aber nichts anderes anziehen. Ich will meinen Jogginganzug", sagte Anna. „Das ist gemein." Und sie stapfte zurück ins Wohnzimmer.

Sie hatte gerade die glatten Randstücke des Puzzles zu einem Haufen zusammengesucht und aus allen anderen einen zweiten Haufen gemacht, als Blacky, der Hund, hereinkam. Blacky liebte drei Dinge in seinem Leben: Stöckchen holen, spazierengehen und Papiertaschentücher und Puzzleteile fressen.

Er kam ganz leise hereingeschlichen, so daß Anna ihn nicht hörte. Langsam begann seine feuchte Nase zu schnüffeln – am Tisch, wo die Puzzleteile lagen. Eigentlich liebte er Papiertaschentücher mehr, aber Puzzleteile würden es auch tun. Ganz plötzlich, mit einem schnellen „Schnapp", hatte er drei Teile geklaut und rannte damit weg in den Flur.

---

[4] Meine Tochter hat eine Vorliebe für Hamster, deshalb habe ich in dieser Geschichte welche verwendet. Sie können die Vorlieben und Wünsche Ihres Kindes ebenso einbauen.

Anna lief hinter ihm her und schrie: „Du böser Hund! Du böser Hund! Gib mir meine Puzzleteile wieder!"

Annas Mutter kam um die Ecke, griff sich Blacky und holte ihm die Teile aus der Schnauze. „Da hast du sie", sagte sie zu Anna. „Hier sind deine Puzzleteile."

„Sie sind ganz naß!" sagte Anna. „Huhuhuu! Das ist gemein!" Ihr war zum Heulen zumute.

„Du hast wirklich einen total verkorksten Vormittag, was", sagte ihre Mutter.

Anna nickte.

„Und du fühlst dich ganz schrecklich", fuhr ihre Mutter fort.[5]

„Ja", sagte Anna. „Mir geht es furchtbar schrecklich. Das ist ein furchtbar schrecklicher Tag."

„Möchtest du, daß ich dir zeige, wie du dich besser fühlen kannst?" fragte ihre Mutter. „Auf diesem Wege könntest du zumindest den Rest des Tages genießen, und er wäre nicht so völlig verloren für dich."[6]

„Okay", sagte Anna. Das hörte sich ganz gut an.

Anna setzte sich bequem hin, und ihre Mutter fing an.

„Es war einmal ein kleines Mädchen, das hieß Andrea. Normalerweise war sie ein fröhliches kleines Mädchen, aber heute hatte sie einen schlimmen, schlimmen Tag. Alles, was sie tat, ging schief. Das Essen war widerlich, ihre Zeichnungen waren nicht so, wie sie sein sollten, und ihr liebstes Märchenbuch war verschwunden.[7]

‚Mir geht es mies', sagte sie zu ihrer Mutter. ‚Ich habe heute einen schlimmen Tag.'

‚Möchtest du wissen, wie du dich besser fühlen kannst?' fragte ihre Mutter.

‚Na klar möchte ich das', sagte Andrea, weil sie sich nicht gern mies fühlte. ‚Wie mache ich das?'

‚Also', sagte ihre Mutter, ‚dann setz dich erstmal bequem hin, und dann werde ich dir eine besondere Atemtechnik zeigen, die dir helfen wird, dich besser zu fühlen. Wir können einfach hier sitzen und ein paar ruhige, tiefe Atemzüge machen. Das sind ganz besondere Atemzüge, weil es ein

---

[5] Eine solche Reaktion gibt dem Kind das Gefühl, daß man ihm zuhört und es versteht. Es wird dann eher bereit sein, auf Ihre Vorschläge einzugehen.

[6] Dies stellt eine kleine Motivation für Ihr Kind dar: Zumindest der Rest des Tages wäre nicht verdorben.

[7] Die Situationen, die Andrea aufregen, sind denen von Anna ähnlich. Das Kind kann sich auf diese Weise sowohl leicht mit Andrea als auch mit Anna identifizieren. Auch hier sollten Sie die Situationen den Erlebnissen Ihres Kindes anpassen.

ganz besonderer, ein magischer Weg des Atmens ist. Ich erklär dir sofort, warum das so ist.'"[8]

Und dann sagte Annas Mutter zu Anna[9]: „Du kannst zusammen mit mir, Andrea und ihrer Mutter atmen, wenn du möchtest, dann wirst du ein Teil dieses besonderen, magischen Atmens."

„Oh, prima", sagte Anna. Sie hätte das sowieso getan, auch wenn ihre Mutter es nicht gesagt hätte.

„Und dann", fuhr Annas Mutter fort, „sagte Andreas Mutter: ‚Nun werden wir einfach hier sitzen und ein paar Minuten ruhig atmen und fühlen, wie der Atem hereinkommt und durch unseren ganzen Körper wandert. Er füllt uns mit Luft an und geht dann wieder hinaus.'

‚Ja, das kann ich fühlen', sagte Andrea."

„Ich kann das auch fühlen", sagte Anna. Es machte Spaß, Atem zu holen und der Geschichte zu lauschen. Sie wartete darauf zu hören, welche die besondere, magische Seite dieses Atmens war. Sie mochte Dinge, die besonders und magisch waren.

„‚Paß auf, die besondere, magische Seite dieses Atmens mußt du dir so vorstellen', fuhr Andreas Mutter fort. ‚Wenn du die Augen schließt und in deiner Phantasie ganz genau hinschaust, kannst du sehen, wie dieser besondere Atem durch deinen Körper wandert. Wenn der Atem hereinkommt, ist er klar und glitzert wie Licht oder Glas. Aber wenn er durch deinen Körper wandert, verändert er die Farbe. Und wenn er wieder aus deinem Körper herauskommt, ist er grau oder trübe.'[10]

‚Oh, das kann ich jetzt sehen', rief Andrea. Sie hatte ihre Augen geschlossen und konnte sich vorstellen, daß sie den Atem sah, wie er hineinging und wieder aus ihrem Körper herauskam, ganz langsam, weil sie sehr langsam und ruhig atmete.

‚Welche Farbe hat er?' fragte ihre Mutter.

‚Wenn er hereinkommt, glitzert er hübsch, wie ein Diamant. Wenn er herauskommt, sieht er scheußlich braun aus.'"

„Ich kann meinen auch sehen", sagte Anna. Sie hatte auch die Augen geschlossen und atmete ruhig. „Er ist weiß, wenn er hereinkommt, und hat eine schmutzige Farbe, wenn er wieder herauskommt."

---

[8]Kinder lieben Dinge, die besonders oder magisch sind – ihr Interesse wird dadurch sofort geweckt.

[9]Die Anna- und die Andrea-Geschichte werden hier miteinander verwoben, wie das für den Rest der Geschichte der Fall sein wird. Diese doppelte Verwobenheit erlaubt es Ihrem Kind, sich noch stärker durch die Geschichte fesseln zu lassen.

[10]Ihr Kind möchte hier vielleicht selbst sagen, welche Farbe sein Atem hat, oder Sie können es fragen, wie er seiner Meinung nach aussieht.

„‚Warum ändert er die Farbe?‘ fragte Andrea.

‚Er ändert die Farbe, weil er durch deinen Körper reist‘, antwortete ihre Mutter. ‚Dabei sammelt er all deine unangenehmen Gefühle und all die schlimmen Sachen, die heute passiert sind, auf. Die nimmt er mit sich fort, raus aus deinem Körper.‘

‚Du meinst, wie ein Schwamm, wenn du eine Pfütze vom Tisch wegwischst?‘ fragte Andrea.

‚Das stimmt‘, sagte ihre Mutter. ‚Und es ist genau wie bei einem Schwamm: je mehr wir wegwischen, desto weniger scheußliches Zeug bleibt zurück. Wenn du dir jetzt zum Beispiel deinen Atem ansiehst, wirst du wahrscheinlich bemerken, daß er nicht mehr so braun wie vorher ist.‘

‚Das stimmt‘, sagte Andrea.“

„Das passiert bei mir auch“, sagte Anna. „Das ist ja toll.“

„‚Und wenn du deinen Atem weiter beobachtest‘, sagte Andreas Mutter, ‚kannst du sehen, daß er immer heller und klarer wird, wenn er herauskommt. Das liegt daran, daß immer weniger und weniger scheußliches Zeug in dir noch übrig ist. Alle unangenehmen Gefühle und scheußlichen Sachen, die dir heute passiert sind, werden von dem magischen Atem weggeschafft.‘

‚Das ist Klasse‘, sagte Andrea. ‚Mein Atem ist schon fast völlig klar.‘“

„Meiner ist schon ganz klar“ rief Anna. „Er hat es sogar noch schneller als Andreas Atem geschafft. Er ist jetzt ganz weiß. Das ist Spitze. Ich fühl mich wirklich gut. Das gefällt mir.“

„Das ist ja großartig“, sagte Annas Mutter. Sie fuhr fort: „Und Andreas Mutter sagte: ‚Sag mir Bescheid, wenn dein Atem ganz klar ist, dann können wir noch mehr tun, was dir wirklich Spaß machen wird.‘

‚Er ist jetzt klar‘, sagte Andrea.

Andreas Mutter fuhr fort: ‚Das ist großartig. Jetzt können wir weitermachen mit einer besonderen, magischen Reise in deiner Phantasie. Es ist etwas, das dir wirklich gefallen wird.‘

‚Was ist es?‘ fragte Andrea. Sie freute sich darauf. Sie liebte magische Reisen.

‚Es ist eine Reise auf deinem eigenen fliegenden Teppich‘, sagte ihre Mutter.

‚Juhu!‘ sagte Andrea.“

„Prima“, sagte Anna. Sie hatte schon immer eine Reise auf einem fliegenden Teppich machen wollen, aber sie hatte nicht gewußt, daß man das in seiner Phantasie machen konnte.

„‚Du kannst alles in deiner Phantasie tun‘, sagte Andreas Mutter. ‚Weil es deine Vorstellung und deine Phantasie sind, kannst du sie kontrollieren.

Du kannst alles passieren lassen, was du willst. Du kannst alles, was du willst, verändern. Und alles, was passiert, ist in Ordnung, einfach angenehm für dich.'

'Juhu', rief Andrea."

„Das wird spannend", meinte Anna. Sie war wirklich sehr gespannt.

„'Zuerst mußt du auswählen, welche Farbe dein fliegender Teppich haben soll', sagte Andreas Mutter. 'Soll er rosa sein oder rot, gelb oder blau? Soll er grün oder lila, schwarz oder weiß sein? Soll er nur eine Farbe haben oder viele verschiedene?'[11]

Andrea dachte eine Weile nach."

Anna dachte auch eine Weile nach. Es war lustig, wieviel einfacher es war, über solche Dinge nachzudenken, wenn man die Augen geschlossen hatte. In ihrer Vorstellung begannen hübsche Farben vorbeizuziehen. Welche von ihnen würde sie auswählen?...[12]

„'Ich werde lila und weiß nehmen', verkündete Andrea, und sie stellte sich einen wunderschönen lila und weißen Teppich vor. 'Lila ist für Prinzen und Prinzessinnen und so.'"

„Mein Teppich wird weiß und lila", sagte Anna und stellte sich für sich selbst einen wundervollen weißen und lila Teppich vor. „Weiß ist für das Einhorn, und das mag ich."

„'Welches Muster hat der Teppich?' fragte Andreas Mutter. 'Sind es ineinander verwobene Ringe oder sind es gerade, rechteckige Muster? Sind es einfache, alleinstehende Muster oder sind es Muster, die ineinander übergehen? Oder hat er überhaupt kein Muster?...'

Andrea sah ihren Teppich genau an. Er hatte ein hübsches Muster mit weißen Monden auf einem lilafarbenen Untergrund.

'Ich habe Monde auf meinem Teppich', sagte sie. 'Sie sind sehr schön.'"

Anna betrachtete ganz genau ihren Teppich. Er war hübsch. Er hatte ein schönes Muster mit lilafarbenen Sternen auf einem weißen Untergrund.

„Ich mag meinen Teppich", sagte sie. „Er hat lila Sterne drauf."

„'Das hört sich hübsch an', sagte Andreas Mutter."

„Das hört sich hübsch an", sagte Annas Mutter und erzählte weiter. „Andreas Mutter sagte: 'Wie fühlt sich dein Teppich wohl an? Ist er glatt

---

[11] Dieses imaginative Experiment bezieht den Gesichtssinn mit ein: Was siehst du?, Wie sieht es aus? etc. Je mehr Sinne man ins Spiel bringen kann, desto lebendiger wird die Imagination. Andere Sinne werden im Verlaufe der Geschichte angesprochen.

[12] Eine Pause an dieser Stelle erlaubt Ihrem Kind, darüber nachzudenken, welche Farbe der Teppich haben soll. Wann immer Sie drei Punkte in dieser Geschichte sehen (...), machen Sie einen Moment Pause, bevor Sie weitersprechen.

wie Seide? Oder ist er weich und flauschig? Ist er kühl wie ein Laken oder warm wie eine Decke?[13] Ich frage mich, welches schöne Gefühl dein Teppich für dich bereithält?...'

‚Meiner ist warm und mollig', sagte Andrea. ‚Ich kann ganz darin versinken.'"

„Meiner ist angenehm und gemütlich", sagte Anna. „Ich kann mich darin einkuscheln."

„‚Das hört sich nett an', sagte Andreas Mutter. ‚Na, und was denkst du, wohin würdest du gern fliegen? Möchtest du an einen besonderen Ort fliegen, oder möchtest du einfach nur ein Weilchen am Himmel herumfliegen, über die Dächer?...'

Andrea dachte kurz nach. ‚Ich denke, ich möchte ganz einfach ein wenig am Himmel herumfliegen', sagte sie.

‚Hört sich gut an', sagte ihre Mutter."

„Ich möchte gern einfach rumfliegen und gucken, was es zu sehen gibt", sagte Anna.

„Ich glaube, das wird dir Spaß machen", sagte ihre Mutter.

„‚Ich frage mich, wie schnell dein fliegender Teppich wohl fliegt?' fragte Andreas Mutter. ‚Wird er sausen wie ein Düsenjäger oder wird er langsam dahinsegeln, hierhin und dorthin treiben? Wird er in einer geraden Linie fliegen oder in Schleifen und Kurven?...'

‚Ich weiß nicht genau', sagte Andrea. ‚Ich könnte doch einfach nur so rumfliegen, wie mir gerade zumute ist.'"

„Ich auch", sagte Anna. Ihr gefiel das. Es war schön, so auf einem fliegenden Tepich dahinzugleiten.

„‚Was magst du wohl hören auf deinem fliegenden Teppich?' fragte Andreas Mutter.[14] ‚Manche fliegenden Teppiche singen Lieder, weißt du? Manche singen eine Melodie ohne Worte und manche singen Worte ohne Musik. Manche reden zu dir, wenn du das möchtest, während du durch den Himmel segelst, und manche sind still und friedlich...'

‚Meiner singt Kinderlieder', sagte Andrea. Sie war überrascht."

„Meiner singt meine Lieblingsmusik", sagte Anna. „Ich weiß nicht, wie das Lied heißt, aber es gefällt mir."

„‚Es ist schön, auf einem fliegenden Teppich zu fliegen', sagte Andreas Mutter. ‚Du kannst über Strände fliegen, über Städte und Felder. Du kannst über Gebirge fliegen, Wiesen und Bäume. Du kannst über Wüsten

---

[13] Hier wird der Tastsinn mit einbezogen: Wie fühlt er sich an?, Wie fühlst du dich darauf? etc.

[14] Hier wird das Gehör mit einbezogen: Was hörst du?, Wie klingt das? etc.

und Seen oder Schneefelder fliegen. Worüber fliegst du wohl?...'

Andrea antwortete ein paar Minuten lang nicht. Sie war zu sehr damit beschäftigt zu schauen, was es so alles zu sehen gab. Dann sagte sie: ‚Ich fliege über Wiesen, Gras und Bäume. Da sind Hasen und Eichhörnchen. Ich kann sie in den Zweigen spielen sehen.'"

„Ich fliege über alles hinweg", sagte Anna. Sie wollte alles sehen.

„‚Es ist schön auf deinem fliegenden Teppich, oder?' fragte Andreas Mutter. ‚Fliegende Teppiche sind fröhliche Teppiche, und jeder, der darauf sitzt, fühlt sich glücklich. Das ist ein Teil ihrer Magie.'

‚Ich bin glücklich', sagte Andrea."

„Ich bin sehr glücklich", sagte Anna. Sie hatte hieran wirklich Freude. Es war ein bißchen so, als wenn man auf einem Schiff wäre. Der Wind war wie die Wellen, und es gab einen sanften Hauch...

„Nach einiger Zeit sagte Andreas Mutter: ‚Jetzt könntest du herumschauen und einen hübschen Platz zum Landen und Ausruhen suchen. Du kannst einen Platz aussuchen, der dir gefällt. Ein Platz, der lächelt und friedlich ist, genau das, was du magst...'

Andrea sah sich um, und dann fand sie genau den richtigen Platz. ‚Ich habe ihn gefunden', sagte sie. ‚Er ist wundervoll.'"

„Ich habe meinen Platz auch gefunden", sagte Anna. „Er ist hübsch. Er ist grün und friedlich, und es gibt dort Blumen auf der Wiese. Und", sie schnappte erstaunt nach Luft, „da sind Hamster auf der Wiese. Sie kommen auf mich zugelaufen. Sie wollen zu meinen Füßen spielen, und dann wollen sie in meinem Schoß schlafen. Oh, Mann, das ist toll!"[15]

„Das ist ja wunderbar", sagte ihre Mutter. „Du kannst mit ihnen spielen, soviel du willst, und dann könnt ihr zusammen ausruhen. Du und die Hamster."

„Das ist schön", sagte Anna nach einer Weile. „Jetzt ruhe ich mich aus."

„Du kannst dich lange ausruhen", sagte ihre Mutter. „Du brauchst nicht zu schlafen, du kannst einfach nur dasitzen und umherschauen. Es gibt so viele schöne Dinge zu sehen, und du kannst fühlen, daß alles in Ordnung ist. Es ist ein so angenehmes Gefühl zu wissen, daß alles in Ordnung ist. Es ist genau so, wie du es gern haben möchtest...[16]

‚Jetzt', sagte Andreas Mutter, ‚mußt du dich langsam fertigmachen, um für heute deinem Teppich Auf Wiedersehen zu sagen.[17] Du sagst nicht für

---

[15]Die Hamster oder irgend etwas anderes, was Ihr Kind liebt, sind eine kleine Zugabe, um das Erlebnis noch schöner zu machen.

[16]Sie können diese Ruhepause so lange ausdehnen, wie Sie wollen.

[17]Lassen Sie Ihr Kind wissen, daß es dieses Erlebnis jederzeit wiederholen kann, wenn es sich entspannen möchte.

immer Auf Wiedersehen, denn du kannst für eine weitere Reise wiederkommen, wann immer du möchtest. Trotzdem mußt du dich jetzt bereitmachen um zurückzukommen, hierher zu mir. Und du kannst dieses glückliche, friedliche Gefühl, das der Teppich dir geschenkt hat, mitbringen. Es kann bei dir bleiben, und was immer du tust, kann ganz besonders wunderbar werden.[18] Du kannst dir jetzt vorstellen, wie du aufstehst und irgend etwas tust, wozu du hiernach Lust hast.[19] Und was immer es ist, du wirst dich gut dabei fühlen. Du fühlst dich wirklich wunderbar. Und es ist schön zu wissen, daß du dich dabei so gut fühlen wirst...'

,Ich werde hiernach ein bißchen malen', sagte Andrea verträumt. ,Das hat mir wirklich sehr gefallen.'"

„Ich werde mein Puzzle weitermachen", sagte Anna. „Ich kann mich selbst sehen, wie ich es mache. Ich fühle mich wirklich gut."

„,Gut', sagte Andreas Mutter. ,Jetzt kannst du dich selbst sehen, wie du deine Augen öffnest mit einem fröhlichen Lächeln, und du fühlst dich so wohl...'

Andrea öffnete ihre Augen. ,Mann, hat das Spaß gemacht', sagte sie."

Anna öffnete ihre Augen. „Es ist phantastisch, auf einem fliegenden Teppich zu fliegen", sagte sie und umarmte ihre Mutter. „Ich fühle mich wirklich gut. Ich glaube, ich werde noch einen wunder-, wunderschönen Tag haben."[20]

---

[18]Betonen Sie, daß dieses entspannte Gefühl anhalten kann, auch wenn das Kind sich nicht mehr in seinem Tagtraum befindet.

[19]Dies ist besonders hilfreich, wenn die nächste Aktivität des Kindes anstrengend, schwierig oder frustrierend sein wird. Indem es erlebt, wie es diese Aufgabe gelassen löst, kann es diese Haltung auch im wirklichen Leben einnehmen.

[20]Dies ist das positive Ende der Geschichte.

Der Umgang mit Schmerzen

Für die meisten von uns ist Schmerz ein vorübergehendes Ereignis. Wir schneiden uns in den Finger oder werden geimpft. Wir spüren den Schmerz, gehen damit in der für uns charakteristischen Weise um und denken nicht mehr daran. Wir meinen, nichts wäre einfacher als das.

In Wirklichkeit ist Schmerz alles andere als einfach. Er ist ein komplexes Phänomen, das jeder ein wenig anders wahrnimmt und verarbeitet. Es ist nicht nur so, daß die Wahrnehmung von Person zu Person unterschiedlich ist, sondern daß dieselbe Person den gleichen Schmerz unterschiedlich erlebt, je nachdem, in welchem Zusammenhang er erlebt wird.

Stellen Sie sich beispielsweise vor, Sie würden nähen, während Sie einen spannenden Fernsehfilm anschauen. Gerade als der wahre Schurke kurz vor der Entlarvung steht, stechen Sie sich mit der Nadel in den Finger. Den Stich werden Sie wahrscheinlich kaum wahrnehmen, da Sie so sehr durch den Film gefesselt sind.

Nehmen wir das gegenteilige Beispiel. Sie sind müde, hatten einen schrecklichen Tag und nehmen gerade Ihr Stopfzeug hoch, als Sie sich in den Finger stechen. Sie würden diesen Stich als schmerzhafter und ärgerlicher empfinden als im vorigen Fall. Eine entspannte oder abgelenkte Person wird weniger durch Schmerz gequält als jemand, der angespannt oder deprimiert ist.

Wie wir unsere Schmerzen beschreiben würden, hängt nicht nur davon ab, wieviel Schmerz wir wahrnehmen, sondern auch wie sehr uns dieser Schmerz beeinträchtigt oder wieviel Leiden er mit sich bringt. Mit einem geringen Schmerz, der uns sehr quält, werden wir oft schwerer fertig als mit einem ernsthaften Schmerz, der uns aus bestimmten Gründen nicht so sehr bekümmert. Die Bedeutung von Schmerz kann den Grad des Leidens beeinflussen.

Zum Beispiel kann uns ein leichtes Stechen, von dem wir glauben, daß es ein Zeichen für Krebs ist, weit mehr quälen als ein schwerer Fall von Sonnenbrand. Selbst wenn dabei das Schmerzniveau, das von dem Sonnenbrand verursacht wird, sehr viel höher ist als das Stechen, von dem wir annehmen, es sei Krebs.

Wie man den Schmerz in der Gegenwart erlebt, ist nicht nur von dem gegenwärtigen Schmerz abhängig, sondern auch von unserer Erinnerung daran, wie sich dieser Schmerz früher anfühlte, bzw. von unserer Erwartung, wie sich dieser Schmerz in der Zukunft entwickeln wird.

Lassen Sie uns ein schmerzhaftes medizinisches Verfahren nehmen. Wir nennen es X. Nehmen wir an, Sie hatten niemals zuvor mit X zu tun. In der Gegenwart nähern Sie sich demnach X ohne eine Vermutung darüber, wie groß der Schmerz sein wird. X wird durchgeführt, und es schmerzt tatsächlich sehr. Der Arzt sagt Ihnen, daß Sie noch einmal X über sich ergehen lassen müssen, und dann sei alles überstanden. Also werden Sie zweifellos Ihr zweites X mit einigem Zittern erwarten, weil Sie jetzt wissen, daß es weh tut. Sie können sich jedoch damit beruhigen, daß dies das letzte Mal sein wird, daß Sie X erleben werden, und daß die beiden X Sie wieder gesund machen. Mit anderen Worten, ohne X würden Sie krank bleiben.

Stellen Sie sich eine anderen Szene vor. Ihr Arzt sagt Ihnen, daß Sie jeden Tag vier Wochen lang ein X haben müssen. Er ist nicht optimistisch, was die Chancen zur Heilung betrifft. Er ist sich nicht sicher, inwieweit alle X helfen werden. Sie helfen möglicherweise ein wenig, vielleicht aber auch überhaupt nicht.

Wie werden Sie jetzt die X empfinden? Sie wissen ja bereits, daß sie schmerzhaft sind, weil Sie die Erinnerung an den letzten Schmerz haben. Wenn diesmal die nächste Behandlung mit X herannaht, können Sie sich nicht einmal damit beruhigen, daß es die letzte X sein wird, die Sie überstehen müssen. Und Sie können sich auch nicht einreden, daß es den Schmerz wert sei, weil Sie danach geheilt wären.

Betrachten wir einmal, wie Sie diese beiden Formen von an sich gleichstarken Schmerzen, die mit der Behandlung durch X verbunden sind, wahrnehmen werden.

Ohne Frage werden Sie in dem zweiten Szenario mehr Schmerzen empfinden. Im ersten Szenario ist die Behandlung, obwohl sie schmerzhaft ist, mit Hoffnung verbunden und dem Wissen, daß es zum Guten ist und nicht lange andauern wird. Im zweiten Szenario hat der Schmerz eine geradezu gegensätzliche Bedeutung. Sie wissen, daß es nicht notwendigerweise zum Guten führt, daß es nicht unbedingt Hoffnung bietet und daß es sich wiederholen wird.

Eine andere Komponente bei unserer Reaktion auf Schmerz ist unser Gefühl, nichts dagegen tun zu können. Die Illustration meiner Tochter

zeigt deutlich, wie die Erwartung des Schmerzes bewirkt, daß sie sich klein und schutzlos vorkommt, als sie zu dem Arzt kommt, der sehr groß und mächtig wirkt. Wenn wir das Gefühl haben, daß wir nichts tun können, um den Schmerz zu ändern oder zu lindern oder uns selbst dabei zu trösten, dann erleben wir den Schmerz oft als „schmerzhafter" und quälender.

Wie wir Schmerz erleben, können wir zum Glück durch das Medium unseres Geistes beeinflussen. Die meisten von uns haben nur nicht gelernt, wie man das macht. Wir denken, daß Schmerz, weil er eine physische Ursache hat, ein fester Faktor wäre, den man nicht verändern kann. Obgleich aber der Schmerz eine physische Ursache hat, erleben wir ihn psychologisch, d. h. durch unser Gehirn. Das ist es, was den Schmerz veränderbar macht.

Kinder haben meist eine besondere Gabe, die Kraft ihres Geistes einzusetzen, um mit Schmerz umzugehen. Das kann auf verschiedene Arten gefördert werden. Einige davon werden hier beschrieben. Die Methoden schließen grundsätzlich Imagination und Entspannung ein.

Geschichte 1: Erwarteter Schmerz

Die Technik, die in der folgenden Geschichte verwendet wird, benutzt die Vorstellung von Kälte und Taubheit und die Vorstellung, daß die „Schalttafel" unseres Gehirns den Schmerz unterbricht. Es gibt sehr viele nützliche Bilder, die bei der Bekämpfung von Schmerz helfen können. Die wertvollsten werden dabei wahrscheinlich von Ihrem Kind selbst kommen. Während es entspannt der Geschichte lauscht, fragen Sie es ruhig, welche anderen Methoden es gern anwenden würde, um sicherzugehen, daß es nicht durch Schmerzen gestört wird. Wenn sie erst einmal die allgemeine Richtung der Übung erkannt haben, kommen Kinder häufig mit wunderbaren Ideen und haben eine Menge Vergnügen daran. Erschrecken Sie nicht, wenn Ihnen einige dieser Vorschläge dumm oder merkwürdig vorkommen. Die Phantasie ist sehr individuell und alles, was zählt, ist die Tatsache, daß sie Ihrem Kind hilft. Sie müssen vielleicht auch eine Reihe von Bildern ausprobieren und sehen, welches am besten wirkt.

Außerdem ist es wichtig, eine zuversichtliche Haltung einzunehmen und dies Ihrem Kind deutlich zu machen. Wenn die erste Methode, die Sie ausprobieren, nicht funktioniert, verlieren Sie nicht den Kopf, probieren Sie eine andere aus. Falls keine der Methoden greift, stellen Sie ruhig und selbstbewußt fest, daß diese Methoden einige Zeit und Übung brauchen, ehe sie wirken. Jetzt, wo Ihr Kind einmal angefangen hat zu üben, kann sein Gehirn lernen, den Schmerz immer besser auszuschalten; es wird vielleicht sogar eine ganz eigene Methode finden, an die Sie noch nicht gedacht haben. Vergessen Sie auch nicht, daß Sie Zeit brauchen, Ihrem Kind zu helfen, seinen Schmerz zu kontrollieren. Es ist wichtig, daß Sie Ihr Kind nicht drängen; Zeit und Wiederholungen vertiefen die imaginative Erfahrung und ihre Wirksamkeit.

Anna-Geschichte

Anna war ein kleines Mädchen. Sie lebte in einem roten Backsteinhaus zusammen mit ihrer Mutter, ihrem Vater und einem großen schwarzen Hund.[1]

Eines Tages kam sie ein wenig aufgeregt von der Schule nach Hause.

„Was ist denn los, Anna?" fragte ihre Mutter. „Du siehst gar nicht gut aus."

Anna sagte: „Heute ist der Schularzt gekommen und hat gesagt, daß es Zeit für die jährliche Grippeimpfung ist."

„Nun, wir können ja morgen nach der Schule zum Arzt gehen", sagte ihre Mutter.

„Aber ich hasse Spritzen und Impfungen", sagte Anna. „Sie tun weh."

„Das weiß ich", antwortete Annas Mutter. „Aber wußtest du, daß es viele Möglichkeiten gibt, die helfen, daß sie weniger weh tun?"[2]

„Wirklich?" fragte Anna.

„Ja, wirklich", meinte ihre Mutter. „Komm, wir setzen uns jetzt auf dein Bett und dann erzähle ich dir von den Dingen, die Kinder tun können, damit etwas nicht mehr so weh tut."

„Stimmt es wirklich, daß man das kann?" sagte Anna. „Stimmt es wirklich, daß einem dann solche Dinge weniger weh tun?"

„Ja, das stimmt tatsächlich", sagte ihre Mutter. „Siehst du, wenn dir etwas weh tut, dann geht zum Beispiel eine Botschaft von deiner Haut an dein Gehirn, die bedeutet: Aua! Das tut weh! Wenn das Gehirn diese Botschaft erhält und sagt: Ja, das tut wirklich weh, dann fühlst du den Schmerz.[3] Wenn aber das Gehirn diese Botschaft nicht erhält oder sie nicht beachtet,

[1]Verändern Sie hier die Details, um sie für Ihr Umfeld passend zu machen.

[2]Eine bevorstehende Injektion ist hier die Motivation für Annas Wunsch, den Schmerz kontrollieren zu können. Je motivierter Ihr Kind ist, desto leichter wird es dies lernen.

[3]Das ist eine vereinfachte Erklärung für die Wahrnehmung von Schmerz. Kinder können im allgemeinen solche Erklärungen leicht verstehen.

dann ist es ganz egal, was passiert – du denkst einfach nicht, daß es weh tut."

„Toll!" sagte Anna. „Und wie bringe ich mein Gehirn dazu, das zu tun?"

Annas Mutter antwortete: „Du weißt doch schon, wie man das macht."

„Was?" fragte Anna erstaunt.[4]

„Ja", bestätigte ihre Mutter. „Erinnere dich an die Male, wo du so eifrig mit deinen Freunden gespielt hast, hingefallen bist und dich schnell wieder aufgerappelt hast, weil du den Spaß nicht verpassen wolltest. Und erst hinterher hast du bemerkt, daß du dir das Knie aufgeschlagen hast."

„Stimmt", sagte Anna. „Das ist mir schon passiert."

„Siehst du", sagte Annas Mutter. „Du hast den Schmerz in deinem Knie nicht sofort gespürt, als es passiert ist, weil dein Gehirn so sehr mit dem Spiel beschäftigt war, daß es die Schmerzbotschaft von deinem Knie gar nicht bemerkt hat. Deshalb hast du keinen Schmerz gespürt. Erst später, als dein Gehirn nicht mehr so beschäftigt war, hat es das wahrgenommen."

„Das ist ja'n Ding", sagte Anna beeindruckt. „Das habe ich gar nicht gewußt."

„Das geschieht häufig", sagte Annas Mutter. „Weißt du noch, als du eine Erkältung hattest mit Kopfschmerzen und Halsschmerzen und Papa dir ein Geschenk mitgebrachte?"

„Ja, das weiß ich noch", antwortete Anna.

„Nun", sagte ihre Mutter, „als du das Geschenk bekommen hattest, warst du so aufgeregt und hast so eifrig damit gespielt, daß du weder deine Schmerzen im Kopf noch im Hals gespürt hast. Das war eine andere Gelegenheit, bei der dein Gehirn zu beschäftigt war, um Schmerzen von deinem Kopf oder deinem Hals wahrzunehmen. Es hat einfach nicht auf die Schmerzbotschaften von Kopf und Hals reagiert, oder es hat sie ausgeschaltet. Ein Gehirn kann so etwas tun."

„Das hört sich ja toll an!" sagte Anna.

„Eine andere Methode, die dir hilft, Schmerz weniger wahrzunehmen, ist Entspannung", fuhr ihre Mutter fort.[5] „Wenn du angespannt und steif bist, tun Dinge mehr weh, als wenn du entspannt bist."

„Wirklich?" fragte Anna. „Ich wußte gar nicht, daß es so viele Dinge gibt,

---

[4]Es ist hilfreich, das Kind daran zu erinnern, daß es schon weiß, wie man dies erreicht. Dem Kind erscheint die Aufgabe, die vor ihm liegt, dann sehr viel einfacher zu bewältigen.

[5]Je entspannter man ist, desto weniger wird man von Schmerz geplagt. Viele Kinder und auch Erwachsene muß man lehren, sich zu entspannen.

die man tun kann, damit irgend etwas nicht so weh tut. Kannst du mir beibringen, wie man sich entspannt, und all die anderen Sachen auch?"

„Aber sicher", sagte Annas Mutter. „Und dann kannst du dich viel ruhiger fühlen, wenn du eine Spritze oder sonst etwas bekommen sollst."

Zuerst erzählte Annas Mutter ihr alles über Entspannung. Anna gefiel das. Es war schön, sich so gut und entspannt zu fühlen. Sie fand, daß das sehr viel Spaß machte.[6]

Als Anna ganz schlaff und entspannt war, sagte ihre Mutter: „Vielleicht möchtest du nun eine Art Tagtraum haben. Stell dir vor, du spielst draußen. Es ist Winter, und deine Freunde sind bei dir. Ihr habt ganz viel Spaß zusammen. Es schneit, und ihr baut einen Schneemann. Ihr habt Handschuhe an, aber sogar durch die Handschuhe hindurch kannst du fühlen, wie kalt es ist.[7] Es ist eine schöne Kälte. Es ist genau die Art von Kälte, die man fühlt, wenn man die Hände in den Kühlschrank oder die Tiefkühltruhe steckt – sehr, sehr kalt."

„Huuh", sagte Anna. „Ich kann mir das richtig vorstellen. Es ist bitter-, bitterkalt. Aber es macht Spaß."

„Jetzt seid ihr ganz schön mit dem Schneemann beschäftigt", sagte ihre Mutter. „Ein Teil deines Kopfes macht sich nun sehr viele Gedanken darüber, welcher Teil des Schneemanns als nächster drankommt und ob sein Körper noch mehr Schnee braucht oder weniger, ob sein Mund gerade sein soll oder zu einem Lächeln gebogen. Der andere Teil deines Kopfes kann feststellen, wie schön kalt deine Hände werden. Was denkt nun der Teil deines Kopfes, der sich mit dem Schneemann beschäftigt, über den Schneemann?[8] Ist er groß oder klein? Ist er schon fast fertig oder mußt du noch viel daran arbeiten?"

„Mein Schneemann ist groß", sagte Anna. „Ganz riesengroß. Und er ist fast fertig. Das ist toll!"

„Du kannst noch ein wenig mehr Schnee nehmen", fuhr ihre Mutter fort, „und kannst ihn in deinen Händen zur Kugel formen. Dann drücke sie auf den Schneemann. Verstreiche den Schnee auf dem Schneemann, damit er schön glatt wird, oben und unten. Und deine Hände werden dabei immer

---

[6]Dies ist eine gute Stelle, um Entspannungstechniken wie in der Geschichte ab S. 181 beschrieben zu benutzen, sofern Sie dies noch nicht vorher ausprobiert haben.

[7]Eine Konzentration auf das Kältegefühl ist oft sehr nützlich, um in der gewünschten Region eine Taubheit zu erzeugen. Wenn Ihr Kind aufnahmebereit scheint, ermutigen Sie es, sich gemeinsam mit Anna die Kälte vorzustellen, während Sie die Geschichte weiterlesen.

[8]Ermutigen Sie hier Ihr Kind zur Teilnahme. Fragen Sie es nach dem Schneemann und lassen Sie sich diesen beschreiben.

kälter. Kannst du spüren, wie kalt deine Hände jetzt sind...?"

Anna nickte – ihre Hände fühlten sich eiskalt an. Sie fühlten sich so eiskalt an, daß sie sie kaum spürte.

„Sie sind jetzt sehr kalt", sagte ihre Mutter. „Und hast du schon gemerkt, wenn deine Hände ganz, ganz, ganz kalt werden, daß sie dann auch ein wenig taub sind? Taub bedeutet, daß du nicht sehr viel spürst. Erinnere dich an das letzte Mal, als du kalte Hände hattest. Das war wahrscheinlich im Winter, als du keine Handschuhe trugst und deine Finger langsam ganz kalt wurden."

„Ich erinnere mich", sagte Anna. „Sie waren so eisig, daß ich gar nichts mehr damit fühlen konnte."

„Genau", sagte die Mutter. „Denn je kälter deine Hände werden, desto weniger kannst du etwas damit fühlen. Stell dir nun vor, du würdest deine schon kalten Hände in einen Eimer mit Eiswasser stecken. Stell dir nun vor, wie erfroren und kalt sich deine Hände anfühlen würden. Stell dir vor, deine Hände wären so kalt, daß du überhaupt nichts mehr spürst. Das ist ein interessantes Gefühl, nicht wahr?"

„Junge, Junge, meine Hände fühlen sich wirklich total kalt an", sagte Anna. Sie waren so kalt, daß sie kaum noch etwas fühlen konnte. Das war komisch.

„Weißt du was?" sagte ihre Mutter. „Wenn du eine Hand hast, die so kalt ist, in diesem ganz besonderen Sinne kalt, dann kannst du die Kälte überallhin wandern lassen, wohin du willst, indem du die Stelle berührst. Wenn du etwa deinen Arm berührst, wird er ganz kalt und erfroren, genau an der Stelle, wo du geimpft wirst. Und es kann dann so kalt sein, daß du an der Stelle, wo die Nadel einsticht, kaum etwas spürst.[9] Es kann dort so schön kalt sein, daß du nicht viel spüren wirst."

„Mann oh Mann", sagte Anna und berührte ihren Arm. Ihre Mutter hatte recht.[10] Als sie den Arm mit ihrer kalten Hand berührte, konnte sie spüren, wie die Kälte in ihren Arm überging. Es war wie Zauberei. Ihr Arm wurde kälter und kälter. Schon bald konnte sie ihn kaum noch wahrnehmen. „Toll", sagte sie.

„Und um Schmerz zu stoppen", fuhr ihre Mutter fort, „können sich Kin-

---

[9]Sagen Sie nicht: „Du wirst überhaupt nichts spüren." Sie würden sich und Ihr Kind durch solch eine direkte Äußerung in die Gefahr des Scheiterns bringen. Sagen Sie statt dessen: „Du wirst wahrscheinlich nicht viel spüren", oder „Du wirst wahrscheinlich gar nicht darauf zu achten brauchen."

[10]Wenn das Bild mit der Kälte bei Ihrem Kind gut wirkt, können Sie dies üben, entweder während oder nach der Geschichte.

der außerdem vorstellen, daß die Haut dicker wird.[11] Ihr Gehirn kann sich vorstellen, daß die Haut direkt an ihrem Arm oder wo sie eine Spritze bekommen werden, dicker wird, so dick wie ein Lederhandschuh, so wie viele Lagen von Leder, die übereinander gelegt werden. Lagen über Lagen von einem Material, das nichts fühlen kann. Wenn die Nadel hineinsticht, dann fühlt sich die Haut an deinem Arm wie der dickste Lederhandschuh an. So dick wie der dickste Handschuh, den du je gesehen hast. Und sie ist so dick und aus solch einem besonderen Material, daß sie nichts fühlen kann. Du merkst vielleicht nicht einmal, daß die Nadel hineinsticht. Denn wenn du eine Nadel in einen dicken Lederhandschuh steckst, könntest du sie nicht spüren. Er wäre zu dick, und Leder fühlt gar nichts. Du weißt doch, wenn du mit Lederhandschuhen etwas anfaßt, dann kannst du gar nichts richtig fühlen, oder du fühlst überhaupt nichts. Genauso kann es sein. Handschuhe über deiner Haut, so dick, daß die Nadel wahrscheinlich gar nicht zu spüren ist.[12] Es ist, als ob die dicke, dicke Haut es so angenehm macht, daß du es vielleicht gar nicht wahrzunehmen brauchst."

„Oh Mann", sagte Anna. „Sie fühlt sich tatsächlich dick an. Wie geht denn das bloß? Warum fühlt sich mein Arm so komisch an?"

Ihre Mutter antwortete: „Das ist dein Gehirn. Das gibt deinem Arm ein so merkwürdiges Gefühl. Dein Gehirn kontrolliert, was jeder Teil deines Körpers empfindet. Wenn du dir vorstellst, daß dein Arm kalt und dick ist, dann sorgt dein Gehirn dafür, daß er sich wirklich so anfühlt. Es ist ganz praktisch zu wissen, wie man das macht, weil man diese Technik benutzen kann, wenn man eine Spritze bekommen soll oder irgend etwas anderes bevorsteht, was weh tut."

„Paß auf", fuhr Annas Mutter fort. „Ich werde jetzt den Arm anfassen, der sich komisch anfühlt, und den anderen, der sich normal anfühlt.[13] Du kannst mir sagen, wie unterschiedlich sich das für dich anfühlt." Sie berührte Annas Arm.

„Das fühlt sich wirklich ganz anders an", sagte Anna. „Ich habe es nicht mal gemerkt, als du meinen komischen Arm angefaßt hast."

---

[11] Sich vorzustellen, dicke Handschuhe zu tragen oder eine dicke Haut zu haben, kann auch ein Gefühl von Taubheit hervorrufen.

[12] Wie vorher schon angemerkt, sollten Sie nicht sagen: „Du wirst gar nichts fühlen." Das würde bedeuten, daß Ihr Kind nur ein bißchen Schmerz empfinden muß, damit dies als Fehlschlag eingestuft wird. Einen geringen Schmerz zu empfinden ist ein großer Fortschritt, wenn Ihr Kind bei früherer Gelegenheit sehr viel Schmerz empfunden hat.

[13] Wenn diese Imagination bei Ihrem Kind gut funktioniert, dann können Sie sie entweder während oder nach der Geschichte ausprobieren.

„Und soll ich einmal hineinkneifen?“ fragte Annas Mutter.
„Gut“, sagte Anna, „das kannst du ruhig tun.“
Ihre Mutter kniff sie.
„He“, sagte Anna. „Das ist ja irre. Ich wußte, daß du hineinkneifst, aber es hat gar nicht weh getan. Toll! Und du meinst, ich kann das so machen, wenn ich eine Spritze bekommen soll oder zum Zahnarzt muß oder so?“
„Aber natürlich“, sagte Annas Mutter. „Aber du solltest es nur bei solchen Gelegenheiten benutzen, weil der Schmerz oft eine wichtige Botschaft für das Gehirn ist.[14] Wenn du dir zum Beispiel das Bein gebrochen hast, und es täte nicht weh, würdest du einfach weiter herumlaufen und der Bruch würde sich noch verschlimmern und hätte keine Chance, wieder zu verheilen. Darum schmerzt es, wenn wir uns ein Bein brechen – das Bein sendet eine Botschaft ans Gehirn, die sagt: ‚Hilfe! Das tut weh! Du solltest mich besser in Ruhe lassen, bis es mir wieder besser geht.‘“
„Wie soll ich denn wissen, wann es richtig ist, das zu benutzen, was du mir beigebracht hast?“ fragte Anna.
„Nun, zuerst einmal kannst du mich fragen“, antwortete ihre Mutter, „dann werde ich es dir sagen. Sollte ich nicht da sein, kannst du einen Arzt oder eine Krankenschwester oder einen Lehrer fragen, wenn sie in der Nähe sind.“[15]
„Gut“, sagte Anna. „Bei Spritzen ist es in Ordnung, oder?“
„Für Spritzen eignet es sich sehr gut“, sagte ihre Mutter. „Und wenn die Spritze oder was immer es auch sein mag, vorüber ist, können dein Arm und die Hand wieder in den angenehmen normalen Zustand zurückkehren. Genauso wie jetzt.“
Anna konzentrierte sich auf ihren Arm.
„Spürst du, wie er sich wieder normal anzufühlen beginnt, warm und genau richtig?[16] Das Gefühl von Kälte und Dicke verschwindet, und dein Arm fühlt sich normal an und angenehm.“
„Das ist wahr“, sagte Anna. Sie war erstaunt. „Macht das auch mein Gehirn?“
„Ja, das tut es“, meinte ihre Mutter. „Du stellst dir vor, daß es sich wieder normal anfühlt, und deshalb macht dein Gehirn das Gefühl wieder normal.“

---

[14] Es ist wichtig, Ihr Kind wissen zu lassen, daß es Schmerzkontrolle nur ausüben sollte, wenn sie für die Situation angemessen ist.

[15] Sie schlagen am besten vor, daß das Kind dies nur verwendet, wenn es sich vorher mit einem verantwortungsbewußten Erwachsenen darüber verständigt hat.

[16] Das Kind muß sich sicher sein, daß sich der Arm nach der Injektion wieder völlig normal anfühlt.

„Spitze", sagte Anna. „Ich wußte gar nicht, daß ich so ein Supergehirn habe. Hat jeder so ein Gehirn?"

„Normalerweise ja", sagte ihre Mutter, „aber nicht jeder lernt damit so umzugehen wie du."

„Toll", sagte Anna. „Ich wette, alle würden es versuchen, wenn sie wüßten, wie praktisch es ist. Ich kann gar nicht meine nächste Spritze abwarten. Ob der Arzt sich nicht wundern wird?" Und sie lachte, als sie sich seinen Gesichtsausdruck vorstellte, wenn sie ihren Arm ausstreckte und sagte: „Das tut überhaupt nicht weh."

Am nächsten Tag sagte Anna zu ihrer Mutter: „Du hast gesagt, es gibt viele Möglichkeiten, Schmerz zu vertreiben."

„Das stimmt", sagte ihre Mutter.

„Kannst du mir noch mehr beibringen?" fragte Anna. Ihr machte das Ganze Spaß. Es war schön zu wissen, daß sie sich keine Sorgen mehr zu machen brauchte, daß etwas weh tun könnte.

„In Ordnung", sagte ihre Mutter. „Wir werden wieder mit ein paar Entspannungsübungen anfangen. Setz dich schön bequem hin, und dann fangen wir mit der Entspannung an."

„Gut", sagte Anna und setzte sich hin...[17]

„Jetzt, wo du dich wohl und entspannt fühlst", sagte ihre Mutter, „möchtest du vielleicht noch einen Ausflug in deiner Phantasie unternehmen."

Anna nickte.

„Stell dir vor", sagte ihre Mutter, „daß dein Körper so durchsichtig wie Glas ist.[18] Du kannst richtig in ihn hineinsehen. Du siehst wahrscheinlich Knochen und Muskeln und Adern, die das Blut durch den ganzen Körper transportieren. Und du siehst wahrscheinlich auch viele, viele kleine Linien, wie ganz feine Fäden, die an deinen Händen oder Füßen oder irgendwo an deiner Haut beginnen und sich nach oben zu deinem Gehirn winden. Das sind die Nerven, und sie tragen die Botschaften zu deinem Gehirn. Manchmal besagen die Botschaften, die sie weiterleiten, daß etwas weh tut. Das Gehirn könnte aussehen wie ein großer Fernsehschirm oder wie eine Tafel. Wie sieht deins aus?"

„Meins sieht aus wie ein Fernseher", sagte Anna wichtig. Sie konnte es nun ganz genau sehen. Ein großer Fernsehbildschirm.

„Auf dem Bildschirm ist eine Abbildung deines Körpers", fuhr ihre Mut-

---

[17] An diesem Punkt können Sie die Entspannungstechniken verwenden, die in der Entspannungsgeschichte beschrieben sind.

[18] Kinder sind für gewöhnlich von diesen Erklärungen der Körperfunktionen fasziniert. Ihr Interesse verstärkt die Effektivität der Techniken, die sie lernen.

ter fort. „Die Botschaften reisen die Nerven hinauf bis in dein Gehirn. Wenn jeder Nerv seine bestimmte Botschaft von einem speziellen Teil deines Körpers weiterleitet, leuchtet auf dem Bildschirm ein Licht auf der Abbildung deines Körpers auf. Überall auf dem Bild deines Körpers gehen Lichter an und wieder aus, so wie die Nerven ihre Botschaften weitergeben."

„Da sind ganz viele Lichter", sagte Anna. Sie konnte sie an ihrem Körper auf dem Bildschirm ihres Gehirns aufblinken und wieder verlöschen sehen.

„Ja", sagte ihre Mutter, „das sind so viele Lichter, weil ständig sehr viele Botschaften ankommen."

„Wenn du jetzt die Schmerzbotschaften stoppen willst, die die Nerven deinem Gehirn bringen wollen, mußt du einfach nur die Lichter ausschalten. Auf diese Weise erhält das Gehirn die Botschaften nicht, und du empfindest den Schmerz nicht. Du mußt dich nur umsehen und den Schalter finden, der die Lichter ausschaltet für den speziellen Teil deines Körpers."

„Ich kann die Lichtschalter sehen", sagte Anna. Da waren zwei Reihen von Lichtschaltern, ein Schalter neben dem anderen. „Ich werde jetzt den ausschalten, der für meinen Arm zuständig ist."

„Oh", sagte sie. „Als ich ihn ausgeschaltet habe, sind alle Lichter in meinem Arm ausgegangen. Jetzt können die Nerven ihre Schmerzbotschaften nicht mehr weitergeben."

„Das ist richtig", bestätigte ihre Mutter.

„Heißt das, daß ich eine Impfung gegen Grippe in meinem Arm nicht spüre?"

„Nun, du würdest wahrscheinlich irgend etwas spüren", sagte ihre Mutter. „Und du würdest wohl auch wissen, daß du eine Impfung erhältst, aber du würdest sie nicht so fühlen, wie du die anderen Impfungen gefühlt hast.[19] Es würde sich sehr viel angenehmer anfühlen. Es wäre eher ein Kneifen als eine Spritze. Stell dir doch mal vor, daß du eine bekommst. Ich werde dich in den Arm kneifen."[20]

„Ha", sagte Anna. „Das war vielleicht komisch – es hat überhaupt nicht weh getan. Das ist einfach super! Kann ich das das nächste Mal versuchen, wenn ich eine Spritze bekomme?"

„Das kannst du ganz sicher", sagte ihre Mutter. „Ich glaube, es wird dir

---

[19] Vermeiden Sie wiederum Aussagen wie: „Es wird überhaupt nicht weh tun." Das kann für Sie und Ihr Kind leicht zu einem Fehlschlag führen.

[20] Wenn diese Imagination bei Ihrem Kind gut funktioniert, sollten Sie sie mit ihm während der Geschichte oder danach ausprobieren.

wirklich helfen.“ Und sie drückte Anna ganz fest an sich.

„Was für andere Möglichkeiten gibt es denn noch, Mama?“ fragte Anna. Sie war richtig neugierig. Es machte so viel Spaß und war wirklich sehr praktisch.

„Laß mich mal überlegen“, sagte ihre Mutter. „Du kannst zum Beispiel dein Gehirn einfach in deiner Phantasie in den Urlaub schicken.[21] Während dein Gehirn in Urlaub ist, bemerkt es nicht viel, was in deinem Körper vor sich geht. Wenn du also beispielsweise eine Spritze bekommen solltest, würde dein Gehirn das nicht richtig mitbekommen.“

„Wie mache ich das?“ fragte Anna.

„Du weißt doch, wie du das tun mußt“, sagte ihre Mutter.[22]

„Ich weiß das schon?“ fragte Anna erstaunt.

„Klar weißt du das“, meinte ihre Mutter. „Erinnerst du dich daran, wie du ferngesehen, ein Buch gelesen oder gespielt hast und ich dich dann gerufen und gerufen habe, und du hast es nicht gehört?“

„Ja“, sagte Anna. „Das passiert oft.“

„Nun“, sagte Annas Mutter, „du hast mich nicht gehört, weil dein Gehirn in der Phantasie auf Reisen geht und in Disneyland ist oder in dem Land, über das du gerade liest oder das du im Fernsehen siehst. Dein Gehirn ist so sehr mit Spielen oder Abenteuern beschäftigt, daß es gar nicht bemerkt, was um dich herum geschieht. Deshalb würdest du nicht sehr viel spüren, wenn du eine Spritze bekommst und dein Gehirn anderswo beschäftigt ist. Wahrscheinlich wirst du sogar kaum etwas spüren, genauso wie du mich nicht gehört hast, als ich dich rief.“

„Das hört sich toll an“, sagte Anna. „Wie mache ich das?“

„Als erstes mußt du dich wohl und entspannt fühlen“, sagte ihre Mutter.[23]

Als Anna sich wohl fühlte und entspannt war, fuhr ihre Mutter fort.

„Auf dieser Zauberreise“, sagte sie, „kannst du überall hingehen.[24] Du

---

[21] Das ist eine Methode der Schmerzkontrolle, die viel Vergnügen macht. Sie sollten den Tagtraum oder die angenehme Imagination so lebendig und spannend wie nur möglich machen, so daß die gesamte Aufmerksamkeit Ihres Kindes gefesselt wird, damit nichts von ihr für die Injektion übrig bleibt.

[22] Betonen Sie, daß Ihr Kind schon weiß, wie dies zu erreichen ist, was ja den Tatsachen entspricht. Damit bereiten Sie den Erfolg vor.

[23] Hier können Sie die Entspannungstechniken, die in der Entspannungsgeschichte beschrieben werden, verwenden.

[24] Ich gebe hier Beispiele möglicher Szenarien. Sie können eine Szenerie ausgestalten, an der Ihr Kind besonderes Interesse zeigt. Oder erfinden Sie selbst eines, vielleicht auch zusammen mit Ihrem Kind.

kannst in deiner Phantasie in die Berge reisen und Schlitten fahren oder Schneebälle werfen. Du könntest einen Turm aus Schneebällen bauen. Oder einen Schneemann. Du könntest eine Schneefamilie bauen und ein Schneehaus, in dem sie wohnen kann. Oder du reist an einen Strand und schwimmst dort. Du könntest wundervolle Muscheln finden und Sandburgen bauen.

Oder vielleicht möchtest du auch an einen anderen Ort, einen besonderen Zauberort. Dieser Ort heißt Spielzeugland, und dort hast du jeden Tag Geburtstag. Hier bist du etwas ganz Besonderes, und jeder möchte mit dir die Spiele spielen, die du dir wünschst. Da gibt es alle möglichen Arten von Unterhaltung und Spielen. Es gibt Karussells mit Zauberpferden, die wiehern und mit dir sprechen, wenn du mit ihnen im Kreis herumfährst. Es gibt Filmvorführungen, bei denen du in das Bild hineinsteigen und an den Abenteuern teilnehmen kannst. Du könntest in die Sesamstraße gehen oder Pumuckl besuchen oder dich mit Käpt'n Blaubart anfreunden."

„Oh, toll!" rief Anna. „Ich möchte gern Pumuckl besuchen und Meister Eder."

„Es gibt sehr viel zu sehen im Spielzeugland", sagte Annas Mutter. „Da gibt es zum Beispiel Spaghettibäume. Die Spaghetti hängen vom Baum herab wie Blätter von einer Trauerweide, und die Früchte des Baumes sind rund und mit Spaghettisauce gefüllt. Wenn du Spaghetti essen möchtest, bekommst du einen Teller und pflückst dir die Spaghetti vom Baum. Dann nimmst du eine von den Früchten und quetschst aus ihnen die Sauce auf die Spaghetti. Du kannst Käsesauce haben oder Tomatensauce, auf dem Baum wachsen beide Sorten, weißt du."

„Mmh", sagte Anna, „ich hole mir Tomatensauce."[25]

„Es gibt dort auch Schokoladenbäume", sagte Annas Mutter. „Jedes Blatt ist aus Schokolade, und der Baum läßt sie extra in Silberfolie wachsen, die knistert, wenn du sie öffnest."

„Klasse", sagte Anna. „Das gefällt mir."

„Und es gibt Lolliblumen", fuhr ihre Mutter fort. „Jedes der Blütenblätter ist ein Lolli, und jede Blume hat vier Blätter. Die Blume ist so dick und schwer, daß der Stiel extra dick sein muß, um die Blüte zu halten."

„Ach", sagte Anna.

„Und außerdem gibt es da den ,Was-du-willst-Busch'", sagte ihre Mutter. „Der hat merkwürdige, viereckige Früchte, und bevor du sie ißt, mußt du

---

[25] Beziehen Sie Ihr Kind in die Geschichte ein und fragen Sie, was es dort essen, spielen oder tun würde.

leise sagen: ‚Ich möchte, daß sie wie Weintrauben schmecken‘, und wenn du dann hineinbeißt, schmecken sie wie Weintrauben oder haben genau den Geschmack, den du dir gewünscht hast.“

„Ach du meine Güte!“ sagte Anna. Das Spielzeugland war genau der Ort, wo sie gern sein wollte. Sie konnte schon genau sehen, wie sie dort war. Es war hell und bunt und es gab so viele Dinge zu sehen und zu entdecken.

„Ich mag das Spielzeugland“, sagte sie zu ihrer Mutter. „Ich bin gerade dort. Es ist klasse. Das macht soviel Spaß. Ich esse Spaghetti und pflücke Schokolade vom Baum.“

„Habe ich dir von den Geschenkemaschinen im Spielzeugland erzählt?“ fragte ihre Mutter.

Annas Gesicht strahlte. „Geschenkemaschinen!“ sagte sie. „Oh Mann!“

„Es gibt Geschenkemaschinen an jeder Ecke“, sagte ihre Mutter. „Sie sind groß und bis zum Rand mit Geschenken gefüllt. Man drückt nur einen Knopf, und ein Geschenk kommt raus.“

„Kann man sich aussuchen, was für ein Geschenk man möchte?“ wollte Anna wissen.

„Ja, man kann die Maschine um ein besonderes Geschenk bitten, und dann bekommst du es auch. Oder, wenn du das lieber möchtest, kannst du auch nur den Knopf drücken und bekommst ein Überraschungsgeschenk.“

„Oh, Wahnsinn!“ sagte Anna.

Ihre Mutter erzählte weiter: „Und dann gibt es die Spieleabteilung des Spielzeuglandes. Jedes Spiel, daß du dir nur denken kannst, wird im Spielzeugland gespielt. Du kannst an jedem Spiel teilnehmen oder dein eigenes Spiel mit Freunden beginnen. Alle mögen dich und möchten mit dir spielen im Spielzeugland. Es gibt Kartenspiele und Quizspiele, Laufspiele und Spiele im Sitzen, laute und leise Spiele, Spiele mit Knetmasse und mit Papier und Farben. Jedes Spiel, das du dir denken kannst. Welches Spiel möchtest du gerne spielen?“

Anna dachte einen Moment nach. „Ich werde Seilhüpfen mit meinen Freundinnen spielen“, sagte sie. „Hui! Das macht vielleicht Spaß!“

Nach einer Weile sagte sie: „Jetzt haben wir Seilhüpfen gemacht und nun gehen wir und holen uns das Geburtstagsessen.“

„Dann möchtet ihr vielleicht den Geburtstagskuchenladen besuchen“, sagte ihre Mutter.

„Den was?“ fragte Anna.

„Das ist ein Laden, in dem es alle möglichen Sorten Geburtstagskuchen gibt. Du mußt nichts dafür bezahlen, du brauchst dir nur den auszusuchen, den du haben möchtest. Es gibt Puppenkuchen und Eisenbahnkuchen. Es gibt Torten, die aussehen wie Mickymaus und wie Häuser. Sie haben Schokoladenkuchen und Eistorten. Sie haben jede Art Kuchen, den man nur backen kann."

„Ich werde eine Raupentorte nehmen", sagte Anna. „Die Schlagsahne ist bei ihr dick mit grünen Kokosraspeln wie mit Haaren bedeckt."

„Das hört sich toll an", sagte ihre Mutter.

„Das ist sie auch", meinte Anna. „Ich finde sie lecker. Ich werde mir noch ein Stück nehmen." Und dann gähnte sie.

„Bist du müde?" fragte ihre Mutter. „Von all dem Spielen mußt du müde geworden sein. Wenn du willst, kannst du hinunter in das Traumzimmer gehen."

„Was ist das denn?" fragte Anna.

„Das ist ein Ort im Spielzeugland, wo du hingehen kannst, wenn du ein bißchen müde oder schläfrig bist. Da kannst du dich hinlegen und dich auf den wunderbarsten Betten ausruhen. Und der Raum ist angefüllt mit ganz besonders schönen Träumen, die zu dir kommen, wenn du schläfst."

„Was für Betten gibt es denn da?" wollte Anna wissen.

„Es gibt weiche und feste Betten, ganz wie du willst", sagte ihre Mutter. „Es gibt Betten, die dich schaukeln, und Betten, die stillstehen. Es gibt sprechende Betten und schweigende Betten. Es gibt Betten mit funkelnden Lichtern innen und bequeme, dunkle Betten. Es gibt dort alle Arten von Betten, die du dir vorstellen kannst."

„Der Platz gefällt mir", sagte Anna. „Ich glaube, ich nehme ein schönes weiches Bett. Ich werde jetzt ein kleines Schläfchen machen."

„Gut", sagte ihre Mutter. „Wenn du wieder aufwachst, kannst du zu mir ins Arbeitszimmer kommen und Hallo sagen."

Später kam Anna ins Arbeitszimmer. Ihre Mutter saß dort und las ein Buch.

„Mir hat das Spielzeugland wirklich gefallen", sagte Anna, „aber ich bin mir nicht sicher, ob es mir tatsächlich helfen kann, weniger Schmerz zu spüren."

„Nun", sagte ihre Mutter, „du warst doch so mit dem Spielzeugland beschäftigt, daß du gar nicht mitbekommen hast, was um dich herum passierte."

„Wirklich nicht?" fragte Anna verwundert.

„Nein", sagte ihre Mutter, „das hast du nicht. Papa ist zwischendurch hereingekommen und hat dich begrüßt, aber du hast ihn gar nicht gehört."[26]

„Nein", sagte Anna, „ich habe nicht gemerkt, daß er da war."

„Und ich habe mehrmals deinen Arm berührt", sagte ihre Mutter, „aber du hast es nicht gespürt."

„Nein", bestätigte Anna, „das habe ich nicht mitbekommen."

Dann dachte sie eine Weile nach. „Meinst du, wenn ich meine Grippeimpfung bekomme und mir vorstelle, ich wäre im Spielzeugland, daß ich dann gar nicht richtig merken würde, was der Arzt mit meinem Arm tut?" fragte Anna.

„Das funktioniert bei den meisten Menschen so", antwortete Annas Mutter.

„Oh, klasse", sagte Anna. „Das finde ich toll. Ich kann's gar nicht erwarten, das auszuprobieren. Warte bloß ab, bis der Arzt erfährt, wo ich gewesen bin, während er mir die Spritze gegeben hat."

„Ich wette, er wird sich sehr wundern", sagte Annas Mutter. Und beide mußten lachen.

---

[26] Versuchen Sie dies einmal, wenn Sie die Geschichte erzählen. Wählen Sie eine Zeit aus, in der Ihr Kind völlig absorbiert ist, um seinen Arm zu berühren oder den Kopf. Oder lassen Sie jemanden ins Zimmer kommen und wieder hinausgehen.

Geschichte 2
Chronischer Schmerz oder ein bereits vorhandener Schmerz

Wenn Ihr Kind Schmerzen hat, sollten Sie immer herausfinden, ob nicht eine physische Ursache dafür verantwortlich ist. Schmerz ist ein Warnsignal, das uns an die Tatsache erinnern soll, daß etwas in Ordnung zu bringen ist. Magenschmerzen zum Beispiel können ein Anzeichen dafür sein, daß etwas mit dem Blinddarm nicht stimmt. In diesem Fall ist dringend medizinische Hilfe erforderlich. Wenn Sie etwa mit Hilfe von Hypnose den Schmerz verdrängt haben, nehmen Sie unter Umständen die Dringlichkeit einer medizinischen Behandlung nicht wahr. Ist die Botschaft des Schmerzes erst einmal entschlüsselt, können Sie die hier beschriebenen Methoden verwenden, um den Schmerz zu verringern, obwohl es meistens das beste ist, ein wenig Schmerz zuzulassen oder zumindest etwas körperliches Unbehagen, so daß der Arzt feststellen kann, wie der Heilungsprozeß voranschreitet.

Bei anderen Gelegenheiten sind Sie sich der Ursache des Schmerzes vielleicht bewußt – etwa ein gebrochenes Bein –, aber nachdem es versorgt ist, ist möglicherweise keine weitere medizinische Maßnahme notwendig. In diesem Fall können Sie die Methoden der Schmerzkontrolle benutzen, die in der folgenden Geschichte beschrieben werden. Es wäre natürlich falsch, den gesamten Schmerz wegzunehmen, bevor das Bein eingegipst ist. Sollte das Kind keinen Schmerz empfinden, könnte es das Bein bewegen oder damit gehen und damit noch mehr Unheil anrichten. Schmerz ist hier eine Warnung, die bedeutet: „Halte das Bein ruhig und faß es nicht an."

Schmerz kann auch als Resultat von Streß oder anderen psychologischen Faktoren erlebt werden. Ein typisches Beispiel dafür ist der Spannungskopfschmerz. Wenn so etwas häufiger auftritt, versuchen Sie herauszufinden, warum Ihr Kind unter Streß steht. Was geschieht in seinem Leben, das diese Kopfschmerzen hervorruft? Es ist zu hoffen, daß dies ein Problem ist, das Sie zusammen lösen können. Sie können ihm auch helfen, Methoden der Entspannung und der Schmerzkontrolle einzusetzen, um mit Anspannung umzugehen und sich von dem zusätzlichen Streß des Schmerzes zu befreien. Diese Methoden können dem Kind auch helfen, sich stärker zu fühlen und ruhiger zu werden. Dies wiederum wird ihm helfen, auch mit anderen Streßsituationen besser fertigzuwerden, denen es ausgesetzt ist.

In der folgenden Geschichte geht es um Kopfschmerzen. Indem das Kind sich vorstellt, daß die Farbe der Schmerzen sich ändert, können diese leichter, erträglicher, harmloser werden usw. Es gibt viele weitere Möglichkeiten, das Erleben von Schmerz zu beeinflussen. Wenn der Schmerz sehr stechend ist, kann er schrittweise gedämpft werden, bis er ganz dumpf und schließlich verschwommen ist. Man kann den Schmerz auch veranlassen, vom Kopf hinunter zu den Schultern, den Arm entlang und durch die Hand hinauszuwandern. Er kann verkleinert oder an eine andere Stelle versetzt werden, zum Beispiel in den großen Zeh, wo man vielleicht leichter mit ihm umgehen kann. Wenn es ein brennender Schmerz ist, kann er abgekühlt werden. Wenn es ein hämmernder Schmerz ist, kann er erst zu einem Summen, dann zu einem Jucken oder Kitzeln reduziert werden. Wenn er dick und undurchlässig ist, läßt man ihn dünn und durchsichtig werden. Wenn er scharf und stark ist, kann er zart und weich werden. Jede Veränderung, die dabei erreicht wird, gibt dem Kind das Gefühl einer stärkeren Kontrolle darüber. Es ist dann nur noch die Frage, die Veränderung in die richtige Richtung zu dirigieren. Sie möchten wahrscheinlich auch mehrere Techniken ausprobieren, um zu sehen, welche Methode am besten bei Ihrem Kind hilft. Wenn die eine nicht funktionieren sollte, werden Sie nicht nervös, gehen Sie einfach zu einer anderen über.

Nehmen Sie sich Zeit und machen Sie Pausen zwischen den Sätzen, um den Veränderungen Zeit zur Wirkung zu geben. Seien Sie sich auch bewußt, daß der Schmerz verschwinden kann, um später wiederzukehren – es können wiederholte Sitzungen nötig sein, um den Schmerz für längere Zeitabschnitte zu verbannen.

Genau wie bei der vorherigen Schmerzgeschichte ist es wertvoll, Ihr Kind zu fragen, was es selbst denkt, wie der Schmerz weggenommen oder vermindert werden könnte. Sie könnten einen „Schwamm gegen Schmerz" erfinden, der den Schmerz aufsaugt und dann weggeworfen wird. Ihr Kind könnte sich den Schmerz als ein wildes Tier vorstellen und zu ihm sprechen, ihn zähmen oder auf eine andere Weise wirkungslos machen. Vielleicht kann die Vorstellung, daß es tief in seinem Inneren einen wunderschönen Ort gibt, wo der Schmerz nicht hineinkann und wo es sich ganz sicher und beschützt fühlen kann, dem Kind einige Erleichterung bringen. Vielleicht möchte es den Schmerz nach Nummern einstufen und sich darauf konzentrieren, diese Zahlen nach oben oder unten zu verschieben.

Ein letztes Wort noch zu den Besonderheiten von Migräne. Wir neigen dazu, Migräne als ein Leiden von Erwachsenen anzusehen, tatsächlich aber leiden auch viele Kinder darunter. Einem Kind Möglichkeiten der Entspannung zu zeigen, kann hier sehr hilfreich sein, da viele Arten der Migräne durch Anspannung hervorgerufen oder verschlimmert werden. Sie können auch Phantasiebilder verwenden, die sich in vielen Fällen von Migräne als wirkungsvoll herausgestellt haben. Dazu gehört die Vorstellung, daß der Kopf kühler wird (vielleicht können Sie sich eine kalte Kompresse oder einen Eisblock vorstellen, der langsam auf dem Kopf schmilzt) und daß die Hände sehr warm werden (vielleicht stellen Sie sich ein Heizgerät vor, das darauf gerichtet ist). Das löst häufig die schmerzhaft verengten Blutgefäße des Kopfes, weil der Blutstrom in die Hände dirigiert wird.

Anna-Geschichte

Anna war ein kleines Mädchen. Sie lebte in einem roten Backsteinhaus zusammen mit ihrer Mutter, ihrem Vater und einem großen schwarzen Hund.[1]

Eines Tages kam Anna nach einem sehr anstrengenden Nachmittag nach Hause. Sie hatte ihrer Mutter beim Einkaufen im Supermarkt geholfen. Es war dort sehr laut und überfüllt gewesen und Anna hatte sich gewünscht, weit weg zu sein. Nach dem Supermarkt hatte die Mutter Anna zum Spielen zu ihrer Freundin Doris gebracht. Doch es wurde kein schöner Nachmittag, sondern ein ganz schrecklicher. Die kleine Schwester von Doris hatte ihnen die Spielsachen weggenommen und geweint, wenn sie sich diese wieder zurückholten. Der große Bruder hatte sie angeschrien, weil sie so viel Lärm machten und ihn so beim Lernen störten. Und dann hatte Doris' Mutter sie angeschrien, weil sie sich alle gegenseitig anschrien. Es war ein furchtbarer Nachmittag gewesen, und als Anna endlich zu Hause war, machte es in ihrem Kopf bumm, bumm, bumm – als ob ein Hase

[1]Verändern Sie hier die Details, um sie für Ihre Umgebung passend zu machen.

darin zappelte, und sie hatte das Gefühl, jemand würde ein sehr enges Band um ihren Kopf schnüren.

„Mein Kopf tut mir weh, Mama", sagte Anna. „Ich glaube, ich habe Kopfschmerzen."

„Wie fühlt sich denn der Rest deines Körpers?" fragte ihre Mutter.[2]

„Dem Rest geht es ganz gut", antwortete Anna. „Es ist bloß mein Kopf, der weh tut. Bei Doris war es ganz blöd. Alle haben sich gegenseitig angeschrien. Mein Kopf fühlt sich ganz gespannt und zusammengequetscht an."

Ihre Mutter nahm sie in den Arm. „Du weißt, daß du es schaffen kannst, dich besser zu fühlen", sagte sie.

„Wirklich?" fragte Anna. „Kannst du mir das beibringen?"

„Natürlich", meinte ihre Mutter. „Zuerst können wir für Entspannung sorgen. Alles geht leichter, wenn man entspannt ist."

„In Ordnung", sagte Anna. Sie machte gern Entspannungsübungen.[3]

Als Anna sich wohl und entspannt fühlte, sagte ihre Mutter zu ihr: „Jetzt möchte ich, daß du einmal ganz genau auf deine Kopfschmerzen achtest. Untersuche sie ganz sorgfältig, damit du alles über sie weißt."

Anna nickte.

„Und", sagte ihre Mutter, „welche Farbe haben sie?"[4]

Anna dachte einen Augenblick nach. „Sie sind rot", sagte sie dann. „Leuchtend rot."

„Sieh dir die Farbe ganz genau an", sagte ihre Mutter. „Ich möchte, daß du feststellst, welche Teile ein kräftigeres Rot haben als andere. Kopfschmerzen haben niemals überall dieselbe Farbe, weißt du. Und sie können auch ihre Farbe verändern."

Anna nickte. Das war interessant. Sie hatte die Augen geschlossen, so daß sie ihre Kopfschmerzen besser sehen konnte. Es stimmte, die Kopfschmerzen waren nicht überall von derselben Farbe.

„Ich überlege gerade, ob du bemerken kannst, wie deine Kopfschmerzen die Farbe wechseln", sagte ihre Mutter. „Sie könnten zum Beispiel ein

---

[2]Vergewissern Sie sich immer, ob Kopfschmerzen oder andere Schmerzen ein Anzeichen sind für Beschwerden, die medizinischer Behandlung bedürfen. Wenn Sie nicht sicher sind, sollten Sie zuerst einen Arzt aufsuchen. In dieser Geschichte handelt es sich um einfachen Spannungskopfschmerz.

[3]Hier können Sie die Entspannungstechniken verwenden, die in der Geschichte ab Seite 181 beschrieben sind, sofern Sie diese noch nicht praktiziert haben.

[4]Ich habe hier Farbe als Medium der Veränderung gewählt. Es gibt viele Dinge, die man als Medium für eine Veränderung des Schmerzes benutzen könnte.

hübsches Rosa annehmen.[5] Mich würde es interessieren, wo die Veränderung zuerst zu bemerken ist. Wird es vom Rand aus heller und wandert dann nach innen? Oder beginnt das Helle in der Mitte und läuft nach außen? Wird es vielleicht in Flecken heller, wobei die Flecken immer größer werden und dann verschmelzen? Oder wird alles auf einmal heller? Passiert die Veränderung plötzlich oder geht sie langsam vonstatten? Hast du es bemerkt, als die Veränderung einsetzte, oder erst nachdem sie passiert ist?"

Anna war völlig fasziniert. Ihre Kopfschmerzen hatten sich am äußeren Rand in ein sehr hübsches Rosa verwandelt, wie man es in der Innenseite von Muschelschalen findet. Das Rosa floß nach innen, so daß ihre Kopfschmerzen ein schönes zartes Rosa annahmen.

„Mann!" sagte sie zu ihrer Mutter. „Meine Kopfschmerzen sind nun ganz hellrosa gefärbt."

„Das ist ja toll", sagte ihre Mutter. „Möchtest du, daß das Rosa noch zarter wird?"[6]

„Vielleicht ein kleines bißchen", sagte Anna.

„Gut", sagte ihre Mutter, „dann laß das Rosa doch noch ein wenig zarter werden."

Anna ließ also das Rosa noch zarter werden, so hell, daß es fast schon weiß war. „So gefällt mir die Farbe jetzt", sagte sie.

„Gut", sagte ihre Mutter. „Und nun sag mir, wie sich deine Kopfschmerzen jetzt anfühlen."

„Sie sind weg", sagte Anna erstaunt. „Es tut gar nicht mehr weh."

„Das ist ja schön", sagte Annas Mutter. „Das macht doch Spaß, auf diese Weise seine Kopfschmerzen loszuwerden, oder?"

„Aber klar", sagte Anna. Ihr gefiel diese Methode wirklich. „Kann ich das immer machen, wenn ich Kopfschmerzen bekomme?"

„Sicher", sagte ihre Mutter. „Aber du mußt mir immer vorher sagen, daß du das vorhast, bevor du es tust. Denn manchmal sind Schmerzen Botschaften von unserem Gehirn, die uns sagen, daß wir krank sind oder zu einem Arzt müssen.[7] Manchmal bekommen wir aber auch Kopf- oder

---

[5]Geben Sie hier viele Alternativen. Vielleicht wird es nicht sofort überall heller, aber es können hellere Flecken auftreten. Vielleicht ändert sich die Farbe auch nicht schnell, aber die Farbe kann immerhin langsam verändert werden.

[6]Lassen Sie Ihr Kind selbst entscheiden, wieviel Veränderung es produzieren möchte. Wichtig ist, daß es sich damit wohl fühlt.

[7]Vergewissern Sie sich, daß Ihr Kind weiß, daß es diese Methode nur benutzen soll, wenn es angemessen ist. Erklären Sie, warum dies so ist, und schlagen Sie vor,

Bauchschmerzen, wenn wir unglücklich sind oder müde oder ängstlich. Wenn du vorher mit mir darüber sprichst, kann ich entscheiden, ob du zum Arzt mußt oder ins Bett, oder ob die Schmerzen daher kommen, daß du müde oder ängstlich bist.

Und wenn wir entschieden haben, um welche Art Schmerzen es sich handelt, dann weiß dein Gehirn, daß seine Botschaft angekommen ist und verstanden wurde. Und dann können wir die Schmerzen vertreiben oder es hinkriegen, daß du dich besser fühlst."

„Toll", sagte Anna.[8] Es war gut zu wissen, daß es etwas gab, was man gegen Schmerzen tun konnte. Sie war sehr zufrieden mit sich selbst.

---

daß es das nur verwendet, nachdem es mit einem verantwortungsbewußten Erwachsenen darüber gesprochen hat.

[8]Das ist das positive Ende, bei dem sich Anna stark und fähig fühlt, ihre Empfindungen zu kontrollieren.

Ins Krankenhaus gehen

Der Aufenthalt im Krankenhaus ist im allgemeinen eine beängstigende und anstrengende Erfahrung für kleine Kinder. Für viele bedeutet er nicht nur eine Trennung von den Eltern, sondern auch eine Reihe von lästigen und häufig schmerzhaften medizinischen Prozeduren. Sie sind einem Regime hilflos ausgeliefert, das sie weder verstehen noch unter Kontrolle haben. Sie sind möglicherweise unsicher, wie sie reagieren sollen und welches Verhalten erlaubt und welches tabu ist in dieser neuen Umgebung. Sie erleben sich oft als verlassen und auf das Wohlwollen von Fremden angewiesen.

Alles, was wir tun können, um die Gefühle von Verlassenheit und Hilflosigkeit zu mildern, wird dem Kind helfen, mit dieser Erfahrung auf positivere Weise umzugehen.

Es ist eminent wichtig, Ihrem Kind zu versichern, daß Sie es nicht verlassen. Sagen Sie ihm, wann Sie es besuchen werden und für wie lange. Sagen Sie ihm nicht, Sie blieben die ganze Zeit bei ihm, wenn dies nicht so sein wird. Erklären Sie die Besuchsregeln des Krankenhauses und lassen Sie das Kind wissen, wo Sie sich während des Tages aufhalten und was Sie tun werden. Dies gibt ein zusätzliches Gefühl von Sicherheit – Sie sind nicht einfach so von der Bildfläche verschwunden. Stellen Sie auch sicher, daß Sie Ihr Kind zu den Zeiten besuchen, die Sie angekündigt haben. Verpaßte Besuche verursachen häufig bei Kindern sehr viel Seelenqual. Es ist eine gute Idee, kleine Zettel zu hinterlassen oder kleine Geschenke, die in Ihrer Abwesenheit ausgepackt werden können. Das macht deutlich, daß Sie immer noch an Ihr Kind denken. Wenn Sie können, sollten Sie Ihre Stimme auf Kassette aufnehmen und z. B. die Lieblingsgeschichte Ihres Kindes darauf sprechen. Das Band kann sich das Kind im Krankenhaus dann immer wieder vorspielen. Geben Sie ihm ein Taschentuch mit Ihrem Parfum, damit es von Zeit zu Zeit daran riechen kann und sich ein wenig getröstet fühlt von diesem kleinen Anzeichen Ihrer Anwesenheit. Fast alle von uns haben Briefe, Geschenke oder Souvenirs, die uns lieb und teuer sind, die uns starke und angenehme Erinnerungen bringen an eine andere Zeit, einen anderen Ort oder eine andere Person.

Bereiten Sie Ihr Kind auf den Krankenhausbesuch vor, indem Sie ihm so genau wie möglich im voraus erzählen, was dort mit ihm geschehen wird. Beschreiben Sie die Umgebung und die Personen, die es wahrscheinlich antreffen wird, und welche medizinischen Prozeduren vermutlich durchgeführt werden. Erzählen Sie ihm nicht, diese Prozeduren würden nicht weh tun, wenn sie wahrscheinlich schmerzhaft sind. Betonen Sie statt dessen, daß der Schmerz nicht lange anhalten wird und daß die Untersuchung oder was immer es ist, zur Besserung beitragen wird. Bringen Sie ihm Methoden der Schmerzkontrolle und der Entspannung bei, denn das ist hier in besonderem Maße wohltuend. Diese Methoden sind in verschiedenen Anna-Geschichten beschrieben. Ziehen Sie einen Vorteil aus der natürlichen Neugier Ihres Kindes, indem Sie ihm erklären, wie sein Körper funktioniert und wie Ärzte seine Funktionen beurteilen können, indem sie den Puls messen, die Temperatur feststellen und andere Routineuntersuchungen durchführen. Sollten Sie im Zweifel darüber sein, was im Krankenhaus passieren wird, fragen Sie Ihren Arzt nach weiteren Einzelheiten. Wie die Illustration meiner Tochter verdeutlicht, entwickelt unser Geist alle möglichen Phantasien, wenn man nicht genau weiß, was auf einen zukommt.

Alle diese Informationen helfen dem Kind, besser mit einer Erfahrung fertigzuwerden, die bestürzend und überwältigend sein kann. Sie helfen ihm, einen Sinn in den verschiedenen Abläufen im Krankenhausalltag zu entdecken, zu wissen, was es zu erwarten hat, und auch, was von ihm erwartet wird. Wir alle fühlen uns sicherer mit einer Straßenkarte, wenn wir durch ein unbekanntes Gelände fahren.

Versichern Sie Ihrem Kind, daß es nicht als Strafe ins Krankenhaus muß.

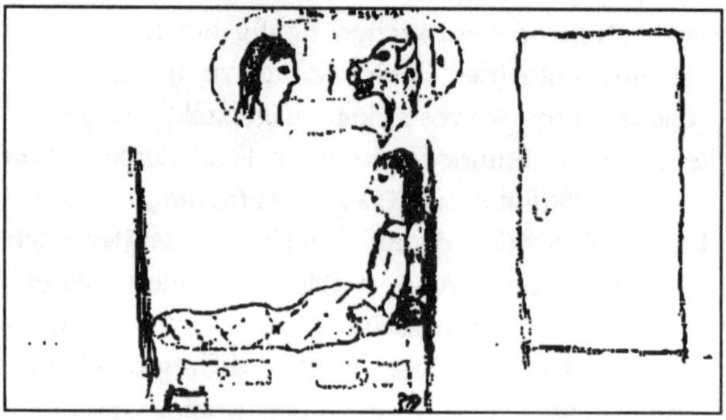

Viele Kinder haben diese Phantasie. Sagen Sie ihm, daß es dort hingeht, weil ihm dort geholfen wird, damit es sich wieder wohl fühlen kann. Es ist bei Kindern eine verbreitete Phantasie, daß das Krankenhaus ein Ort ist, wo man stirbt. Versichern Sie ihm, daß der Aufenthalt im Krankenhaus nicht bedeutet, daß es sterben wird.

Viele Kinder fühlen sich im Krankenhaus allein, haben Heimweh und Angst. Lassen Sie Ihr Kind wissen, daß Sie diese Gefühle verstehen und daß sie völlig normal sind. Machen Sie ihm aber auch klar, daß es dort von Personen umsorgt wird, denen Sie vertrauen. Der Satz: „Ich weiß, daß du Angst hast, aber man wird für dich sorgen." unterscheidet sich sehr von: „Du brauchst keine Angst haben, man wird für dich sorgen." Menschen zu sagen, sie brauchten irgend etwas nicht fühlen, hält sie selten von eben diesen Gefühlen ab. Für gewöhnlich gibt es ihnen den Eindruck, schlecht oder unzulänglich zu sein, so daß sie zusätzlich auch noch mit diesem Gefühl kämpfen müssen. Nachdem Sie mit dem Kind über seine traurigen Gefühle gesprochen haben, können Sie vielleicht auch über Möglichkeiten sprechen, damit umzugehen. Wenn das Kind traurig ist und Sie vermißt, könnte es ein Bild für Sie malen, das zeigt, wie traurig es ist. Vielleicht könnte es auch einer von Ihnen vorgelesenen Geschichte auf Kassette lauschen. Es könnte auch eine Krankenschwester rufen usw.

Spiele, die sich ums Krankenhaus drehen, können eine sehr günstige Wirkung haben, da sie Ihrem Kind erlauben, sich mit seinen Gefühlen dem Krankenhaus gegenüber auseinanderzusetzen. Dies gilt für einen gekauften Spielzeugarztkoffer ebenso wie für selbstgefertigte Fingerpuppen oder Figuren aus Modelliermasse. Sie können auch improvisieren und gewöhnliche Haushaltsgegenstände benutzen – ein sauberer Strohhalm kann ein Thermometer sein, ein altes weißes Hemd ein Arztkittel. Buntstifte und Zeichenpapier sind auch nützlich dabei.

Ich habe in die folgende Geschichte einige positive Visualisierungen aufgenommen, in denen Anna sich vorstellt, wie sie die Bakterien bekämpft und schließlich gesund wird. Das ist eine äußerst hilfreiche Technik. Unser Gehirn kann auf unterschiedliche Weise die physiologischen Funktionen unseres Körpers beeinflussen. Aber davon abgesehen, kann die Technik dem Kind den Eindruck vermitteln, aktiv am Heilungsprozeß teilzunehmen und nicht nur ein hilfloses Opfer seiner Krankheit zu sein.

Denken Sie auch daran, daß es nach der Entlassung aus der Klinik ein paar Tage dauern kann, bis Ihr Kind sich wieder an die heimische Umgebung gewöhnt hat. Manchmal können Kinder durch den Wechsel desorientiert sein, besonders wenn sie für längere Zeit im Krankenhaus waren.

Anna-Geschichte

Anna war ein kleines Mädchen. Sie lebte in einem roten Backsteinhaus zusammen mit ihrer Mutter, ihrem Vater und einem großen schwarzen Hund.[1]

Anna tat alle möglichen Sachen gern. Sie ging gern mit ihrem Hund Blackie und ihrem Vater spazieren. Sie ging gern zur Schule und lernte gern. Sie liebte ihren Ballettunterricht. Sie ging gern ins Schwimmbad, wenn es richtig heiß war. Sie ging gern mit ihrer Mutter in den Park und schaukelte dort auf dem Spielplatz. Sie spielte gern draußen mit ihren Freunden. Aber wenn Anna krank war, konnte sie nichts davon tun.

Ein paarmal in jedem Winter wurde Anna krank. Ihre Mutter brachte sie zum Arzt, und der Arzt sah in ihren Hals und meinte dann zu ihrer Mutter: „Ich fürchte, es ist schon wieder Mandelentzündung.“ Dann gab er Anna Medizin, und Anna mußte ein paar Tage im Bett bleiben und fühlte sich mies und hatte Mitleid mit sich selbst.

Du kannst dir also denken, daß sie nicht gerade glücklich war, als sie eines Tages im Winter mit dem üblichen kratzigen, brennenden Gefühl in ihrem Hals aufwachte.

„Ich glaube, ich bekomme wieder eine Mandelentzündung, Mami“, sagte sie. „Ich hasse meine Mandeln! Wozu sind sie überhaupt gut?“ Und sie stapfte zurück in ihr Zimmer und war richtig böse, weil sie sich doch so darauf gefreut hatte, mit ihrer Klasse an diesem Tag ins Museum zu gehen.

Nach einer Weile bemerkte sie, daß Moppel, ihr Teddybär, auch krank aussah.[2]

„Ach du meine Güte“, sagte sie zu Moppel. „Ich glaube, du hast auch

---

[1] Sie können hier die Details variieren, um sie der Umgebung Ihres Kindes anzupassen.

[2] Kinder benutzen oft imaginative Spiele als Mittel, um mit ihren Frustrationen und Ängsten fertigzuwerden.

Mandelentzündung. Ich werde mal besser in deinen Hals schauen." Aber das war ein bißchen schwierig, denn Moppel konnte seinen Mund nicht öffnen.

„Na, macht nichts", sagte Anna. „Ich muß es mir gar nicht ansehen. Ich bin sicher, daß es eine Mandelentzündung ist. Ich meine, du solltest besser gleich ins Bett."

Sie steckte Moppel in das Bett, das sie für ihn gemacht hatte. Es war aus einer Schuhschachtel gemacht, und Anna hatte ein wenig Stoff, den sie von ihrer Mutter dafür bekommen hatte, zerschnitten und daraus eine Decke, ein Laken und ein Kopfkissen gemacht. Alles war blau, und darauf waren weiß-gelbe Gänseblümchen verstreut.

Moppel sah in seinem Bett nicht sehr glücklich aus.

„Ich glaube, ich sollte dir erklären, was eine Mandelentzündung ist", sagte Anna.[3] Sie wußte das, weil ihre Mutter es ihr schon erklärt hatte.

Sie strich über die struppigen Haare ihres Teddys. „Wenn du eine Mandelentzündung hast, sind eine Menge Bakterien in deinen Hals gekommen. Deine Mandeln sind wie wacklige Röhren hinten in deinem Hals. Sie sollen eigentlich Bakterien aufhalten und helfen, sie zu zerstören, aber manchmal arbeiten sie nicht so gut, und dann leben die Bakterien in den Mandeln. Mama hat mir erzählt, wenn so etwas passiert, dann werden deine Mandeln rot und sind geschwollen, und deshalb tun sie weh."

„Armer Moppel", sagte sie, als sie den Bär sehr behutsam in die Decke wickelte. „Ich glaube, du brauchst sehr viel Ruhe. Es ist schade, daß du kein Wasser trinken kannst. Wasser zu trinken ist gut, wenn man Mandelentzündung hat."

„Anna", sagte ihre Mutter, die in der Tür erschien. „Zieh dich an, mein Schatz, wir fahren zum Arzt."

Und so fuhren sie los.[4]

Auf dem Weg nach Hause sagte Annas Mutter: „Weißt du, der Arzt meint, deine Mandeln haben dir in der letzten Zeit soviel Ärger gemacht, daß sie besser rausgenommen werden sollten."

„Oh", meinte Anna. „Wie will er das denn machen?"

Ihre Mutter sagte: „Nun, du müßtest dazu ins Krankenhaus."

Anna bekam ein bißchen Angst. Der Gedanke, ins Krankenhaus zu

---

[3] Versuchen Sie, Ihrem Kind eine einfache Erklärung dafür zu geben, was mit ihm nicht stimmt. Manchmal können die Vorstellungen der Kinder sehr viel beängstigender sein als die Realität.

[4] An diesem Punkt könnten Sie den Besuch beim Arzt detaillierter beschreiben, wenn Ihr Kind diese Situation nicht kennt.

gehen, gefiel ihr gar nicht.[5] Sie würde viel lieber zu Hause bleiben. „Warum muß ich denn dafür ins Krankenhaus?“ fragte sie.[6]

„Damit man dir die Mandeln herausnehmen kann, mußt du eine Vollnarkose bekommen“, sagte ihre Mutter. „Eine Vollnarkose läßt dich schlafen, während die Ärzte deine Mandeln herausnehmen. Auf diese Weise tut es dir nicht weh. Wenn jemand sich zum Beispiel seine Mandeln entfernen läßt, dann nennt man das ein Operation. Und wenn du unter Vollnarkose operiert wirst, wird das immer in einem Krankenhaus gemacht. Das liegt daran, daß es im Krankenhaus die richtigen Geräte gibt und speziell ausgebildete Leute, die genau wissen, wie man dir helfen muß. Es ist so ähnlich, als wenn man ein Auto in die Werkstatt bringt. Du weißt, daß Papa einige Fehler daran zu Hause beheben kann, aber manchmal braucht man besondere Werkzeuge, um den Wagen zu reparieren, deshalb bringt er ihn in die Werkstatt.“

„Heißt das, daß bei mir ganz viel nicht in Ordnung ist?“ fragte Anna ängstlich.

„Nein“, beruhigte sie ihre Mutter. „Es ist wirklich eine ganz einfache Geschichte. Wenn man dir die Mandeln herausnehmen muß, dir aber nicht weh tun will, dann brauchst du eine Vollnarkose. Und die kannst du eben nur in einem Krankenhaus bekommen. Nachdem das Ganze vorbei ist, kannst du wieder nach Hause, und alles ist in Ordnung. Deine Mandeln können dir dann keine Probleme mehr machen. Jedes Jahr werden Tausenden von Jungen und Mädchen die Mandeln herausgenommen.“

„Wirklich?“ fragte Anna. Sie fühlte sich schon ein wenig besser, als sie das hörte.

„Weißt du, mir sind die Mandeln auch herausgenommen worden“, sagte Annas Mutter. „Damals war ich elf Jahre alt.“[7]

„Wie war das denn?“ fragte Anna interessiert. „Hattest du Angst?“

„Ich hatte schon ein bißchen Angst“, antwortete Annas Mutter. „Mir gefiel das gar nicht, daß ich im Krankenhaus bleiben sollte, weil ich Mama und Papa vermißte. Aber es gab dort auch ein paar erfreuliche Dinge. Ich lag auf der Kinderstation, wo die Kinder im allgemeinen untergebracht werden, und es gab dort sehr viele Kinder. Wir haben uns unterhalten

---

[5] Ein Aufenthalt im Krankenhaus ist für die meisten Kinder mit Furcht verbunden, und sie werden wahrscheinlich darüber beunruhigt sein.

[6] Viele Kinder haben das Gefühl, daß sie zur Strafe ins Krankenhaus geschickt werden oder um dort zu sterben. Es ist wichtig, ihnen eine einfache, aber klare Erklärung zu geben, um diese Phantasien zu zerstreuen.

[7] Wenn Sie eigene Erfahrung mit einem Krankenhausaufenthalt haben, kann es helfen, diese auf positive Weise mit Ihrem Kind zu teilen.

und zusammen gespielt."

„Das hört sich so an, als ob es auch Spaß machen könnte", meinte Anna.

„Ja, dieser Teil hat wirklich Spaß gemacht", bestätigte Annas Mutter.

„Wie sah denn die Station aus?" wollte Anna wissen.

„Eine Station ist ein besonderer Teil in einem Krankenhaus. Manche Leute haben Privatzimmer, und das bedeutet, daß sie ein Zimmer ganz für sich allein haben. Aber Kinder sind meistens zu mehreren in einem großen Zimmer. Und alle diese Zimmer zusammen nennt man die Kinderstation. Jeder hat ein eigenes Bett und einen kleinen Nachtschrank, wo er seine Sachen hineintun kann. Es hängen bunte Bilder an den Wänden und es sind immer Schwestern da, die sich um die Kinder kümmern."

„Darf ich dann auch mit den anderen Kindern spielen?" fragte Anna. Sie dachte sich, daß sich dieser Teil ganz gut anhörte. Es wäre schön, immer Leute um sich zu haben, die mit einem spielen.

„Ja", sagte Annas Mutter. „Du wirst mit den anderen spielen und dich unterhalten dürfen."

„Dürfen wir denn auch aus unseren Betten raus, um zu spielen?" fragte Anna.

„Nun, die Kinder, denen es gut genug geht, können aufstehen. Einige Kinder werden wahrscheinlich zu müde oder krank sein, um das zu tun. Ich bin aber sicher, daß es dir gut genug gehen wird, daß du durch die Station laufen kannst."

„Sind die Kinder da in meinem Alter?" wollte Anna wissen. Sie hoffte, daß es dort einige in ihrem Alter gäbe, besonders Mädchen.

„Da bin ich mir ganz sicher", meinte ihre Mutter. „Aber das ist im Grunde egal, denn da ihr alle in einem Zimmer sein werdet, sind alle ganz freundlich, ob sie nun älter oder jünger sind."

„Wirst du bei mir im Krankenhaus bleiben können?" fragte Anna.

„Ich werde nicht über Nacht bei dir bleiben können", sagte die Mutter, „weil es für mich dort keinen Platz zum Übernachten gibt. Aber ich werde den größten Teil des Tages bei dir sein können."[8]

„Nachts werde ich mich ohne dich allein fühlen", sagte Anna.[9] Bei dem Gedanken wurde sie ganz traurig.

---

[8]Seien Sie realistisch und aufrichtig, wenn Sie sagen, wie lange Sie bei Ihrem Kind im Krankenhaus bleiben werden. Sagen Sie ihm nicht, Sie würden die ganze Zeit bleiben, wenn Sie doch nur zu den Besuchszeiten kommen können.

[9]Im Krankenhaus können sich die Kinder einsam und ängstlich fühlen, da sie von ihren Eltern und allem, was ihnen vertraut ist, getrennt sind. Dies gilt besonders für die Nächte. Lassen Sie Ihr Kind wissen, daß Sie seine Gefühle verstehen.

„Ich weiß, mein Schatz“, sagte ihre Mutter. „Die meisten Kinder sind im Krankenhaus ein wenig traurig, wenn ihre Mütter und Väter nicht bei ihnen bleiben können. Aber nachts gibt es dort besondere Nachtschwestern, die sich um dich kümmern werden, wenn du traurig bist oder dich nicht wohl fühlst, auch wenn ich nicht bei dir sein kann.“[10]

„Bestimmt?“ fragte Anna. Es ging ihr ein bißchen besser, als sie hörte, daß auch nachts jemand wach wäre, um für sie zu sorgen, wenn sie etwas brauchte.

„Ja, die Nachtschwestern bleiben die ganze Nacht wach, damit sie sicher sein können, daß alles bei dir in Ordnung ist und du gut schläfst. Wenn du etwas brauchst, mußt du nur einen besonderen Knopf drücken, der an deinem Bett ist, und die Schwester wird kommen und nachsehen, was sie für dich tun kann. Die Krankenschwestern und Ärzte im Krankenhaus sind speziell dafür ausgebildet, um dir zu helfen, damit du dich wieder besser fühlst.“[11]

Anna gefiel diese Vorstellung. Es war schön zu wissen, daß dort eine Menge Leute waren, die dafür ausgebildet waren, Kindern zu helfen.

„Wann muß ich denn ins Krankenhaus?“ fragte sie.[12]

„Wir werden dich am Montagmorgen hinbringen“, sagte ihre Mutter.

„Brauche ich einen Krankenwagen?“ fragte Anna. Sie dachte, daß ein Krankenwagen sehr aufregend wäre. Sie wußte, das war ein besonderes Fahrzeug, in dem ein Bett war und das eine laute Sirene hatte, so daß alle anderen Autos ihm Platz machen mußten. Ihr gefiel die Vorstellung, daß die anderen Wagen den Weg frei zu machen hätten, wenn sie vorbeikämen. Es wäre so, wie auf einem Feuerwehrauto mitzufahren.

„Nein, mein Liebling“, sagte ihre Mutter. „Einen Krankenwagen wirst du nicht brauchen. Einige Kinder, die plötzlich krank werden oder ernsthaft krank sind, werden mit dem Krankenwagen ins Krankenhaus gefahren. Wenn wir im Krankenhaus ankommen, werde ich dich auf die Kinderstation bringen und eine Krankenschwester wird uns zeigen, wo dein Bett ist. Ich werde dir helfen, dein Nachthemd anzuziehen und dich herumführen, damit du dich mit den anderen Kindern bekannt machen kannst.

[10]Es ist wichtig, dem Kind mitzuteilen, daß jemand dasein wird, dem es sich anvertrauen kann, auch wenn Sie selbst nicht dort sein können.

[11]Vergewissern Sie sich, daß Ihr Kind weiß, wie es den Klingelknopf bedienen muß, wenn es etwas braucht. Es sollte keine Bedenken haben, das zu tun.

[12]Sie sollten Ihrem Kind so früh wie möglich im voraus mitteilen, was voraussichtlich im Krankenhaus mit ihm geschehen wird. Eine Reise ins Ungewisse ist immer beängstigender, als bekannte Gewässer zu überqueren.

Ich werde bei dir bleiben, bis es Zeit für die Operation ist, und ich werde auch noch dort sein, wenn die Operation vorüber ist."

„Wann wird die Operation denn sein?" fragte Anna.

„Die soll um 13.30 Uhr durchgeführt werden", sagte ihre Mutter. „Und es wird nicht sehr lang dauern, bis alles vorbei ist. Es ist nur eine kurze Operation."

Dann fuhr sie fort: „Wenn du dein Nachthemd anhast – es kann sein, daß sie dir ein besonderes Krankenhausnachthemd geben –, wird dir eine Schwester ein Plastikarmband ums Handgelenk legen. Darauf steht dein Name. Alle Kinder auf deiner Station werden die gleichen Armbänder umhaben, auf jedem wird der jeweilige Name des Kindes stehen. Das macht man, damit man dich nicht mit einem anderen Kind verwechselt. Denn die Krankenschwester möchte vielleicht deine Temperatur messen oder den Blutdruck, und auch der Arzt tut das.[13]

Kurze Zeit vor der Operation wird die Krankenschwester dir eine Spritze geben.[14] Das ist ein Piekser mit einer Nadel, genau so, wie die anderen Spritzen, die du schon bekommen hast. Es sticht, aber es dauert nicht lange. Eine Spritze hilft dem Medikament, schneller in deinen Körper zu gelangen, als dies auf andere Weise möglich ist. Darum müssen wir manchmal Spritzen bekommen."

„Puh", sagte Anna, „ich mag aber keine Spritzen."

„Niemand mag Spritzen, mein Herz", sagte ihre Mutter. „Aber hin und wieder sind sie nötig. Zum Glück sind sie schnell vorüber. Die Spritze wird dich schläfrig machen und dein Mund wird sich vielleicht ein bißchen trocken anfühlen. Es ist eigentlich ein ganz angenehmes Gefühl. Wenn es Zeit für die Operation sein wird, wird dich die Krankenschwester auf ein besonderes Bett mit Rollen legen. Ich werde immer noch bei dir sein, und wir werden dich den Flur entlangschieben zu dem Raum, wo du operiert werden wirst. Ich werde dir vor der Tür des Operationsraumes einen Kuß geben und dann in den Warteraum gehen, bis du wieder herauskommst."

„Und was passiert mit mir im Operationsraum?" fragte Anna. Sie wünschte sich, ihre Mutter könnte dahin mitkommen.

---

[13] Vielleicht möchten Sie an dieser Stelle die Vorgänge und den Zweck dieser Prozeduren erklären.

[14] Versuchen Sie nicht zu erzählen, daß schmerzhafte Prozeduren nicht weh tun werden. Wenn Ihr Kind nach dem ersten Mal das Gegenteil festgestellt hat, wird es denken, daß es Ihnen nicht trauen kann. Betonen Sie statt dessen, daß der Schmerz nicht lange andauern wird (wenn dies tatsächlich so ist) und daß die Behandlung einem sinnvollen Zweck dient.

„Im Operationsraum werden Ärzte und Krankenschwestern sein“, sagte ihre Mutter, „die sich um dich kümmern werden.[15] Also auch wenn ich nicht dort sein kann, wird man besonders auf dich achten. Einer der Ärzte wird dir eine andere Spritze geben – diese wird weniger weh tun als die erste, und dann wird etwas ganz Komisches passieren. Du wirst ganz fest schlafen und nicht aufwachen, bevor die Operation vorbei ist. Auch wenn du ganz stark versuchen solltest, wach zu bleiben, würdest du trotzdem einschlafen. Das liegt an dem besonderen Medikament, das in der Spritze ist. Und weil du die ganze Zeit schlafen wirst, wirst du von der Operation selbst nichts mitbekommen.“

„Kann ein Kind mitten während der Operation aufwachen?“ fragte Anna.[16] Sie war über diesen Gedanken ein wenig beunruhigt.

„Nein, da brauchst du dir keine Sorgen zu machen“, sagte ihre Mutter. „Man kann niemals während einer Operation aufwachen. Du wirst die ganze Zeit schlafen, bis sie vollständig vorüber ist.“

„Und was ist, wenn ich nicht wieder aufwache?“ fragte Anna.

„Du wirst in jedem Fall wieder aufwachen, weil der Arzt das Narkosemittel, das dich einschlafen läßt, sehr genau abmißt. So wirst du genau zur richtigen Zeit wieder aufwachen. Ärzte, die so etwas tun, nennt man Anästhesisten, und sie wissen ganz genau, wie man Leute in Schlaf versetzt und sie wieder daraus aufweckt. Wenn du aufwachst, wirst du vielleicht ein wenig durcheinander sein, weil du dich zuerst gar nicht erinnern wirst, wo du bist. Oder du wirst vielleicht denken, daß man dich noch gar nicht operiert hat. Ich werde aber bei dir sein, wenn du aufwachst, und ich wette, daß du dich sehr wundern wirst, wenn ich dir erzähle, daß die Operation schon vorbei ist.“

„Worum wollen wir wetten?“ fragte Anna. Sie wettete gern.

„Zweimal schmusen“, sagte ihre Mutter, „und der Gewinner darf sagen: Das habe ich dir doch gesagt.“

„In Ordnung“, sagte Anna. Sie war überzeugt, daß sie die Wette gewinnen würde.

„Wenn du aufwachst“, fuhr ihre Mutter fort, „wirst du wahrscheinlich einen kratzigen Hals haben, so wie jetzt, und ziemlich durstig sein.[17] Vielleicht werden die Ärzte nicht wollen, daß du gleich nach der Operation

---

[15] Bereiten Sie Ihr Kind darauf vor, was im OP geschehen wird wie auch im Krankenhaus ganz allgemein.

[16] Viele Kinder machen sich darüber Gedanken. Es kann hilfreich sein, ihnen in einfachen Worten zu erklären, wie eine Narkose wirkt und wie man sie empfindet.

[17] Informieren Sie Ihr Kind darüber, wie es sich nach dem Aufwachen wahrscheinlich fühlen wird.

etwas trinkst. Manchmal bekommt man aber auch einen kleinen Schluck Wasser. Manchen Leute ist ein wenig übel, als ob sie sich übergeben müssen, aber das vergeht sehr schnell. Nach meiner Operation war ich zwar durstig, aber mir war nicht schlecht, als ich aufwachte."

„Am Tag deiner Operation wirst du nichts essen und trinken dürfen.[18] Dein Magen sollte besser leer sein, wenn du das besondere Medikament bekommst, das dich einschlafen läßt. Am Sonntag wirst du also ganz normal essen, aber den ganzen Montag darfst du nichts essen oder trinken. Du wirst ein wenig hungrig sein, aber du weißt ja, daß es das wert ist, wenn du dich dafür später besser fühlst. Nach der Operation, wenn du wieder ganz wach bist, wirst du etwas essen und trinken dürfen."

„Wie bekommt man denn da sein Essen?" fragte Anna. „Gibt es dort ein Eßzimmer?"

„Sie werden dir das Essen auf einem Tablett ans Bett bringen", sagte ihre Mutter. „Das Krankenhaus hat eine sehr große Küche, und die Angestellten dort kochen für das ganze Krankenhaus das Essen. Es wird auf kleinen Rollwagen auf die Stationen gebracht, und du bekommst es an dein Bett."

„Das hört sich lustig an", sagte Anna.

„Ja", sagte Annas Mutter. „Es ist schön, sein Essen ans Bett zu bekommen. Du kannst ganz faul sein und die anderen für dich sorgen lassen."

„Was für ein Essen gibt es denn da?" wollte Anna wissen.

„Nun, in jedem Krankenhaus gibt es anderes Essen", sagte ihre Mutter. „Meistens ist es ganz einfaches Essen, wie zu Hause auch. Zum Frühstück gibt es Toast und Marmelade und Orangensaft zum Beispiel."

„Muß ich alles essen, was es dort gibt?" fragte Anna.

„Nein", meinte ihre Mutter. „Du ißt nur, was du magst. Weil dir die Mandeln herausgenommen wurden, wird dein Hals wund sein, und deshalb wird man dir weiche Nahrung geben. Ich werde dir etwas erzählen, was dir gefallen wird: Nach einer Mandeloperation soll man vor allem Eiscreme essen!"

„Klasse!" sagte Anna. „Heißt das, ich werde im Krankenhaus ganz viel Eis bekommen?"

„Genau", sagte Annas Mutter. „Und wenn du irgend etwas Besonderes essen möchtest, kannst du mir das sagen, und ich werde es dir ins Krankenhaus bringen. Du wirst zwei Tage und eine Nacht im Krankenhaus sein, daher wirst du Frühstück und Mittagessen am Tag nach deiner Ope-

---

[18] Erklären Sie Ihrem Kind, daß Fasten vor einer Operation notwendig ist. Manche Kinder glauben, daß sie zur Strafe kein Essen bekommen.

ration dort bekommen."

„Werden sie mir im Krankenhaus weh tun?" fragte Anna. Davor hatte sie ein bißchen Angst.[19]

„Einige Dinge wie die Spritzen tun ein bißchen weh", sagte ihre Mutter. „Aber das dauert nicht lange, und die Krankenschwestern und der Arzt werden dir dabei helfen."[20]

Später am selben Tag kam Anna in die Küche, um ihrer Mutter einige Bilder zu zeigen, die sie vom Krankenhaus gemalt hatte. Sie hatte sich selbst und ihre Mutter gemalt, wie sie zusammen in das Krankenhaus hineingingen. Sie trug Moppel, den Teddybär, und ihre Stoffpuppe Alice. Anna hatte entschieden, daß sie diesen beiden erlauben würde, mit ihr ins Krankenhaus zu gehen.[21] Alle ihre Puppen und Tiere wollten mitgehen, das wußte sie, weil sie bei ihr sein wollten. Sie sprach mit den anderen und erklärte ihnen, daß sie einander wohl vermissen würden. Aber schon bald wäre sie wieder zurück, sicher und gesund. Und dann könnten sie wieder bei ihr schlafen. Sie hatte beschlossen, daß Moppel mitdurfte, weil er auch Mandelentzündung hatte. Und Alice hatte sie ausgewählt, weil sie so niedlich und knuddelig war.

„Ich habe eine ganz besondere Überraschung für dich", sagte Annas Mutter. „Sieh mal." Und sie nahm ein Paket vom Eßtisch.

„Was ist es denn?" fragte Anna.

„Mach es auf und sieh selbst nach", sagte ihre Mutter.

Es war ein Arztkoffer.[22] Da gab es ein Stethoskop und ein Plastikthermometer. Eines von Papas alten weißen Hemden war auch dabei, so daß Anna es anziehen konnte und so tun, als wäre es ein weißer Arztkittel. Annas Mutter hatte ihr erzählt, daß die meisten Ärzte in weißen Kitteln arbeiteten. Es gab ein Gerät aus Plastik, um den Blutdruck zu messen, und eine kleine Plastikspritze.

Anna war begeistert. Sie nahm den Koffer gleich mit in ihr Zimmer, um

---

[19] Kinder haben oft Angst vor den schmerzhaften Prozeduren, die in Krankenhäusern häufig vorgenommen werden. Techniken der Entspannung und Schmerzkontrolle können hier sehr nützlich sein. (Vergleichen Sie dazu die Anna-Geschichte zur „Entspannung".)

[20] Es wäre eine gute Idee, an dieser Stelle Einheiten zu Entspannung und Schmerzkontrolle einzubringen.

[21] Ermuntern Sie Ihr Kind, ein paar persönliche Dinge mit ins Krankenhaus zu nehmen. Das kann ein Teddybär sein oder auch eine Kuscheldecke.

[22] Ein Arztkoffer ist ein nützliches Geschenk für Kinder, die ins Krankenhaus müssen. Es hilft ihnen, einige ihrer Ängste im Spiel zu verarbeiten und zu erleben.

damit zu spielen. Sie wußte, daß Moppel, der Teddybär mit Mandelentzündung, sofort zum Arzt mußte. Sie nahm seine Temperatur und hörte sein Herz ab. Sie legte das Plastikband von dem Blutdruckmeßgerät um seinen Arm und prüfte den Blutdruck. Zum Schluß gab sie Moppel eine Spritze.

Aber bevor sie das tat, erklärte sie Moppel, wie er sich dabei besser fühlen könne.[23] Sie zeigte Moppel, wie er sich entspannen konnte, und machte es selbst vor, um ihm zu zeigen, wie einfach es war. Sie brachte ihm bei, wie er seinen Arm kalt machen konnte oder dick und taub. Wie er den Schmerz in seinem Gehirn abstellen konnte oder sich in der Phantasie an einen anderen Ort versetzen. Sie hatte viel Vergnügen dabei, und Moppel lernte viel und sagte ihr, daß die Spritze gar nicht so weh getan hätte, wie er es erwartete.

An diesem Abend, als Annas Mutter hereinkam, um ihr eine Gute-Nacht-Geschichte vorzulesen, brachte sie einen Kassettenrecorder mit. „Wir werden jetzt etwas ganz Besonderes machen“, sagte sie. „Wenn ich dir die Geschichte vorlese, werde ich sie mit dem Kassettenrecorder aufnehmen. Den kannst du dann ins Krankenhaus mitnehmen und einschalten, wann immer du möchtest, um dir die Geschichte anzuhören.[24] Es wird so sein, als ob du noch einen Teil von mir bei dir hättest.“

Anna gefiel diese Idee. Sie dachte, daß es prima wäre, sich im Krankenhaus ins Bett zu kuscheln, um Mutters Geschichten zu hören. Anna wählte alle ihre Lieblingsgeschichten aus; ihre Mutter las sie ihr vor und nahm sie dabei auf Kassette auf.

Als Anna dann ins Bett ging, übte sie ein paarmal Entspannung. Sie machte alle Muskeln locker und schlaff. Es war ein schönes Gefühl. Sie fühlte sich wohl und schläfrig und glitt langsam in den Schlaf.

Am Morgen half die Mutter Anna, ein paar Sachen in die Tasche für das Krankenhaus zu packen.[25] Anna würde am nächsten Tag ins Krankenhaus

---

[23] Schließen Sie diesen Abschnitt nur ein, wenn Sie Ihrem Kind bereits die Geschichten über Entspannung und Schmerzkontrolle vorgelesen haben.

[24] So kann Ihr Kind zumindest teilweise den Trost der mütterlichen Stimme mitnehmen, und es hilft ihm, die schreckliche Trennung von Liebe und Sicherheit der Familie zu überwinden. Wenn Sie keinen tragbaren Kassettenrekorder haben, geben Sie Ihrem Kind eine Reihe von liebevollen Briefen und Bildern mit, die es zu verschiedenen Zeiten während seines Krankenhausaufenthaltes öffnen kann. Zum Beispiel einen vor dem Schlafengehen, einen am Morgen nach dem Aufwachen usw.

[25] Packen Sie zusammen mit Ihrem Kind. Vielleicht möchte es unbedingt einige Dinge mitnehmen, die Sie übersehen würden.

gehen. Sie packten Annas Zahnbürste ein und die Zahnpasta und die Lieblingsseife, die Anna einmal geschenkt bekommen hatte. Sie war rosa und hatte die Form eines Hasen. Anna wählte einige Bücher zum Lesen aus und ein großes Spielebuch. Darin gab es Bilder zum Anmalen, Punkte, die man zu einem Bild verbinden mußte, und Wortspiele. Sie nahm auch ihr Memory-Spiel mit, falls andere Kinder das mit ihr spielen wollten. Sie packte ihr Lieblingsnachthemd ein und ihren Bademantel und Hausschuhe, damit sie es schön warm hätte, wenn sie das Bett verließ. Dann nahm sie noch ihre Kuscheldecke mit. Die war ganz klein, weil Anna sie schon als Baby bekommen hatte, aber sie liebte sie über alles. Sie fühlte sich überall so schön an, und sie hatte so lange mit der Decke geschlafen, daß sie sich sicher fühlte und gut einschlafen konnte, wenn sie sich die Decke um die Schultern legte und über die kuschelige Oberfläche strich.

Am selben Tag etwas später sagte Annas Mutter zu ihr: „Es gibt vielleicht etwas, das dich interessieren dürfte."

„Was ist es denn?" fragte Anna.

„Ich dachte, daß du vielleicht gern wissen würdest, wie man Bakterien abwehren kann und schnell wieder gesund wird."[26]

„Das hört sich gut an", sagte Anna. Sie war nicht gerne krank – es machte viel mehr Spaß, auf den Beinen zu sein und zu spielen. Und außerdem gefiel ihr die Vorstellung, ihrem Körper zu helfen, Bakterien abzuwehren. Es wäre ungefähr so wie Räuber und Gendarm spielen.

„Du kannst das alles mit deiner Phantasie tun", erklärte Annas Mutter. „Deine Phantasie kann deinem Körper wirklich helfen, so schnell wie möglich gesund zu werden."

„Wie mache ich das denn?" sagte Anna. Sie war wirklich daran interessiert.

„Nun", sagte ihre Mutter. „Zuerst könntest du dich entspannen, wenn du möchtest, und dich wohl und angenehm fühlen."

Anna tat es.[27]

„Was passiert jetzt?" fragte sie. Sie war ganz locker, schlaff und entspannt.

Ihre Mutter sagte: „Jetzt stell dir vor, du würdest eine besondere Brille aufsetzen und könntest direkt in deinen Körper sehen. Als ob du durch

---

[26] Diese Art von heilender Imagination kann sehr hilfreich sein für das Kind. Es fördert eine positive Haltung und kann sowohl den Heilungsprozeß beschleunigen als auch moralisch stärken.

[27] Die Geschichte mit der Entspannung kann hier erzählt werden, wenn dies noch nicht geschehen ist.

ein Fenster sehen würdest. Du siehst all die Blutkörperchen arbeiten, die eifrig die Bakterien wegschaffen. Es sind sehr starke und gute Blutkörperchen, und sie können leicht auf dich aufpassen und all die Bakterien verschwinden lassen."[28]

„Sie sehen komisch aus", sagte Anna. Sie marschierten hinauf und hinunter wie kleine Soldaten und schleppten die Bakterien fort.

„Nach deiner Operation", sagte Annas Mutter, „kannst du deine Spezialbrille aufsetzen und dir deine unheimlich starken Blutkörperchen wieder ansehen. Du kannst sehen, wie sie alles wieder in Ordnung bringen. Du kannst sehen, wie sie deinen Hals von innen wieder glatt machen, da, wo deine Mandeln gesessen haben. Du wirst sehen können, wie rosa und gesund dein Hals wieder aussieht. Du wirst vielleicht auch ein paar tote Bakterien bemerken – die Blutkörperchen werden sie hinaus in den Mülleimer fegen. Du kannst sie fegen und glätten sehen, bis keine Bakterien mehr übrig sind und dein Hals hübsch und rosa und gesund aussieht. Die Blutkörperchen mögen es, wenn du denkst, wie stark sie sind. Das läßt sie sich noch stärker fühlen, so daß sie noch mehr Bakterien hinausschaffen können und dies noch schneller tun."

„Sie sehen tatsächlich sehr stark aus", sagte Anna. „Ich bin froh, daß sie meine Blutkörperchen sind und auf mich aufpassen."

Plötzlich hatte sie eine großartige Idee. „Vielleicht könntest du das auf Kassette aufnehmen, Mami", sagte sie. „Du könntest mir eine Geschichte zur Entspannung erzählen und wie ich die Spezialbrille aufsetze, damit ich sehen kann, wie mein Körper wieder gesund wird. Das könnte ich mir dann oft im Krankenhaus vorspielen."

„Das ist eine wunderbare Idee", sagte Annas Mutter.[29] Und so erzählte sie eine Geschichte, die von Entspannung und Gesundwerden handelte. Sie nahm die Geschichte auf Kassette auf. Anna gefiel das sehr gut.

Als Anna an diesem Abend ins Bett ging, hatte sie ein wenig Angst, weil sie wußte, daß sie morgen nacht schon im Krankenhaus schlafen würde, weit weg von ihrem warmen, sicheren Zimmer und, was am wichtigsten

---

[28]Machen Sie hier eine Pause und fragen Sie, wie sich das Kind die Blutkörperchen und Bakterien vorstellt. Ermutigen Sie es in seiner Phantasie und unterstützen Sie es dabei, sich die Blutkörperchen, die den Kampf gegen die Bakterien gewinnen, sehr konkret und lebendig vorzustellen.

[29]Die Entspannungsgeschichte kann genau wie andere Geschichten, die Ihr Kind gern mag, aufgenommen werden. Sollte es zu klein sein, um mit einem Kassettenrekorder umzugehen, bitten Sie eine Krankenschwester, ihm dabei zu helfen.

war, weit weg von ihrer Mama und ihrem Papa.[30] Sie war sehr traurig, wenn sie daran dachte. Sie faßte den Kassettenrekorder an, der neben ihrem Bett stand. Es machte alles ein bißchen leichter, zu wissen, daß sie die Stimme ihrer Mutter hören konnte, wann immer sie dies wollte. Sie lag noch eine Weile wach und fühlte sich richtig unglücklich. Dann erinnerte sie sich, was ihre Mutter ihr darüber erzählt hatte, in der Phantasie an einen anderen Ort zu gehen.[31] Sie dachte, wenn sie vielleicht in das Spielzeugland gehen würde, das Land, von dem ihr ihre Mutter erzählt hatte, dann würde es ihr besser gehen. Und so stellte sie sich vor, wie sie durch das Spielzeugland wanderte. Wie immer hatte sie Geburtstag, da man im Spielzeugland jeden Tag Geburtstag hat. Die Leute im Spielzeugland hatten eine besondere Geburtstagstorte für sie gebacken. Die Torte war so groß, daß sie auf eine Leiter klettern mußte, um sie anzuschneiden. Sie schnitt sie sehr akkurat in Stücke. Es war schön, diese Torte zu zerschneiden, und sie war stolz, daß sie das so gut gemacht hatte. Denn schließlich war das Zerteilen von Torten eine Angelegenheit für Erwachsene.[32] Alle Freunde von ihr waren versammelt, und sie spielten Seilhüpfen und Verstecken, Annas Lieblingsspiele. Sie gab jedem ein Stück von der wundervollen großen Torte und nahm selbst ein riesiges Stück. Die Aufschrift auf der Torte war: „Wir haben dich lieb, Anna“, und auf dem Stück, das Anna aß, stand das Wort „lieb“ in großen roten Buchstaben auf weißem Untergrund. Es schmeckte wunderbar und machte sie richtig satt. Ihr war im Innern richtig warm und wohl. Die Sonne schien und die Vögel sangen. Die Vögel im Spielzeugland haben einst unseren Vögeln das Singen beigebracht. Deshalb ist es ganz besonders schön, einen Vogel im Spielzeugland singen zu hören. Ihre Freunde waren um sie herum, hörten ebenfalls den Vögeln zu und spielten mit ihr. Sie hatten gerade beschlossen, daß sie alle zusammen zu der Geschenkemaschine gehen wollten, als sie mit einem Lächeln auf ihrem Gesicht einschlief.

Am nächsten Morgen kam Annas Mutter herein und gab ihr einen Guten-

---

[30] Es ist wichtig, zu erkennen, daß Ihr Kind höchstwahrscheinlich traurig sein wird und sich vor dem bevorstehenden Weg ins Krankenhaus fürchtet. Dies mit einem: „Sei nicht so dumm...“ beiseite zu schieben, vergrößert nur seine Angst und läßt es sich noch unzulänglicher fühlen.

[31] Hier greift Anna auf höchst nützliche Weise eine Technik auf, die ihre Mutter ihr beigebracht hat.

[32] Dies ist eine besonders hübsche Phantasie für Kinder, die zu einer Operation ins Krankenhaus müssen. Das Kind beherrscht das „Messer“ und wird mit einer schwierigen Aufgabe fertig, während es sich gleichzeitig geliebt und unterstützt fühlt.

morgenkuß. „Du weißt doch noch, daß du heute nichts essen oder trinken darfst wegen der Operation", sagte sie.

Anna nickte.

„Aber vielleicht heute abend", fuhr Annas Mutter fort, „oder spätestens morgen wirst du Eiscreme bekommen, weil die sehr gut ist nach einer Mandeloperation."

Sie sahen noch einmal in Annas Tasche nach, ob sie auch nichts vergessen hatten.

„Es gibt noch etwas, das in deine Tasche muß", sagte Annas Mutter und holte ein buntes Päckchen hervor. „Das ist ein Geschenk von mir und Papa, aber du darfst es nicht öffnen, bevor wir dir heute abend auf Wiedersehen gesagt haben."

„Oh", sagte Anna, „was ist denn drin?"

„Das ist eine Überraschung", antwortete ihre Mutter, „aber es wird dir sicher gefallen."[33]

Anna verabschiedete sich von all ihren Spielsachen in ihrem Zimmer und erzählte ihnen, daß sie bald zurück sein werde. Sie dachte, daß sie sehr traurig sein mußten, weil sie sie nicht mitnahm. Aber sie erklärte ihnen noch einmal, daß sie sie dalassen mußte, sie aber trotzdem liebhabe und bald zurückkommen würde. Dann ging sie mit ihrer Mutter hinaus zum Wagen.

Das Krankenhaus war ein riesiges Gebäude, viel größer als ein Haus. Größer sogar als eine Schule. Es gab Unmengen von Menschen darin, auch Eltern mit ihren Kindern, die ungefähr in Annas Alter waren. Anna und ihre Mutter fuhren mit dem Fahrstuhl in den dritten Stock hinauf. Als sie ausstiegen, sah sie ein Schild, auf dem „Kinderstation" stand. Es gab viele bunte Bilder an den Wänden. Manche sahen so aus, als ob sie von Kindern gemalt worden wären. Anna überlegte, ob man vielleicht eines ihrer Bilder aufhängen würde, wenn sie eines malte. Sie malte gern. Sie war froh, daß sie ihre Buntstifte mitgenommen hatte, so daß sie damit malen konnte.

Auf der Kinderstation kam ihnen eine Krankenschwester entgegen, um sie zu begrüßen. „Das ist Anna", sagte Annas Mutter.

„Freut mich, dich kennenzulernen", meinte die Schwester. „Wir werden hier gut für dich sorgen. Und hier sind viele kleine Mädchen und Jungen, die dich nachher gern kennenlernen möchten."

---

[33] Wenn Sie Ihrem Kind Briefe oder kleine Geschenke geben, die es in Ihrer Abwesenheit auspacken kann, helfen Sie ihm, daran zu denken, daß Sie zumindest im Geiste bei ihm sind.

Anna lächelte. Sie mochte die Krankenschwester, und die Station sah ganz nett und freundlich hell aus. Sie freute sich darauf, zu den anderen Kindern zu gehen.

Die Krankenschwester zeigte Anna und ihrer Mutter die Station. „Hier ist dein Bett, Anna", sagte sie. „Du möchtest vielleicht deine Sachen auspacken und dein Nachthemd anziehen."

Als Anna ihr Nachthemd angezogen hatte, kam die Schwester zurück. Sie wog Anna auf einer Waage, um festzustellen, wie schwer sie war. Dann nahm sie Annas Temperatur und prüfte ihren Puls. Sie schrieb alles auf ein Papier, sah sie an und lächelte. „Das sieht alles sehr gut aus", sagte sie. „Komm, jetzt werde ich dich mit den anderen Kindern bekannt machen."

Die nächsten Stunden verbrachten Anna und ihre Mutter damit, mit den anderen Kindern zu spielen oder sich einfach nur zu unterhalten. Mehrere Male kam eine Krankenschwester vorbei, die ein komisches flaches Gefäß trug, das mit einem Deckel zugedeckt war.

„Was ist das?" fragte Anna.

„Das ist eine Bettpfanne", erklärte ihre Mutter. „Das ist für die Kinder, die nicht aufstehen dürfen, um zur Toilette zu gehen. Es ist wie ein Töpfchen; die Schwester bringt es dir, und du sitzt in deinem Bett darauf."

„Das hört sich aber komisch an", meinte Anna.

„Es ist ein bißchen eigenartig", sagte ihre Mutter, „aber man gewöhnt sich daran. Ich glaube aber nicht, daß du das brauchen wirst. Du wirst selbst zur Toilette gehen können." Sie sah auf ihre Uhr. „Ach herrje, wie schnell die Zeit vergangen ist, nicht wahr? Wir sollten zurück zu deinem Bett gehen. Es ist bald Zeit für deine Spritze, und du kannst vorher noch ein bißchen üben, dich zu entspannen und deine Phantasie zu benutzen."

Anna schlüpfte ins Bett. Ihre Mutter setzte sich auf den Rand und erzählte von Schneemännern und dicker Haut und dem Spielzeugland und all den anderen Dingen, über die sie den Tag zuvor gesprochen hatten. Anna fühlte sich sehr wohl.

Bald kam die Schwester herein. „Jetzt ist es Zeit für deine Spritze, Anna", sagte sie. Anna war anfangs ein bißchen beunruhigt, aber dann dachte sie wieder an die Entspannung und wie man in der Phantasie an einen anderen Ort gehen kann, wo es hübsch ist. Sie stellte sich vor, sie wäre im Spielzeugland.

„Na, das war doch gar nicht so schlimm", meinte die Krankenschwester. Sie war schon fertig mit der Spritze.

„Nein", sagte Anna. „Das ging wirklich sehr schnell."

„Du wirst wahrscheinlich gleich müde werden", sagte die Schwester.

„Nach einer Weile werde ich dich in einen anderen Raum bringen, wo man dich operieren wird, und dann, bevor du dich versiehst, wirst du wieder hier bei deiner Mama sein."[34]

Nachdem die Schwester gegangen war, saßen Anna und ihre Mutter da und unterhielten sich. Anna gähnte. Sie fühlte sich ein wenig schläfrig. Es war ein ganz schönes Gefühl, als ob sie gleich einschlafen würde. Da kam die Schwester zurück. Sie schob ein großes Bett auf Rädern vor sich her.

„Hier, meine Kleine", sagte sie, „leg deine Arme um meinen Hals, und ich werde dich auf dieses tolle Transportmittel heben." Sie streckte ihre Arme aus, und die Schwester hob sie hinüber und deckte sie zu. Annas Mutter stand direkt neben ihr und hielt ihre Hand.

„Ich werde mit dir kommen bis vor den Operationsraum", sagte sie. „Und dann werde ich hier auf dich warten, bis du wieder aufwachst."

Anna nickte. Die Schwester fuhr sie auf dem Rollenbett den Flur entlang, ihre Mutter ging neben ihr. Weil Anna auf dem Rücken lag, konnte sie genau an die Decke sehen, wenn sie die Augen aufmachte. Es war komisch, auf einem Bett gefahren zu werden und dabei an die Decke zu schauen. Es wurde ihr richtig ein bißchen schwindelig.

„Denk dran", sagte Annas Mutter, „daß drinnen im Operationsraum einer der Ärzte dir noch eine Spritze geben wird, und dann wirst du einschlafen."

Sie erreichten die Tür des Operationsraumes. Annas Mutter gab ihr einen Kuß und sagte: „Bis bald."

Anna hatte ein wenig Angst, aber die Krankenschwester streichelte sie und sagte: „Hab keine Angst, wir werden gut auf dich aufpassen. Und außerdem", fügte sie hinzu, „mußt du mir versprechen, daß du nicht lachst, wenn du die komischen Kappen sehen wirst, die die Ärzte und Schwestern tragen. Bist du jetzt bereit? Sieh mal..." und dann fuhr sie Anna hinein.

Anna wußte sofort, was die Schwester mit den komischen Kappen gemeint hatte. Die Ärzte und Schwestern trugen Dinger, die wie Duschhauben aussahen. Das sah tatsächlich komisch aus.

„Warum tragen die so etwas?" fragte sie.

„Damit ihnen die Haare nicht ins Gesicht fallen", antwortete die Krankenschwester. „Sie müssen eine besondere Kleidung in diesem Raum tragen, damit wir alles so sauber wie nur möglich halten können."

„Hallo, Anna", sagte einer der Ärzte. „Ich werde dich jetzt ein wenig mit

---

[34] Lassen Sie das Kind im voraus wissen, was geschehen wird, damit es besser mit der Situation der bevorstehenden Operation umgehen kann.

einer Nadel pieksen, und dann wirst du einschlafen.“ Er nahm Annas Arm. „Dann mal los“, sagte er. „Und nun möchte ich mit dir eine Wette machen. Ich wette, daß du nicht bis zwanzig zählen kannst.“

„Aber natürlich kann ich bis zwanzig zählen!“ sagte Anna.

„Aber ich wette, daß du nicht bis zwanzig zählen kannst, bevor du einschläfst.“

„Gut“, sagte Anna und sie begann zu zählen. „Eins, zwei, drei, vier..., fünf..., sechs..., sieben..., acht..., neun...,“ und dann war sie schon fest eingeschlafen.

Als sie ihre Augen öffnete, saß ihre Mutter neben ihrem Bett. Zuerst konnte sich Anna gar nicht erinnern, wo sie war. Dann fiel es ihr ein – sie war im Krankenhaus. „Wann fangen sie denn endlich mit der Operation an?“ fragte sie ihre Mutter.

Ihre Mutter lächelte. „Die ist schon vorbei, Anna.“

„Wirklich!“ sagte Anna. „Aber ich kann mich gar nicht daran erinnern.“

„Natürlich kannst du das nicht“, sagte ihre Mutter. „Das liegt daran, daß du fest geschlafen hast. Ich glaube, ich gewinne die Wette. Nicht vergessen, du schuldest mir zweimal schmusen.“ Und Anna schmuste zweimal mit ihrer Mutter, obwohl sie sehr, sehr müde war.

Nach einer Weile kam eine Schwester herein. „Meinst du, du möchtest heute abend ein bißchen Eiscreme haben?“ fragte sie.

„Ja“, sagte Anna, „das wäre toll.“ Ihr Hals tat etwas weh, und sie dachte, daß schöne, kalte Eiscreme einfach wunderbar wäre.

Bald wurde es draußen dunkel. Eine der Schwestern kam und sagte: „In einer Stunde ist es Zeit zum Schlafen.“

„Das heißt, daß ich gleich gehen muß, meine Süße“, sagte Annas Mutter.

„Ich will aber nicht, daß du weggehst“, sagte Anna. „Ich will, daß du hierbleibst.“

„Das weiß ich, mein Schatz, ich möchte das auch gern. Aber du erinnerst dich doch, daß wir darüber gesprochen haben, daß ich nicht hierbleiben kann und daß die Schwestern sich um dich kümmern werden.“ Sie umarmte Anna ganz fest. „Ich weiß, daß es dir Angst macht, aber wir würden dich doch nirgendwo lassen, wo du nicht sicher bist. Wir wissen, daß man sehr gut auf dich aufpassen wird. Und obwohl wir einander vermissen werden – morgen wirst du schon wieder nach Hause kommen.“

Plötzlich rief jemand: „Anna!“ und Annas Vater erschien. Er war gerade angekommen. Er nahm Anna in den Arm und drückte sie ganz, ganz fest. „Wie geht es dir, Liebling?“ fragte er.

Anna und ihre Mutter und ihr Vater unterhielten sich am Bett. Annas Mutter meinte, wenn sie beide gingen, würde Anna sehr schnell einschlafen, weil sie noch schläfrig von dem Medikament sei. Sie stellten den Kassettenrekorder und die Kopfhörer dicht an Annas Bett, damit sie den Geschichten zuhören konnte, wann immer sie wollte.

„Wird es hier nachts ganz dunkel sein?" fragte Anna.[35] Das beunruhigte sie etwas.

„Nein, man läßt hier immer ein wenig Licht an, und die Schwestern sind die ganze Nacht wach, falls du sie brauchen solltest. Siehst du, hier ist der Knopf, den drückst du, wenn du möchtest, daß eine Schwester zu dir kommt.[36] Du brauchst nicht schüchtern zu sein und kannst den Knopf ruhig drücken, denn dafür sind die Schwestern ja da. Sie sind dafür da, um dir zu helfen, und sie helfen Kindern wirklich gern. Wenn du also irgend etwas brauchst, wenn du zur Toilette mußt oder Angst hast, dann drückst du den Knopf, und eine Schwester wird zu dir kommen."

Gerade in diesem Moment erschien eine Schwester. „Jetzt ist es Zeit zu schlafen, Anna", sagte sie. „Mama und Papa müssen nun gehen."

Annas Mutter und ihr Vater gaben ihr einen dicken Kuß. „Ich sehe dich morgen, mein Liebling", sagte Annas Mutter. Sie nahm Moppel, den Teddybär, und Alice, die Stoffpuppe, aus Annas Tasche und steckte sie zu Anna ins Bett. „Träum was Schönes, mein Herz", sagte sie. „Wir werden uns bald wiedersehen."

Anna war sehr traurig. Sie schmiegte sich an Moppel und Alice und zog ihre Kuscheldecke zu sich hoch.

Es war komisch, in einem Bett zu liegen, das nicht das eigene war, und in einem Zimmer, das nicht das eigene war. „Zumindest werde ich morgen abend in meinem eigenen Bett schlafen", dachte sie. Der Gedanke daran ließ sie sich ein bißchen besser fühlen.

Sie kuschelte sich in die Bettdecke und gähnte. Ihre Mutter hatte recht gehabt. Sie war wirklich sehr schläfrig. Sie dachte, daß sie vielleicht an das Spielzeugland denken könnte und sich dann besser fühlen würde. Sie hatte gerade angefangen, daran zu denken, welches Geschenk sie aus der Geschenkemaschine haben wollte, als sie einschlief.

Sie wachte früh am Morgen auf. Die Vorhänge waren zurückgezogen und die Sonne schien ins Zimmer. Sie brauchte ein paar Minuten, um sich zu erinnern, wo sie war.

---

[35] Kinder haben oft Angst, im Dunkeln zu schlafen, insbesondere Kinder, die es gewohnt sind, bei einem kleinen Licht zu schlafen.

[36] Vergewissern Sie sich, daß Ihr Kind weiß, daß es den Knopf drücken darf und soll, wenn es etwas braucht oder sich fürchtet. Einige Kinder haben das Gefühl, sie würden damit die Schwestern „belästigen" oder sich wie ein „Baby" benehmen.

„Es ist Zeit zum Frühstücken", sagte eine der Schwestern und stellte ein Tablett auf Annas Bett. Anna begann zu essen. Es gab Haferflocken mit Milch und ein weichgekochtes Ei. Sie war sehr hungrig.

„Hallo", sagte ein kleines Mädchen im Bett neben ihr. „Ich bin Melanie. Bist du gestern operiert worden?"

„Ja", sagte Anna.

„Man ist immer sehr müde nach einer Operation. Ich habe furchtbar lange nach meiner ersten Operation geschlafen."

Melanie hatte hellrotes Haar und sah sehr freundlich aus. „Ich bin schon eine Woche hier", sagte sie.

„Wie ist das denn so?" fragte Anna.

„Ach, ganz in Ordnung", meinte Melanie. „Man vermißt Mama und Papa, aber es ist schön, daß hier Kinder zum Spielen sind, und die Schwestern sind echt nett. Man hat mir den Blinddarm rausgenommen letzte Woche, und in paar Tagen darf ich wieder nach Hause."

Eine der Schwestern kam vorbei. „Hallo, Anna", sagte sie. „Wie geht es dir heute?"

„Mein Hals tut ein bißchen weh", sagte Anna.

„Das kommt von der Operation", sagte die Schwester. „In ein paar Tagen wird es besser sein, und dann brauchst du dir keine Sorgen mehr wegen einer Mandelentzündung zu machen, das ist doch gut."

Sie prüfte Annas Puls und die Temperatur. „Du machst dich sehr gut", sagte sie. „Deine Mutter wird bald hier sein."

Plötzlich erinnerte sich Anna an das Geschenk, das ihre Mutter ihr gegeben hatte. Sie zog es zu sich herüber und packte es aus. Es war ein schönes Malbuch. Darauf stand geschrieben: „Mit aller Liebe von Mama und Papa", und darum herum waren sieben große Küsse gemalt.

„Ist das von deinen Eltern?" fragte Melanie.

„Ja", sagte Anna.

„Das sieht hübsch aus", meinte Melanie. „Hör zu. Zieh deinen Bademantel an, und dann gehen wir rüber zu Elke. Sie ist eine von meinen Freundinnen hier."

„Warum ist sie im Krankenhaus?" fragte Anna.

„Sie hat etwas, das heißt Lungenentzündung, und deshalb mußte sie ins Krankenhaus", sagte Melanie. „Es geht ihr schon besser. Der Arzt hat gesagt, daß sie morgen nach Hause kann."

Anna, Melanie und Elke spielten sehr schön zusammen. Sie spielten Karten, und dann holte Anna ihr Memory, und sie spielten zusammen Memory.

Dann war es Zeit zum Mittagessen. Es gab Eiscreme und Pudding zum

Nachtisch, und Anna kratzte gerade das letzte bißchen aus ihrem Schüsselchen, als ihre Mutter in der Tür erschien. „Hallo, Liebling“, sagte sie. „Es ist schon fast Zeit, wieder nach Hause zu fahren.“

„Können wir nur noch ein Spiel spielen, Mama?“ fragte Anna. Sie hatte hier viel Spaß.

„Ist gut“, sagte ihre Mutter. „Ich geh schon mal und packe deine Sachen zusammen, während du spielst.“

Als Anna das Spiel beendet hatte, ging sie zurück zu ihrem Bett, wo ihre Mutter gerade packte. „Es wird schön sein, wieder nach Hause zu kommen“, sagte sie. „Alle meine Spielsachen werden mich vermißt haben.“

„Ja“, bestätigte ihre Mutter. „Sie freuen sich schon darauf, dich wiederzusehen.“

„Ich auch“, sagte Anna.

„Also dann“, sagte ihre Mutter und zog den Reißverschluß der Tasche zu. „Dann wollen wir mal los.“

Sie verabschiedeten sich von allen und gingen hinunter zum Auto.[37] Anna fühlte sich wie ein sehr großes, mutiges Mädchen. „Ich kann jetzt all meinen Freunden erzählen, daß ich ganz allein im Krankenhaus war“, sagte sie.

„Das kannst du wirklich“, sagte ihre Mutter und nahm sie ganz fest in die Arme.

---

[37] Das ist das positive Ende. Anna hat eine beängstigende Situation überstanden und kann nun mit Stolz darauf zurückblicken, wie sie damit fertiggeworden ist, und das Gefühl von Stärke und Kompetenz, das dies Erlebnis vermittelt, genießen.

Glossar

Verhaltenstherapie:
Eine Therapieform, die aufgrund von Laborexperimenten entstanden ist. Man wollte herausfinden, wie Menschen und Tiere Verhaltensmuster lernen. Die Verhaltenstherapie behandelt Symptome, wie z. B. Angst, als „gelerntes" Verhalten und konzentriert sich auf zwei Dinge: Zum einen soll die Person dieses Verhalten wieder „verlernen". Zum anderen soll sie lernen, ein neues, positives Verhalten wie etwa Entspannung oder Selbstvertrauen einzusetzen, wenn dies nötig ist, statt der Angst nachzugeben und sich zurückzuziehen.

Desensibilisierung (oder systematische Desensibilisierung):
Eine Technik, die von Verhaltenstherapeuten benutzt wird, die Ängste und Phobien behandeln. Dabei wird in der Regel eine Person schrittweise mit einem von ihr gefürchteten Objekt oder einer Situation konfrontiert. Diese Konfrontation wird in sehr kleinen Schritten vorgenommen. Dabei beginnt man mit etwas, das keine Angst hervorruft (z. B. mit einem Spielzeughund bei einer Hundephobie), und endet mit der vollen Konfrontation mit dem gefürchteten Objekt (eine Begegnung mit einem lebendigen Hund). Auf jeden Schritt folgen Entspannungsphasen, und dies wird so lange wiederholt, bis sich die Person auf dieser Stufe der Konfrontation sicher fühlt. Dann geht man zur nächsten Stufe über und geht auf genau die gleiche Weise vor. Desensibilisierung kann verdeckt (in der Phantasie) oder offen (in realen Situationen oder mit realen Menschen) durchgeführt werden.

Entwicklungsaufgaben:
Schritte, die kleine und größere Kinder beherrschen müssen, ehe sie erfolgreich zur nächsten Stufe ihrer körperlichen, intellektuellen oder emotionalen Entwicklung übergehen können. Beispiele dafür sind gehen oder sprechen lernen, aber auch zwischen Gut und Böse unterscheiden zu können.

Familientherapie:
Eine Therapieform, in der die ganze Familie in den Sitzungen anwesend ist und vom Therapeuten behandelt wird. Familientherapeuten haben eine Reihe verschiedener Behandlungsmethoden. Im allgemeinen konzentrieren sie sich jedoch auf die Kommunikation innerhalb der Familie, die verschiedenen Rollen der einzelnen Familienmitglieder und die Art der Kon-

flikte, die in der Familie auftreten. Für sie stehen die Symptome, die bei einem Kind auftreten, in Beziehung zu den Familienmustern. Indem diese Muster verändert werden, können sich die Symptome des Kindes ändern.

Identifikation:
Ein technischer Begriff aus Psychologie und Therapie, der heutzutage schon Teil des allgemeinen Sprachgebrauchs geworden ist. Im wesentlichen beschreibt er einen Prozeß, bei dem wir eine besondere Bindung zwischen uns und einer anderen Person erleben. Diese Bindung veranlaßt uns, uns so zu verhalten wie diese Person. Nehmen wir als Beispiel einen angehenden Doktor, der seinen Tutor sehr verehrt und sich mit ihm identifiziert. Er könnte nun dessen Angewohnheit übernehmen, durch die Korridore zu eilen, wobei er die Hände hinter dem Rücken verschränkt, genau wie sein Tutor.

Alptraum:
Ein Traum, der furchteinflößend und beunruhigend ist. Manchmal schläft ein Kind trotz eines Alptraums weiter, manchmal wacht es jedoch auch auf und ist verängstigt. Es wird Ihnen erzählen können, daß es schlecht geträumt hat. Alpträume darf man nicht mit nächtlicher Panik verwechseln.

Nächtliche Panik:
Sie tritt meistens bei Kindern unter sechs Jahren auf. Dabei gibt es keine besonderen Trauminhalte wie beim Alptraum. Das Kind wirft sich oft im Bett hin und her, setzt sich auf oder wandert herum, obwohl es noch fest schläft. Es wirkt meist sehr gequält und schreit, weint oder führt Selbstgespräche. Nach der nächtlichen Panikattacke fällt das Kind wieder in einen normalen Schlaf und kann sich am nächsten Morgen nicht an diese Episode erinnern.

Phobie:
Eine äußerst starke, irrationale Angst, die auf etwas Spezielles gerichtet ist.

Psychoanalyse:
Eine Form der Psychotherapie, die sich auf die Erforschung des Unbewußten konzentriert. Im Gegensatz zu den Verhaltenstherapeuten glauben die Psychoanalytiker, daß ein Symptom der Ausdruck von tiefer verwurzelten Konflikten ist.

Rollenspiel:

Eine therapeutische Technik, in der Sie und/oder Ihr Kind Rollen spielen, um zu lernen, in eine andere Person zu schlüpfen oder sich auf andere Art und Weise zu verhalten. Zum Beispiel kann ein schüchternes Kind, das die Rolle eines selbstbewußten Kindes spielt, lernen, wie es auf andere Menschen zugeht mit einem selbstbewußteren Tonfall, erhobenem Kopf, einem Lächeln usw. Indem Sie selbst die Rolle des selbstbewußten Kindes spielen, können Sie Ihrem Kind demonstrieren, wie dies aussieht.

Soziale Modelle:

Diese werden beim Lernen durch Demonstration verwendet. Kinder lernen sehr schnell, wenn sie beobachten, wie eine Person etwas tut. Es kann sich um ein verdecktes (wenn man sich vorstellt, wie jemand etwas tut) oder um ein offenes Verhaltensmodell handeln (wenn man eine reale Person bei einer Handlung beobachtet).

Empfohlene Literatur

Bruno Bettelheim: *The Uses of Enchantment: The Meaning and Importance of Fairy Tales*. Random House, 1977.

Dt.: Kinder brauchen Märchen. dtv, München, 1993.

Dr. Bettelheim ist ein anerkannter Psychoanalytiker. Er gibt in seinem Buch einen wundervollen Einblick in die Welt der Hexen, Kobolde, verzauberter Prinzessinnen sowie in die Rolle, die diese im inneren Leben unserer Kinder spielen. Ein faszinierendes Buch.

T. Berry Brazelton, M.D.: *On Becoming a Family: The Growth of Attachment*. Dell Publishing, 1986.

Dt.: Eine Familie werden. Wie sich Beziehungen entwickeln und verändern. dtv, München, 1994.

T. Berry Brazelton ist Arzt und Leiter der Abteilung für Entwicklung des Kindes am Bostoner Children's Hospital Medical Center. Seine Bücher sind wunderbar scharfsichtig und haben einen engen Bezug zu den alltäglichen Sorgen bei der Erziehung von Kindern. Er beschreibt reale Eltern und Kinder so, daß man sofort Parallelen erkennt und dies als beruhigend empfindet. Alle seine Bücher sind sehr zu empfehlen.

Stella Chess, M.D., und Alexander Thomas, M.D.: *Know Your Child: An Authoritative Guide for Today's Parents*. Basic Books, 1987.

Dr. Chess und Dr. Thomas haben zusammen mit Dr. Herbert G. Birch die New Yorker Studie zur Persönlichkeitsentwicklung bei Kindern geleitet, die im Kapitel „Verstehen Sie Ihr Kind" erwähnt wurde. In ihrem neuesten Buch setzen sich Dr. Chess und Dr. Thomas mit der Individualität von Kindern im Blick auf Temperament und verschiedene Erziehungsstile auseinander. Ihr neues Buch enthält interessante Ergebnisse über die Fähigkeiten von Kindern, angefangen bei Babys im frühesten Lebensalter bis zum Ende der Adoleszenz. Ein sehr hilfreiches und erkenntnisreiches Buch.

Dr. Richard Ferber: *Solve Your Child's Sleep Problems*. Simon & Schuster, 1986.

Dt.: Schlaf, Kindlein, schlaf. Schlafprobleme bei Kindern. Editions Trobisch, Kehl, 1994.

Dr. Ferber ist Kinderarzt und als führende Kapazität auf dem Gebiet der Schlafprobleme von Kindern anerkannt. Für alle Eltern mit geröteten Augen, deren Kinder in diese Kategorie fallen, ist dieses Buch ein Juwel. Dr. Ferber erklärt, wo diese Probleme ihren Ursprung haben, und bietet klare, leicht zu verstehende, wirksame Methoden an, die Schlafprobleme der Kinder zu lösen.

Selma H. Fraiberg, M.D.: *The Magic Years: Understanding and Handling the Problems of Early Childhood*. Scribner, 1984.
Die bekannte Kinder-Psychoanalytikerin Selma Fraiberg hat bezaubernde Bücher verfaßt. Sie konnte ihre Einsichten in die Welt des Kindes mit Frische, Klarheit und Humor wiedergeben. Das im Jahr 1959 erstmals erschienene Buch ist heute noch genau so aktuell wie damals. Ein Klassiker auf diesem Gebiet.

Patricia Garfield, Ph.D.: *Your Child's Dreams*. Ballantine Books, 1984.
Patricia Garfield hat umfangreiche Forschungen zu den Träumen von Kindern in vielen Kulturen dieser Welt betrieben. In diesem Buch untersucht sie die faszinierende Welt der Kinderträume, wie man sie verstehen und mit ihnen arbeiten kann. Ein fesselndes und hilfreiches Buch.

Dr. Jonathan Kellerman. *Helping the Fearful Child: A Guide to Everyday and Problem Anxieties*. Warner Books, 1986.
Dieses Buch ist ein informatives, leicht lesbares Handbuch für Eltern über Kinderängste und Phobien. Es skizziert viele verbreitete Probleme, die in der Kindheit auftreten, und bietet praktische Lösungsmöglichkeiten an, die vor allem auf der Anwendung von verhaltenstherapeutischen Grundsätzen beruhen. Ein hervorragendes Buch.

Eda LeShan: *What's Going to Happen to Me? When Parents Separate or Divorce*. Macmillan Publishing, 1986.
In diesem Buch untersucht Eda LeShan den Aufruhr der Gefühle, den eine Scheidung nach sich zieht, mit Wärme, Klarheit und sehr viel Verständnis. Es ist gleichermaßen für Eltern und ältere Kinder hilfreich. Absolut empfehlenswert für jeden, der sich mit Scheidung auseinandersetzt.

Julius Segal und Herbert Yahraes: *A Child's Journey: Forces That Shape the Lives of Our Young*. McGraw Hill, 1979.
Dieses faszinierende Buch gibt einen Überblick über die psychische Entwicklung des Kindes und die vielen Faktoren, die sie beeinflussen. Die Autoren haben eine Fülle an Material gesammelt und dies in einem höchst wertvollen Buch zusammengefaßt. Es ist einfühlsam geschrieben und sehr anregend.

Montague Ullman und Nan Zimmerman: *Working with Dreams: Expand, Heal, and Transform Your Life Through Your Dreams.* J. P. Tarcher, 1985.
Dt.: Mit Träumen arbeiten. dtv, München, 1994.

Dr. Ullman hat das Traumlabor am Maimonides Medical Center in New York gegründet. In diesem Buch geben er und seine Frau, Nan Zimmerman, einen klaren und umfassenden Überblick darüber, wie wir Träume verstehen und mit ihnen arbeiten können.

Mehr therapeutische Geschichten für Kinder

iskopress

Doris Brett

Anna zähmt die Monster

Therapeutische Geschichten für Kinder von 6 bis 12 Jahren

229 Seiten, Paperback
ISBN 3-89403-199-9

Erika Meyer-Glitza

Jacob der Angstbändiger

Geschichten gegen Kinderängste

95 Seiten, Paperback
ISBN 3-89403-197-2

Erika Meyer-Glitza

Wenn Frau Wut zu Besuch kommt

Therapeutische Geschichten für impulsive Kinder

95 Seiten, Paperback
ISBN 3-89403-189-1